쓰레기 거절하기

쓰레기 거절하기

너무 많은 물건으로부터 해방된 어느 가족의 도전기

산드라 크라우트바슐 글 • 박종대 옮김

양철북출판사

들어가며
: 우리에게 진정으로 필요한 것

단도직입적으로 말해서 이 책은 여러분에게 무슨 충고나 하자고 쓴 책이 아니다. 게다가 본래는 나올 필요도 없는 책이다. 그런데 나왔다. 이건 어디서나 볼 수 있는 평범한 한 가족의 이야기이다. 필요한 건 모두 갖고 있는, 아니 보기에 따라선 필요 이상으로 너무 많이 갖고 있는 가족의 이야기이자, 그것을 깨닫고 스스로 좋은 삶을 살아 보기로 결심하면서 다른 가족들도 그랬으면 하는 바람을 담은 한 가족의 소박한 이야기이다. 그 가족은 바로 우리다.

부제에서 알 수 있듯이 우리 가족은 '너무 많은' 물건들로부터 해방되었다. 그런데 너무 많다는 것은 너무 적다는 것과 마찬가지로 주관적일 수밖에 없다. 누군가에게는 너무 많은 것이 누군가에게는 너무 적게 느껴질 수 있기 때문이다. 다만 그런 것과 상관없이 한 가지는 분명하다. 우리 가족은 우리가 할 수 있는 모든 영역에서 최대한 소비를 줄였다는 것이다. 2009년부터 시작해 온 이 과정의 가장 중요한 결과는 우리 가족이 그사이 각자 자기만의 방식으로 스스로 알아서 필요한 변화를 일구어 냈다는 점이다. 어쨌든 너무 거창해 보이기도 하지만 이 책은 무엇보다 여러분 스스로 자신의 마음을 들여다보면서 어떤 삶이 좋은 삶인지 한번쯤 생각해 보게 하는 책이다.

나는 여러분도 직접 무언가를 시도해 보기를 권하고, 쓸데없는 것들을 버림으로써 우리에게 정말 필요한 것이 무엇인지 깨달았으면 좋겠다. 그래서 세계를 구하고 우리 아이들의 미래를 돌보는 일에 모두가 적극 나서기를 바란다. 너무 비장하게 들릴지는 몰라도 이 책의 본래 목표도 바로 그것이다. 왜냐하면 이 책을 읽는 독자라면 누구나 더 나은 미래에 관심이 많은 사람들이라고 믿기 때문이다. 기후변화에 대해 계속 이렇게 눈을 감으면 우리는 그 대가를 치를 수밖에 없다. 게다가 그것으로 가장 고통받는 사람은 우리 자신이 아니라 삶의 토대를 잃고 생존까지 걱정해야 할 바로 우리 아이들이다.

개인적인 영역에서 소비를 줄이려는 사람은 가장 먼저 스스로에게 이렇게 물어야 한다.

"나에게 정말 필요한 것은 무엇일까?"

나는 이 질문을 스스로에게 자주 던졌고, 그 답을 느낄 때도 많았다. 그건 늘 내가 무척 그리워하는 것들이었다. 왜냐하면 나역시 단 한순간도 나 자신을 느끼지 못하고, 단 한순간도 내가 좋아하는 일을 하지 못한 날이 이어지면 그 스트레스를 쇼핑으로 풀려는 보상 심리를 잘 알기 때문이다. 이것은 딜레마다. 우리에게 정말 필요한 것은 자기만의 시간과 휴식 그리고 자유로운 생각인 듯하다. 이것들을 얻지 못하면 우리는 필요하지 않은 물건들로 보상하려고 한다. 하지만 이런 물건들은 일시적인 만족감만 줄 뿐 장기적으로는 결코 도움이 되지 않는다. 대부분의 사람은 필요없는 물건들을 잔뜩 쌓아 두어서는 좋은 삶을 살 수 없음을 본능으로 안다. 그렇다면 우리에게 정말 필요한 것이 무엇인지는 앞서 말한 실질적인 기본 욕구들이 충족된 뒤에나 알 수 있다. 쇼핑과 소비를 통해 알게 되는 것이 아니라는 말이다.

올여름의 나처럼 우리에게 실제로 필요한 것이 얼마나 적은 지를 몇 주 동안 경험하는 행운을 누리게 되면, 그리고 자연 속에서 자신이 좋아하는 사람과 많은 시간을 보내게 되면 그건 치유에 가까운 효과가 있다. 가진 물건이 적을수록 휴식과 느긋함, 만족감, 감사함은 더 커진다.

크로아티아에서 보낸 휴가가 떠오른다. 캠핑장에서 지낸 단순한 생활, 아름다운 바다, 감탄을 자아내는 연체동물과 조개류, 갑각류, 불가사리, 말미잘의 사랑스런 움직임, 나는 해마다 이것들을 보면서 자연에 대한 어린 시절의 설렘을 발견한다. 우리 모두는 결국 자연의 일부다. 하지만 이렇게 아름다운 자연에서 아무렇게나 버려진 플라스틱 뚜껑, 비치 슬리퍼, 스노클, 망가진 에어 매트리스, 플라스틱 병, 그 밖의 자잘한 쓰레기들을 보면 나는 늘 가슴이 찢어질 듯 아프다. 그래서 미안한 마음으로 쓰레기를 주워 모은다. 그 역시 내게는 일종의 치유 활동이고, 그럴 때마다 나는 과잉 소비 행태를 멈추게 하는 데 앞으로도 온 힘을 쏟겠다고 다짐하고 또 다짐한다.

다시 말하지만 우리는 자신에게 실제로 필요한 것이 무엇인지 거듭 물어야 하고, 그에 대한 답을 찾기 위해 자연으로 떠나고, 좋은 사람들과 그에 대해 이야기를 나누고, 스스로를 느끼는 시간을 가져야 한다.

이 물음에 대한 답이 개인마다 아무리 다르더라도 내가 볼 때 한 가지는 분명하다(지금껏 이것을 반박하는 사람은 보지 못했다). 좋은 삶에는 과잉 소비가 필요 없다는 것이다!

내가 나 자신의 어린 시절을 비롯해 내 아이들을 통해 배운 것은 음식과 옷, 집, 가구, 기기들에 대한 존중이었다. 그중에서도 아마 가장 중요한 것은 타인과 자연에 대한 존중일 것이다. 이런 존중은 내가 무언가에 대해 '충분하다'고 느끼거나, 무엇이 너무 많은 것 같다고 판단하는 데 큰 도움이 되어 주었다. 충분하다는 감정에 이어지는 가벼움은 정말 형언할 수 없이 좋다. 너무 많지도 너무 적지도 않은 것 같은 순간은 정말 모든 게 딱 들어맞는 느낌이다! 내가 그런 순간을 더 열심히 찾고 더 자주 경험할수록 너무 많다는 것은 점점 더 부담스럽게 다가온다.

너무 많다는 것은 필요 이상으로 많이 갖고 있다는 뜻이지만 다른 측면에서 보자면 결핍의 신호이기도 하다. 너무 많다는 것은 단순히 충분한 선을 넘는 데 그치지 않고 올바른 양의 결핍을 의미하기 때문이다.

그렇다면 관건은 올바른 양을 찾는 것이다. 달리 말해서 그에 대해 깊이 생각하고 토론하고, 또 현재 우리가 너무나 당연하게 여기는 것에 대해 의심하는 것이 필요하다. 그건 개인이건 정치인이건 마찬가지다.

이것은 내 첫 책에서도 결정적인 부분이었는데, 이 대목에서 다시 한 번 강조하고 싶다.

내가 보기에 아무리 많아도 과하지 않은 것은 사람과 사람 사이의 단결과 도움, 공동의 목표 그리고 미래에 대한 전망이다. 사람들 사이의 우정과 관계는 참여하는 과정을 통해 생겨난다. 그러니까 남들과 무언가를 함께하고, 중요하다고 생각하는 일에 힘을 합침으로써 만들어진다는 것이다. 나는 그런 사람들을 관현악 동아리, 아이들의 축구 클럽, 갖가지 청원, 강연장, 정치 현장 할 것 없이 곳곳에서 만났다. 나를 움직이게 하는 가장 큰 원동력도 자연을 빼면 바로 이 사람들이다. 앞으로 이 책에서 자주 말하게 되겠지만, 나는 이 세계를 좀 더 나은 곳으로 바꾸고자 할 때 내게 없어서는 안 될 세 가지 힘, 즉 용기와 확신, 책임감을 자연과 이 사람들한테서 얻는다.

차례

3부 해결책

일러두기
각주는 모두 옮긴이가 붙인 해설이다.

1부
질문

우리 가족은 플라스틱 없이 살기로 했다

"어떻게 시작하게 되었나요?"

지난 수년 사이 무수히 받았던 질문이다. 나는 늘 우리 가족이 2009년 크로아티아 해변에서 보낸 휴가 이야기부터 꺼낸다. 9월 초 인적이 없는 바닷가였다. 우리 세 아이, 그때 큰아이는 열세 살, 둘째는 열 살, 셋째는 일곱 살이었는데, 아이들은 쉴 새 없이 물어 댔다. 왜 해변에 플라스틱 쓰레기가 이렇게 많은지, 이것들은 대체 어디서 왔는지, 그리고 마지막으로는 그게 모두 누구 탓인지 물었다. 그리고 나는 휴가 직후 그라츠에서 다큐멘터리 〈플라스틱 행성〉을 본 이야기를 했고, 영화를 보고 나서 더 이상 이렇게 살지 않겠다고 결심하게 된 이야기를 했다.

그런데 시작은 사실 이것이 아니었다. 어쩌면 이미 훨씬 이전에 시작되었을 것이다. 왜냐하면 많은 사람이 우리처럼 그런 쓰레기를 목격하고 그런 영화도 봤을 테지만, 모두가 똑같은 결론에 이르지는 않으니까 말이다.

내 부모, 특히 아버지는 여동생과 나를 데리고 자주 산이나 바다로 갔다. 우리는 자전거를 타고 숲으로 가서 버섯을 캐고, 동물을 관찰하고, 밤과 나뭇잎을 모으고, 시냇물에서 물장구를 치며 놀았다. 이런 환상적인 체험 속에서 부모님은 우리에게 이 아름다운 자연을 잘 돌봐야 한다고 가르쳤다. 아름다운 자연은 우리가 대가를 지불하지 않아도 되는 선물이지만, 바로 그 때문에 우리에게는 이 선물을 고이 지킬 의무가 있다는 것이다. 그런 가르침 때

문인지 나는 아주 어릴 때부터 남이 버린 쓰레기를 주워 모으곤
했는데, 그 바람에 몇몇 어른들은 그걸 사생활 침해로 받아들이면
서 불쾌하게 반응하곤 했다.

어쨌든 나도 어릴 때 아버지에게 질문 폭탄을 던졌고, 왜 일
부 어른이 자연에 쓰레기를 아무렇게나 버리는지 이해할 수 없다
고 했다. 이렇게 세상은 돌고 돈다. 70년대와 80년대 초에는 이
문제가 지금처럼 쓰레기 더미로 변한 지구와는 비교가 되지 않았
음에도 아버지는 늘 이렇게 말씀하셨다.

"남들이 그런 행동을 하든 말든 우리는 다르게 행동해야 돼!
여기가 계속 이렇게 아름다운 곳으로 남아 있으려면!"

아버지는 안타깝게도 너무 일찍 돌아가셨다. 하지만 아버지
의 말씀은 내 가슴에 아직도 진한 여운으로 남아 있다. "우리는 다
르게 행동해야 돼! 여기가 계속 이렇게 아름다운 곳으로 남아 있
으려면!" 2009년 늦여름 크로아티아의 텅 빈 해변에서 내 아이들
이 몇 시간 동안 쓰레기를 주우면서 원한 것도 바로 그것이었다.
가슴 뭉클한 순간이었다. 한편에는 인간들의 무분별한 소비 행태
가 만들어 내는 파괴적인 힘이 있었고, 다른 한편에는 '이것을 회
복시키려는' 아이들의 뜨거운 소망이 있었다. 아이들은 끊임없이
질문을 던졌다. 대체 여기서 무슨 일이 일어난 것일까? 이건 누구
의 책임일까?

나는 이미 크로아티아 해변에서부터 이 질문에 대한 답을 피
하지 않았다. 우선 아이들에게 인간들의 항해와 많은 나라들의 열
악한 쓰레기 처리 시스템, 많은 사람들의 무분별함에 대해 설명했

다. 물론 나도 이 모든 일과 관련이 있음을 고백했다. 이런 물건들을 사서 쓰는 사람들이 바로 우리들이니까. 몇 겹으로 포장된 상품, 싸다는 이유로 사는 쓸데없는 물건들, 차고 넘치는 비닐봉지, 플라스틱 병, 플라스틱 용기, 질 나쁜 싸구려 장난감, 이 모든 것들은 한 번 쓰고 버리는 용도로 만들어지거나 금방 망가지거나, 아니면 다시 고쳐 쓸 수 없도록 만들어져서 엄청난 양의 쓰레기가 자연 곳곳에 쌓인다. 그런데도 이것들은 계속 생산되고 팔리기 때문에 세상에 넘쳐 나고, 그중에 많은 것들이 바다로 흘러들어 여기 우리 발밑까지 오게 되었다고 했다. 간단하게 말해 우리 모두가 이 문제에 어느 정도는 책임이 있다는 것이다!

그러나 이 문제를 일으킨 것도 우리지만 이 문제를 해결할 수 있는 것도 우리라는 사실을 나는 몇 주 뒤 분명히 깨달았다. 2009년 9월 17일 〈플라스틱 행성〉을 운명적으로 만난 것이다. 이 영화는 우리 식구가 플라스틱 없이 살아가는 실험에 나서는 데 결정적인 동기가 되었고, 이제 어언 10년이 지난 이 실험으로 우리의 삶은 완전히 바뀌었다.

〈플라스틱 행성〉은 우리가 휴가 중에 경험한 그 일을 지구의 차원에서 다루었다. 오스트리아 감독 베르너 보테는 이 영화에서 단순히 세계적인 쓰레기 문제가 자연과 동물, 인간에게 미치는 파국적인 규모의 결과만 보여 준 것이 아니라 건강에 끼치는 영향, 플라스틱 산업체들의 음험한 술수, 이 주제와 관련된 정치적 문제까지 깊이 있게 다루었다. 영화관을 나서면서 나는 방금 본 것에 대한 크나큰 분노와 함께 지금껏 나 자신도 플라스틱을 예사로 사용했던 몰지각함에 죄책감이 들었다. 하지만 다른 한편으로는 아직 뭐라 설명할 수 없는 새로운 출발에 대한 설렘 같은 것을 느끼면서 아버지의 말이 새삼 떠올랐다.

"우리는 다르게 행동해야 돼!"

이튿날 우리는 바로 시작했다. 그때는 알지 못했지만 어쩌면 우리 가족에게 가장 큰 모험이 될 일을. 몇 주 뒤부터 나는 플라스틱 없이 장을 보는 우리 경험을 블로그(www.keinheimfuerplastik.at)에 쓰기 시작했다. 그리고 우리 가족에 관한 기사가 신문에 실리면서 TV와 라디오 관계자들도 인터뷰를 요청해 왔고, 심지어 다큐멘터리와 라이브 방송으로 우리를 찍기도 했다.

그 뒤 나는 베르너 보테 감독과 함께 〈플라스틱 행성〉의 수많은 영화 토론회에 초대되어 우리가 했던 실험과 경험에 대해 보고했다. 그 와중에 플라스틱 제품의 대안을 찾아 나섰고, 기업체들이 포장용으로 어떤 재료를 쓰는지 조사했으며, 곳곳에서 들어오는 질문에 답하는 일에 열중했다. 이 모든 과정에서 베르너는 훌륭한 지원자였을 뿐 아니라 앞장서서 갖가지 전략을 짜고 필요한 사람들과 연결시켜 주었다.

그 무렵 무척 인상적인 경험은 베르너와 그의 팀이 우리와 함께한 '플라스틱 정리 행사'였다. 그의 영화 속 많은 가정들처럼 우리는 집 안에 있는 모든 플라스틱 제품을 끄집어내서 정리하기로 했다. 하루 날 잡아 그렇게 꺼내 놓고 보니 도저히 믿기지 않을 만큼 많은 플라스틱 제품이 집 앞에 가득 쌓였다. 이 물건들은 대부분 우리 집 창고에 아직 보관되어 있다.

처음 실험을 할 때는 반드시 해내고 말겠다는 운동선수 같은 야망이 전면에 자리하고 있었다. 우리는 지금껏 아무 생각 없이 사들였던 상품들 대신 플라스틱이 없는 대체재를 찾아보았다. 또한 모든 물건을 구석구석 뒤져 가며 철저히 조사했는데, 심지어 맥주병 뚜껑과 과일 잼 뚜껑에서도 합성수지 소재를 발견했다. 그런데 얼마 지나지 않아 이 실험을 100퍼센트 완벽하게 해낼 수 없음을 깨달았다. 왜냐하면 이 실험은 재미있어야 하고, 우리 가족에게 스트레스가 되어서는 안 된다는 것이 우리의 실험 원칙 중 하나였기 때문이다. 그런 점에서 남편은 맥주를, 세 아이는 과일 잼을 완전히 포기할 수 없었다. 그리고 비닐 포장을 대신한 모든 "대안"이 반드시 좋은 대안이 아니라는 사실도 알게 되었다. 처음부터 우리 실험에는 타협이 존재했다. 하지만 그런 물건들을 그냥 '쓰지 않는 것'이 이 실험의 승패를 가리는 가장 본질적인 부분임을 재빨리 깨달았다. 키친타월, 변기 세정제 같은 거의 모든 세정제가 그에 대한 몇몇 보기였다. 게다가 아쉽지만 내가 사랑하는 감자칩도 이 범주에 넣어야 했다.

처음 계획한 한 달이 지나자 우리 가족은 누구 하나 반대 없이 이 실험을 계속해 나가자는 데 합의했다. 실제로 우리는 1년 뒤 일부 타협과 예외가 있었지만 플라스틱 쓰레기를 재활용품 쓰레기봉투의 절반밖에 배출하지 않았다. '플라스틱 안 쓰기 운동'에 대한 언론의 관심도 식지 않았다. 처음 얼마 동안만 그러다 말겠지 싶었는데 놀랍게도 몇 년 동안 이어졌다. 그 덕분에 나와 내 가족은 누구나 그렇게 살 수 있고 살아야 한다는 것을 보여 주는 상징처럼 여겨졌다. 아울러 '플라스틱' 문제에 대한 관심은 시간이 지나면서 시들해진 것이 아니라 해를 거듭할수록 오히려 더 뜨거워졌다.

나는 이런 관심을 개인 차원으로 한정하지 않고 내가 사는 도시와 주 전체로 넓혀 나가기로 마음먹었다. 그러다 결국 '플라스틱 문제'에 대한 나의 집요한 관심이 정치적 반향을 일으켜 2015년 여름에 슈타이어마르크주 녹색당 의원으로 선출되었다.

내가 쓴 첫 책은 '결코 최종적일 수 없는 결론'이라는 마지막 장과 다음의 마지막 문장으로 끝난다. "당연히 나는 더 많은 것을 할 수 없다는 사실, 그리고 세상 전체는커녕 세상 일부를 구하는 것조차 매우 어렵다는 사실이 때로 원망스럽기도 하다. 하지만 작은 발걸음 하나하나가 의미 있다는 것을 배웠다. 나 자신을 위해, 내 아이들을 위해, 변화의 희망을 위해, 그리고 또 다른 작은 발걸음의 동기 부여를 위해. 내가 개인으로 할 수 있는 일은 한계가 있지만 그조차 결코 작은 일이 아니다."

나는 지금도 흔쾌히 "플라스틱 없는 세상 만들기"를 주제로 수없이 강연과 토론을 하고, 여전히 해마다 플라스틱을 쓰레기봉투 절반 정도만 배출하고 있지만, 사실 문제는 플라스틱 하나만이 아니다. 문제의 핵심은 과잉 소비의 악순환을 끊고, 인간과 자연이 감당할 수 있는 수준으로 소비 시스템을 바꾸어 나가는 과정에 더 많은 사람들의 참여를 이끌어 내는 데 있다. 그러려면 삶의 환경을 과잉 소비 없는 세상으로 바꾸어야 한다는 생각만으로는 부족하고, 무엇보다 많은 사람들의 참여와 실천이 절실하다.

10년 전 내가 장 보러 가면서 유리병이나 스테인리스 통을 따로 챙기기 시작했을 때 그건 퍽 낯설고 특이한 모습이었다. 누군가는 찬사를 보냈지만, 누군가는 코웃음을 쳤다. 요즘은 그사이 다 큰 우리 아이들만 자연스럽게 통을 챙겨 가는 것이 아니라 점점 더 많은 사람들이 우리를 따라 하고 있다. 대형 마트들도 그것에 호응하고 있다. 예를 들어 어떤 마트는 고객이 가져온 통에 식료품을 채워 주는 것을 공식으로 허용하고, 위생 규정에 맞는 판매 시스템을 끌어들였다. 이런 변화가 모두 개인적으로 모범을 보인 나 때문이라고 생각할 만큼 주제넘지는 않지만, 어쨌든 어느 정도는 나도 거기에 기여했다고 생각한다. 늘 과잉 소비를 경계했던 내 할머니도 그런 식으로 장을 보셨는데, 그런 개인적 모범이 세상을 바꾸는 데 일조할 수도 있기 때문이다. 그사이 대형 드러그스토어에서도 플라스틱 제품 소비를 줄이기 위해 주방과 욕실 세정제를 리필제품으로 쓰도록 제도를 시행하고 있다. 물론 일부 기업들은 그런 전략을 이미지용으로 이용하기도 한다. 사실 기업들의 이런 행위를 위장용 친환경주의, 그린 워싱 green washing과 명확하게 구분하는 게 쉽지는 않다. 다만 원칙적으로 보면 지금까지 시장에서 이익을 얻은 기업들이 그런 식으로라도 환경보호라는 문제를 의식하고, 반환경적인 행위를 하면 이미지가 나빠진다는 사실을 인지하면서 생각을 전환한다면 좋은 일이라고 생각한다.

물론 이런 생각에는 위험도 따른다. 왜냐하면 기껏해야 일부 슈퍼마켓에서 고객들이 가져온 용기에 음식을 담아 주는 시스템이 자리 잡기까지도 꼬박 10년이라는 세월이 걸렸기 때문이다. 포장 분야의 엄청난 남용은 다른 수많은 소비 영역에서 일어나는 낭비만큼이나 여전히 무풍지대로 남아 있다. 오늘날 우리는 삶의 가장 중요한 토대, 다시 말해 지구의 기후가 무방비 상태로 파괴되는 것을 멈추는 데 필요한 정말 거대한 변화가 찾아오려면 앞으로 10년은 더 걸릴 거라는 사실을 충분한 과학적 근거 이상으로 분명히 안다. 아직은 지구의 기후가 우리의 삶과 문명이 가능한 수준으로 유지되고 있지만 더 이상 파괴되면 참으로 끔찍한 일이 벌어질 수 있다.

10년 동안 플라스틱 없이 산 경험과 4년 동안의 정치 활동으로 나는 분명히 깨달았다. 잘못된 제도 속에서 어떻게든 올바르게 살려고 노력하는 개인들 말고도 필요한 것이 또 있다는 것이다. 그렇다고 내 말을 오해하지 말기 바란다. 악조건 속에서 어떤 식으로든 낭비와 과잉을 줄이려고 애쓰는 모든 개인의 작은 발걸음, 생활 방식의 전환은 당연히 앞으로도 계속 중요하다. 다만 우리에게 남은 시간이 그리 많지 않다는 점, 세계 곳곳에서 인간의 과잉소비 행태가 무지막지한 해악을 만들어 내고 있다는 점, 그리고 선진국에서조차 건강한 삶의 조건과 부가 점점 불공정하게 분배되고 있다는 점을 고려하면 우리에게 필요한 것은 당연히 더 많을 수밖에 없다.

그런 점에서 보면 미래를 위한 금요일* 운동이 기후 보호뿐만 아니라 기후 정의**까지 앞장서서 주장하는 것도 괜한 일이 아니다. 기후 정의를 구현하는 일에도 당연히 수많은 개인들의 힘은 결정적이다. 떼려야 뗄 수 없는 개인과 정치의 연결점이 바로 거기에 있기 때문이다. 많은 개인들이 모여 하나의 운동을 만들어 내고, 그것이 일정한 규모로 커져 정치적으로 명확하게 요구를 하게 되면 정치도 더는 이런 흐름을 무시하지 못하고, 자기 알리바이를 위해서라도 무언가 변화를 시작할 것이다.

"정말 아이들이 자발적으로 실험에 동참했나요?"

이것은 우리가 2009년 '플라스틱 없이 살기' 실험을 시작한 이후 가장 많이 받은 질문이다.

  그때 우리 아이들은 일곱 살, 열 살, 열세 살이었는데 이 계획과 실행에 처음부터 무척 적극적이었다. 게다가 처음 계획한 한 달이 지났을 때 우리 열 살짜리 말레네는 아무렇지도 않게 이렇게 말했다.

  "그냥 계속해도 될 것 같아요. 불편한 게 없어요!"

  나는 아이들이 이 실험을 어떻게 참고 버티느냐는 사람들의 질문에 늘 양심껏 대답했다. 우리 아이들은 잘 지낸다고. 하지만

* Fridays for Future. 2018년 8월 16세 스웨덴 소녀 그레타 툰베리가 학교에 가는 대신 스웨덴 의사당 앞에서 기후변화 해결에 나설 것을 정치권에 촉구하면서 전 세계로 번진 국제 청소년 환경 연대 모임.
** Climate Justice. 물리적 개념의 기후를 넘어 윤리적 정치적 측면에서 기후변화를 바라보는 태도. 기후변화의 가장 큰 피해자가 역설적이게도 거기에 가장 책임이 작은 제3세계 주민과 여성들이라는 점을 들며 운동가들은 이 문제에 대한 공정하고 정의로운 해결을 촉구한다.

남들은 이 말을 늘 곧이곧대로 믿지는 않는 듯했고, 그래서 보충 설명을 해야 했다. 한번은 강연장에서 한 젊은 엄마가 몹시 미심쩍은 표정으로 했던 말이 지금도 생생하게 기억난다. 나와 마찬가지로 아이가 셋이었는데, 우리보다는 아이들이 어렸다. 그녀는 거의 화난 목소리로 말했다.

"나를 속일 생각 하지 마세요. 당신은 아이들한테서 장난감을 강제로 빼앗았을 겁니다. 단것도 주지 않고, 간식거리도 주지 않고, 핸드폰도 못 쓰게 하고, 컴퓨터 게임도 못 하게 했을 겁니다. 그래 놓고 아이들이 잘 적응하고 있다고요? 따돌림을 안 받는다고요? 우리 딸아이만 해도 값비싼 신상을 입지 않는다는 이유로 다른 애들한테 가난뱅이 취급을 받는데…"

이런 순간은 늘 곤혹스럽다. 청소년기엔 신상을 입고 싶어 하고, 최신 제품을 갖고 싶어 하는 욕구를 나도 잘 알기 때문이다. 그래서 이렇게 답했다. 나는 '주류에서 벗어나 아웃사이더로 사는 것'을 일찍부터 나만의 개성으로 삼았다. 이건 내 마음 하나 편하자고 하는 소리가 아니다. 그렇게 사는 것이 실제로 아주 편했기 때문이다. 아무튼 나는 아이들의 그런 마음을 알기에 강요를 하지 않는다. 다행히 아이들은 잘 이해해 주었고, 그런 생활을 어느 정도까지 편하게 받아들이는 것 같았다. 그사이 아이들은 남들과 다르게 행동하는 것에 익숙해졌다. 하지만 그렇다고 남들에게 양심의 가책을 주려고 하지는 않는다고 했다.

만일 그게 일반적인 토론회장에서 나온 질문이었다면 나는 아마 폭발했을지 모른다. 하지만 이 경우는 달랐다. 나는 우리 실험이 성공하려면 함께할 가족 모두에게 똑같이 결정권과 거부권이 있어야 한다는 점을 명확하게 밝히는 선에서 답변을 마무리했다. 아이들은 우리의 힘찬 격려와 응원 속에서 자연스럽게 이 문제에 관심을 기울였고, 무언가 좋은 일에 동참하는 것에서 용기를 얻었다. 게다가 최소한 큰 애 둘은 시작 단계부터 실험의 의미와 가치를 충분히 깨닫고 있었다.

"우리는 아이들이 할머니 할아버지한테서 군것질거리를 받거나, 축구 경기 후 코치한테서 플라스틱 병에 담긴 탄산음료를 받아도 당연히 빼앗지 않습니다. 게다가 다른 많은 문제들에 대해서도 아이들과 열띤 토론을 벌입니다. 웬만큼 큰 아이들과는 가능한 일이죠. 하지만 사실 더 어린 아이들하고도 불가능한 일은 아닙니다."

예를 들어 우리 막내 레오나르트가 그렇다. 실험 시작하고 몇 해 동안 우리는 새로운 플레이모빌이 레오나르트에게 더 필요한지를 두고 우리의 관점과 아이의 생각이 굉장히 다르다는 것을 거듭 확인했다. 이 문제와 관련해서는 실험 초기에 우리가 베르터 보테 감독과 함께 우리 집의 플라스틱 물건을 정리하면서 거의 모든 플라스틱을 헛간에다 치운 것이 큰 도움이 되었다. 아이들은 당연히 이 물건들을 언제든 다시 집 안으로 들일 수 있다는 것을 잘 알고 있었다. 그런데 장난감이 엄청나게 많이 쌓여 있다 보니 아이들은 어디에 뭐가 있는지 찾을 수가 없었다. 그래서 가끔 그냥 눈에 보이는 대로 장난감을 집어서 방으로 가져갔다. 아이들, 특히 레오나르트에게 이 물건들은 '새로운 것'이나 다름없었다. 그건 다행히 플레이모빌이나 레고 같은 장난감도 마찬가지였다. 결국 우리는 '장난감 위기 상황'을 해결할 수 있는 타협책을 찾았다. 중고를 구입해서 '새것'처럼 쓰는 방법이었다.

우리의 장남 사무엘도 나처럼 '낡은 물건'을 사랑했다. 특히 낡은 가죽 책가방을 무척 좋아했고(물론 한때였지만), 마찬가지로 가죽으로 만든 연필통과 수많은 나무 제품을 애용했다. 게다가 아주 어릴 때부터 못 말릴 정도로 '자기 스타일'이 강했고(그 점에서는 나를 닮았다), 그러면서도 인기가 많아 주위에 친구가 끊이지 않았다.

말레네는 실험 초기부터 친구 멜린다와 힘을 합쳐 자발적으로 학급에서 생태 모임을 만들었는데, 동급생들을 설득해서 끌어들이는 전략을 짜는 면에서 탁월한 재주를 갖고 있었다. 이런 과정을 통해 말레네는 일찍부터 자기 효능감의 감정을 알게 되었고, 자신의 설득 작업이 성공하는 아름다운 경험을 하기도 했다. 물론 다른 한편으로는 자신의 끈질긴 설득 작업이 반발에 부딪히면 실망과 좌절을 견뎌 내야 했다.

그때 초등학교에 다니던 레오나르트는 실험을 시작하고 처음 몇 해 동안 내가 학부모회 운영위원으로 적극적으로 활동하면서 뜻 맞는 교사들과 함께 몇몇 '플라스틱 쓰레기 줄이기 프로젝트'를 추진한 덕을 보았다. 물론 다른 두 아이도 자기 경험을 끊임없이 학교와 친구들에게 알리며 동참을 호소했고, 그 과정에서 호응을 얻기도 했다.

"이 모든 과정은 우리 아이들에게 무척 긍정적인 영향을 끼쳤습니다!"

내가 토론회와 인터뷰에서 늘 하는 말이다.

"그건 당연히 우리가 부모로서 모범을 보이고, 똑같이 그런 긍정적인 모습을 보여 주었기 때문일 겁니다."

시간이 가면서 우리 식구들이 약간 힘들게 느낀 것은 언론과 만나는 것이었다. 아이들은 언제부터인가 늘 똑같은 질문에 똑같이 대답하는 것에 지쳤다. 게다가 그사이 아이들한테는 웬만큼 일상이 되었다. 그러다 보니 무엇을 더 포기해야 하는지, 혹은 불편한 점은 없느냐는 질문에 무언가 새로운 것을 떠올리는 것이 점점 더 힘들어져 갔다. 오직 말레네만 한두 번 예외를 빼놓고는 몇 년이 지났는데도 여전히 우리 실험에 대해 공개 석상에서 이야기하는 것을 꺼리지 않았다. 2011년 WWF(World Wide Fund for Nature, 세계자연기금)에서 우리 실험과 관련해 우리 집을 찾아왔는데, 그 뒤 말레네는 WWF 청소년 그룹의 여러 프로젝트에 참여했다. 아마 이 그룹과의 공동 활동과 세계를 바꾸려는 타고난 열정이 말레네를 늘 새롭게 일어서게 하는 힘인 듯했다.

우리 가족 역사상 가장 큰 이 실험은 사실 아이들 때문에 시작했다고 해도 과언이 아니다. 생활 방식을 바꾸는 데 아이들이 가장 본질적인 동기였다는 말이다. 그런데 아이들은 그것을 넘어 이 변화에 적극적으로 동참했고, 각자의 성격에 맞게 자기 방식대로 변화를 이끌었다. 그 밖에 아이들이 변화를 잘 받아들이고 각자 나이에 맞게 참여하게 된 데에는 남편과 내가 '플라스틱 없는 집 만들기'에 처음부터 완벽하게 의견이 같았다는 점도 큰 몫을 차지했다.

플라스틱 없이 사는 것만으로 충분할까?

플라스틱 없이 살기 첫 몇 달 동안 나는 먼저 플라스틱과 합성 소재, 포장 지침과 위생 규정에 대해 열심히 공부했다. 우리의 관심은 포장 재료로 쓰인 플라스틱뿐 아니라 도구로 쓰이는 플라스틱도 쓰지 않는 쪽으로 초점이 맞추어졌다. 처음에 나를 앞으로 나아가게 한 힘은 "그건 바꿀 수 없어!"라고 말하는 사람들의 생각에 대한 반발, 그런 무기력함에 적극적으로 맞서야겠다는 의지, 그리고 플라스틱 없이 쇼핑하는 것이 가능함을 분명히 보여 주고야 말겠다는 야심 찬 포부였다. 현대 사회에선 플라스틱이나 비닐 없이 사는 게 불가능하다는 말을 듣는 것도 지쳤다. 나는 이 물질들의 남용을 마치 자연법칙으로 여기는 현상을 결코 받아들일 수 없었다.

"그건 도저히 할 수 없어."

무언가 불만스런 상황을 바꾸려고 할 때 사람들이 현실론을 들먹이며 자주 하는 소리다. 나는 어릴 때부터 이런 소리를 들으면 화가 치밀었다. 바꾸려는 시도조차 해 보지 않고 징징대기만 하는 것은 정말 어처구니없었다. 나는 〈플라스틱 행성〉을 보고 나서 플라스틱 남용이 우리 삶에 끼친 치명적인 결과들을 확인하면서 속이 부글부글 끓었다. 우리는 왜 직접적으로 건강까지 위협하는 것을 포함해 우리 삶의 토대가 파괴되는 것을 마냥 손 놓고 받아들이기만 하는 것일까? 나는 우리 가족이나 친구들과 토론할 때 늘 이렇게 밝힌다. 나도 지금까지는 그런 문제를 한 번도 진지하게 고민해 보지 않았다. 가소제를 비롯해 플라스틱의 다른 내용물이 내 건강을 해칠 수 있다는 것도 생각하지 못했다. 대신 쓰레기 분리수거만 제대로 하면 내 할 도리는 끝났다고 생각했다. 이런 대화는 실제로 모든 형태의 플라스틱 쓰레기를 줄이는 데 내게 엄청난 자극제가 되어 주었다.

당연히 우리는 시작 단계부터 종이, 유리, 금속, 천 같은 대안적 포장 소재를 두고 깊은 고민에 빠졌다. 플라스틱만이 문제가 아니라는 사실은 이미 실험 초기에 깨달았다. 실험을 시작한 지 며칠 지나지 않아 다른 소재로 만든 포장 용기에 대해서도 의심이 솟구쳤기 때문이다. 예를 들어 요즘 뚜껑이 달린 유리그릇에는 예외 없이 플라스틱으로 만든 패킹이 달려 있다. 그렇다면 플라스틱 용기 외에 유리그릇도 전부 쓰지 말아야 했다. 우리의 원래 계획을 충실히 따른다면 말이다. 그런데 친구들과 열띤 토론을 한 끝에 우리는 해결책을 찾아냈다. 자비네와 니콜이 이런 자잘한 예외는 그냥 받아들이자고 제안한 것이다. 또한 처음엔 음료수와 채소도 알루미늄 통에 든 것으로 바꾸어 타자고 제안했던 친구들도 이게 우리의 실험 취지에 맞지 않다는 사실을 곧 알아차렸다. 우리가 최종적으로 원하는 것은 환경과 건강을 보호하기 위해 무언가 의미 있는 일을 하자는 것이었다. 그렇다면 일회용 알루미늄은 결코 좋은 대안이 될 수 없다. 아니, 현실은 오히려 그 반대다. 알루미늄을 정제하는 과정에서 생기는 독성 보크사이트 찌꺼기가 우리의 건강을 해칠 거라는 염려는 충분히 타당해 보였다. 어쨌든 우리는 플라스틱 패킹이 달린 병뚜껑에 대해 토론하면서 플라스틱 없이 살기 실험을 100퍼센트 완벽하게 해낼 수 없음을 시작 단계부터 분명히 깨달았다. 하지만 다른 한편으로 그런 토론은 플라스틱에 대한 대안뿐 아니라 합성수지에 대해서도 비판적으로 생각할 중요한 계기가 되었다.

실험 초기 플라스틱 없이 살기 프로젝트를 주변에 대대적으로 알리고 난 뒤 나는 각 소재마다 생태 결산표를 만드는 일에 몰두했다. 그러니까 유리와 종이를 비롯해 그때 주목받기 시작하던 '분해되는 플라스틱'(이건 바이오플라스틱이라는 이름으로 호도되고 있다) 같은 여러 포장 소재들의 생태적 유해 결산표를 만드는 일이었다.

고백하자면 나는 실험 초기에 일부 상점에 가면 과일이나 채소 코너에 종이 포장지가 마련되어 있거나 유기농 상점에서 건포도와 다른 말린 과일을 종이에 싸 주는 것을 보고 내심 무척 뿌듯해했다.

우리는 어떤 형태의 유리병도 환영했다. 〈플라스틱 행성〉을 통해 나 같은 평범한 소비자는 화학적 분석의 도움 없이는 각각의 플라스틱 포장에 어떤 물질이 담겨 있고, 그중 어떤 것이 식품이나 음료에 스며들고, 그게 우리 건강에 어떤 작용을 하는지 판단할 수 없음을 알게 되었다. 사실 이건 쓰레기 문제와 자원 문제만큼이나 우리 실험의 또 다른 결정적인 계기이기도 했다. 우리 입으로 들어가는 식품이나 음료에 플라스틱 유해 물질이 스며드는 것을 원치 않았던 것이다. 그래서 내가 볼 때는 가장 오래된 포장 용기 가운데 하나인 유리가 그 특성을 고려하면 더 나은 대안이었다. 유리는 내용물에 어떤 영향도 끼치지 않는다. 에테르 오일 같은 아로마를 빨아들이지도 않고, 안에 담긴 식품에 유해 물질을 내뿜지도 않는다. 그렇다면 조금 더 무겁고 깨지기 쉽다는 단점이 있지만, 그 정도는 얼마든지 감수할 수 있었다.

내가 실험 과정에서 알게 된 다른 물질도 최소한 부분적으로는 플라스틱 딜레마 상황을 해결할 출구로 보였다. 옥수수, 감자 전분, 나무, 유산균처럼 유기물 원료로 만든 합성수지가 그것인데, 이것은 썩어 없어지는 물질이기에 바이오플라스틱이라는 이름을 붙여도 무방해 보였다.

초기에는 모든 것이 비교적 간단해 보였다. 일상적으로 장을 볼 때 플라스틱을 다른 소재로 바꾸는 것은 원칙적으로 얼마든지 가능할 듯했다. 그게 아직 불가능해 보이는 지점에서도 최소한 소비자들이 압력을 하면 점차 생산업체와 유통업체들이 플라스틱 제품을 대안 제품으로 바꿀 거라는 희망이 있었다.

처음에 나는 종이나 유리, 바이오플라스틱의 생태 결산표에 대해서 딱히 생각이 없었는데, 사람들이 꾸준하게 내 블로그 '플라스틱 없는 집 Keinheimfürplastik'에 다는 댓글과 의견을 보면서 곧 그 부분도 생각하게 되었다. 이와 관련해서 늘 반복해서 떠오르는 문제가 재생지의 유해 물질 오염이었다. 이런 문제들로 관심이 확장되면서 나는 단점이 없는 물질은 없고, 결국 문제는 우리가 모든 물건을 너무 많이 소비하는 데 있다는 사실을 명확히 깨닫게 되었다. 게다가 과잉 소비는 결코 포장 용기나 포장 물질에만 해당되는 것이 아니라 상품과 에너지, 심지어 서비스까지 모든 형태의 소비에 해당되는 이야기였다. 특히 이와 관련해서 내가 주목한 사실이 있다. 우리는 이 모든 것을 소비할 경제적 여력이 있고, 표면적으로 보면 많은 영역에서 낭비가 가능할 만큼 상품 값이 무척 싸고, 그로써 기존의 소비 행태를 바꿀 만한 매력이 적다는 점이었다.

현재의 이런 문제들을 보면서 나는 자연스럽게 다음의 질문에 이르게 되었다. 옛날에는 어땠을까? 혹시 과거에서 배울 게 있지 않을까?

쓰레기의 출발점은 어디일까?

내게 풍요란 기본적인 물질적 욕구를 충족하는 것 외에 무엇보다 원기 회복을 위한 시간과 충분한 휴식, '편안함'을 의미한다. 그런데 이런 점에서는 지난 몇십 년 사이 과잉 소비 사회의 번성과 함께 오히려 점점 퇴보했다. 어린 시절의 기억에 비추어 보면 내가 생각하는 풍요란 더 많은 것을 점점 더 많이 소비하는 낭비와는 아무 상관이 없었고, 그건 지금도 그렇다. 물론 옛날이 지금보다 무조건 더 좋았다고 주장하는 것은 아니다. 그저 환경에 대한 내 견해는 어린 시절에 뿌리를 두고 있음을 말하고 싶을 뿐이다.

이동

나는 70년대 아이로 1971년에 태어났다. 여동생이 태어난 건 3년 뒤였다. 우리는 내가 여섯 살이 될 때까지 동부 슈타이어마르크주의 작은 도시 글라이스도르프에서 살았다. 무척 자그마한 집이었는데, 조부모 소유였다. 내 기억으로 우리 집엔 차가 한 대 있었다. 70년대 초 석유 파동으로 석유값이 치솟자 독일과 마찬가지로 오스트리아에서도 일정 기간 일주일에 하루는 자동차를 타지 않는 제도를 시행했다. 그러자 사람들은 자전거를 탔다. 그리고 겨울에는 학교들이 난방비를 절약하려고 정규 방학 말고도 일주일을 더 쉬었다. 그 취지에 맞게 우리는 그 방학을 "에너지 방학"이라 했다. 그런데 석유 파동이 끝난 뒤에도 이 방학은 그대로 유지되었고, 이름만 "학기 중 방학"으로 바뀌었다.

글라이스도르프에 살 때 우리는 학교에 가건 장을 보러 가건, 아니면 발레 수업이나 피아노 수업에 가건 모두 걸어서 가거나 자전거를 탔다. 집에 차가 있었지만, 웬만큼 먼 길을 갈 때 말고는 쓰지 않았다. 환경보호 차원이 아니라 경제적인 이유에서였다. 당시 기름값은 비쌌다. 그러다 보니 부모님이 우리를 차에 태워 어딘가에 데려다주거나 어딘가에서 데려온 기억은 내 머릿속에 남아 있지 않다.

어린 시절에 우리는 휴가도 집에서 보내거나 캐른텐의 뵈르테르 호숫가 친척 집에서 보냈다. 아니면 나와 동생은 글라이스도르프 파도 풀장 정기권을 끊어서 날씨가 좋으면 주로 거기서 시간을 보냈다. 우리는 가난하지는 않았지만, 그 시절엔 그렇게 휴가를 보내는 것이 일반적이었다.

전자 제품과 책

내가 초등학교에 입학하기 직전에 우리 가족은 우리만의 집을 갖게 되었다. 부모님이 손수 공을 들인 집이었다. 가구는 예전에 살던 집에서 그대로 가져왔고, 부엌살림만 새것으로 장만했다. 처음에 우리는 전화가 없어서 전화할 일이 있으면 이웃집으로 달려갔다. 요금은 이웃집 아줌마와 합의한 1분당 가격에 따라 지불했다. 나중에는 우리도 전화가 생겼다. 물론 우리만 쓰는 전화가 아니라 이웃집과 나누어 쓰는 '반쪽짜리' 전화였다. 아무튼 그렇게 하면 기본요금을 절반으로 줄일 수 있었다. 그리고 작은 흑백 TV도 하나 장만했다. TV가 아직 널리 보급되기 전의 일이었다.

집에서 쓰던 기기가 고장 나면 아버지는 손수 고치거나, 아니면 수리점으로 갖고 갔다. 당시 기기들은 대부분 오늘날과 달리 고쳐서 썼다. 그렇다 보니 중고 물건이나 기기를 살 때는 품질과 견고성 말고도 갈아 넣을 부품이 있는지도 중요한 기준이었다.

책은 내 어린 시절과 청소년기에 중요한 역할을 했다. 나는 책을 좋아했고, 초등학생 때 이미 밤늦게까지 책을 읽을 때가 많았다. 그렇다고 집에 책이 많았던 건 아니었다. 우리는 글라이스도르프 시립 도서관에 등록한 뒤 거의 매주 거기 가서 새 책을 빌렸다. 집에 책을 잔뜩 쌓아 두지 않고도 책에 대한 허기를 채울 수 있었다. 책 내용이 마음에 들지 않으면 읽지 않고 일주일 뒤에 반납하면 그만이었다. 도서관의 또 좋은 점은 아이들이 혼자 갈 수 있다는 것과 아이들이 쉽게 만날 수 없는 다양한 내용의 책이 있다는 사실이었다. 게다가 대출하고 반납하는 일이 어린 나에게는 픽 멋있는 일이었다. 도서관은 내 것이 아닌데도 남들과 기쁨을 나눌 수 있는 책들에 대한 관심을 일깨워 주었다.

옷

그 시절엔 다들 그랬듯이 동생 케르스틴과 나도 집에서 손수 만든 옷을 자주 입었다. 친할머니가 바느질과 뜨개질을 좋아하고 잘하셨기 때문이다. 새 옷은 주로 생일이나 크리스마스 같은 특별한 날에만 선물로 받았다. 평소에는 친척 집에서 헌 옷을 물려받았다. 새로 산 옷은 학교 갈 때만 입었고, 학교에 갔다 오면 옷을 갈아입었다. 좋은 옷을 정원용 도구와 맞바꾸는 것도 어느 집에서나 볼 수 있는 풍경이었다. 그건 교사였던 아버지도 마찬가지였다. 어쨌든 세세하게 기억나지는 않지만, 그때 내가 가진 옷이 지금의 우리 아이들과 비교해 절반도 채 되지 않은 것은 분명하다. 그런 만큼 새 옷은 내게 아주 특별한 의미가 있었다.

어머니는 바느질을 좋아하지 않았지만, 구멍 난 양말이나 스타킹을 고치고 찢어진 청바지에 헝겊을 덧대 깁는 일은 당연히 했다. 내 기억으로 우리는 너무 작아지거나 아니면 정말 더는 고칠 수 없을 때까지 옷을 입었다. 아직 입을 만한 옷을 자루에 담아 헌 옷 수거함에 버린 일은 기억나지 않는다. 심지어 그런 옷을 쓰레기통에 버리는 건 상상할 수도 없었다. 그땐 3유로 티셔츠 같은 '싸구려 옷'은 아예 없었다.

그때 내게는 어떤 옷이든 모두 소중했다. 드문 일이기는 했지만 선물로 받은 새 옷은 더더욱 그랬다. 따라서 옷을 잃어버리는 일은 있을 수 없었다. 혹시라도 학교나 체육관에 옷을 깜박 두고 오는 경우 당연히 총알같이 달려가서 다시 찾아오곤 했다. 우리 집에서는 원칙적으로 정말 꼭 필요한 옷들만 있었고, 옷을 잃어버리거나 딴 데 두고 와서 새 옷을 사는 일은 없었다.

식품

우리 집에서는 신선한 음식을 주로 먹었고, 주말에만 특별한 요리를 했다. 아버지는 교사였고, 어머니는 반일제로 일했다. 두 분은 우리가 학교에서 돌아오면 식사를 준비했다. 어린 시절 우리는 인스턴트식품을 먹은 적이 없었다. 시간이 없을 경우 어머니는 샐러드를 곁들인 버터 감자나 슈타이어마르크 지방의 전통 음식인 폴렌타 슈테르츠(옥수수죽)에다 우유 한 잔, 혹은 사과 잼을 곁들인 카이저슈마렌 같은 간단한 요리를 후딱 만들어 주셨다. 물론 평소에는 수프와 메인 요리가 나왔다. 남은 음식은 다음 날 따로 양념을 해서 조리해 먹었다. 고기는 보통 주말에만 식탁에 올랐고, 이따금 일요일엔 아버지가 음식점에서 구운 닭 요리를 사 오시곤 했다. 채소와 과일은 계절에 따라 대개 할머니 집 정원이나 저장고에서 가져왔고, 이따금 바나나와 오렌지를 맛볼 기회도 있었다. 내가 좀 더 나이가 들었을 때는 키위가 식탁에 오르기도 했다. 1980년대 후반까지도 외국 과일을 파는 상점은 많지 않았다. 부패하는 상품과 장거리 수송을 감당할 만큼 물류 산업이 발전하지 못했기 때문이다.

그때 학교에서 우유 급식이 나왔는데, 테트라팩에 담긴 우유와 코코아, 요구르트 중에서 하나를 고를 수 있었다. 탄산음료와 아이스티 같은 음료를 파는 자판기는 아직 학교에 없었다. 집에서 우리는 할머니가 직접 농사지은 구스베리나 딸기로 즙을 내서 마셨고, 이따금 농가에서 파는 사과즙을 사 먹기도 했다. 이런 것들을 제외하면 언제 어디서나 음료를 마시는 것은 일반적인 상황이 아니었다. 대신 과일즙을 마시려면 약간 기다려야 했다. 그렇지만 나는 어린 시절에 탈수 상태에 빠진 적이 없었다.

나는 물이 귀한 재산이라는 가르침을 받고 자랐다. 예를 들어 동생과 내가 수도꼭지를 틀어 놓고 이를 닦으면 아버지는 그 자리에서 우리를 야단치셨다. 물을 버리는 것은 벌 받을 낭비라는 것이다.

장난감

어릴 때 나는 장난감만큼은 정말 남부럽지 않게 많았다. 무언가 특별한 날에 할머니 할아버지를 비롯해 다른 친척들한테서 선물로 받은 것들이었다. 그런데 그때도 벌써 일부 장난감은 한두 번 쓰고 나면 그냥 집 안에 뒹굴어 다녔다. 그런데 할머니 집에 잠깐 놀러 가거나, 여름방학에 가서 몇 주를 보낼 때는 정반대 현상이 일어났다. 할머니 집에는 우리 같은 아이들이 갖고 놀 만한 것이라고는 옛날에 고모가 쓰던 레고나 카드놀이, 보드게임, 옛 동화책이 전부였다. 그런데도 우리는 장난감이 아쉬운 줄 몰랐다. 몇 날 며칠을 정원과 숲, 개천, 수영장에서 보내는 것만으로 충분했다. 게다가 할머니는 토끼도 키웠는데, 토끼들하고만 놀아도 몇 시간이 후딱 지나갔다. 할머니 집에서 단순하게 보낸 여름 몇 주는 아마 내 어린 시절에서 가장 아름답고 '풍요로운' 시간에 속할 것이다. 할머니 집 뒤의 언덕에는 온갖 꽃들이 피어 있는 들판이 펼쳐져 있었다. 요즘은 어디서도 찾아보기 힘든 들판인데, 이곳에는 믿을 수 없을 만큼 다양한 꽃과 식물이 피어 있었고, 곤충과 나비, 벌이 돌아다녔다. 저녁이면 고슴도치를 자주 관찰했고, 가끔 산토끼를 보기도 했다. 지금 와서 돌아보면 그곳은 한마디로 목가적인 전원이었다. 너무 아름다워서 실제라고 믿기 어려울 정도였다. 언덕 위 그림 같은 들판에는 오래된 나무들이 원형으로 서 있었다. 우리는 거기서 시간 가는 줄 모르고 놀았고, 꽃과 돌멩이, 달팽이집을 채집했으며, 새들이 집을 짓거나 새끼들에게 먹이 주는 것을 관찰했다. 돌아오는 길에는 들판의 꽃을 꺾어 할머니에게 갖다주었다. 할머니는 손녀들이 자신을 생각해 꽃다발을 만들어 온 것을 기뻐하셨지만, 그런 일이 반복되자 이렇게 말씀하셨다.

"꽃다발이 참 아름답구나. 하지만 얘들아, 너희도 알아야 해. 꽃은 들판에 피어 있을 때가 가장 아름다운 거야."

나중에 돌아보니 아이들에게 그만큼 좋은 교육 현장은 없었다는 생각이 든다. 어릴 때의 그곳만큼 자연과 하나 된 느낌을 가져 본 곳은 어디서도 없었다. 그때 나는 내가 자연의 일부이고, 따라서 자연에 종속되어 있음을 명확하게 느꼈다. 내 속에서 모든 생명체에 대한 공감과 모든 살아 있는 것들에 대한 사랑이 샘솟은 것도, 그리고 내가 자연의 파괴와 착취에 적극적으로 팔을 걷어붙이고 나선 것도 모두 그 덕분이라고 생각한다.

환경보호

1970년대와 80년대는 오늘날과 달리 '환경'이 오염되지 않았을 거라고 생각할 수도 있지만 사실은 그렇지 않았다. 곳곳에 쓰레기 매립지가 있었고, 분리수거와 재활용 시스템은 이제 막 걸음마를 뗀 상태였다. 생활하수와 산업 폐수를 거르는 정화 시스템이 제대로 갖춰지지 않아 많은 강이 갈색 죽처럼 변했고, 일부 강에는 거품이 둥둥 떠다녔으며, 하늘에서 내리는 산성비(자동차 배기가스와 공장 배출 가스에서 생기는 유황 찌꺼기)는 산림을 위협했다. 나는 어릴 때부터 이 모든 것에 대한 걱정이 컸지만, 시간이 가면서 기술이 진보하고 정치적으로 올바른 결정을 하면서 이 많은 문제를 해결할 방법이 발견되었다. 그것으로 인해 부정적인 발전은 막아 내고 심지어 일부 되돌릴 수 있었다. 최소한 우리 오스트리아나 유럽의 다른 선진국에서는 말이다.

돌아보면 나는 늘 어린 시절과 청소년기가 무척 풍요로웠다는 생각이 든다. 우리는 부족한 게 없이 지냈다. 필요한 것은 모두 있었다. 어떤 것은 심지어 너무 많기도 했지만, 수십 년 동안 진행된 과잉 소비 사회의 형태와는 거리가 먼 풍요였다. 나는 실생활과 교육을 통해 모든 물건을 세심하게 다루고 아끼는 근검절약이 철저히 몸에 밴 세대다. 식품, 의류, 전기, 물, 연료, 세제, 중고 물품을 절약하는 정신은 인색한 게 아니라 우리 삶에 도움이 되는 긍정적인 품성이었다.

　나는 지난 수년 동안 풍요에 대해 고민할 때마다 우리가 풍요와 낭비의 연결 고리를 끊어 내야 한다는 사실을 분명히 깨달았다. 아울러 풍요와 시간 부족, 스트레스, 분주함 사이의 연결 고리도 끊어야 한다. 이 모든 것은 서로 밀접하게 연결되어 있기 때문이다. 시간 부족과 그 여파에 대해선 나 자신도 너무 잘 안다. 패스트푸드점에서 식사하기, 일회용 컵에 담긴 커피를 들고 다음 약속 장소로 이동하기, 오늘 하루 나 자신을 위해서는 단 5분도 쓰지 않은 것에 대한 '보상'으로 집에 가는 길에 백화점에 들러 5분 동안 옷 쇼핑하기, 스트레스 홍수 속에서 잊어버린 무언가를 찾으러 가려고 얼른 차를 빼는 행동 들이다. 이 모든 것은 진정한 풍요와 행복하고 건강한 삶을 방해하는 종양이 아닐까? 그 뒤엔 정말 진정한 인간적 욕구가 숨어 있을까? 아니면 그건 우리의 삶에서 정말 중요한 것을 잊게 만드는 대리 만족이 아닐까? 만일 그렇다면 이 모든 것에 대한 책임은 누구에게, 혹은 무엇에 있을까? '진정한 풍요'에 이르려면 우리는 이런 연결 고리를 어떻게 끊을 수 있을까?

나는 플라스틱 없이 살기 실험을 시작할 때부터 이와 비슷한 질문을 스스로에게 던졌고, 그건 10년이 지나는 동안에도 내 머릿속을 떠나지 않았다. 그리고 그사이 나는 최소한 나 자신에 대해서만큼은 몇 가지 답을 찾았다.

낭비의 출발점은 어디일까?

나는 해가 지날수록 낭비에 대해 점점 더 예민해졌다. 그러다가 우리 인간은 원래 낭비를 원치 않는 존재라는 확신을 갖게 되었다. 진화론적으로 보더라도 낭비가 우리에게 재미있는 일이라는 건 정말 터무니없는 소리다. 이런 생각은 수년 동안 무수한 사람들을 집중적으로 만나면서 더욱 확고해졌다. 내가 만난 사람들치고 플라스틱이나 다른 물질, 또는 에너지원을 앞으로도 지금처럼 소비하면서 살겠다고 말하는 이는 아직 한 명도 없었다. 오히려 그런 일을 막는 데 스스로 할 수 있는 일을 모두 할 것이고, 모든 영역에서 성공하지는 않더라도 그런 노력을 포기하지 않겠다는 사람들을 꾸준히 보았다.

우리는 플라스틱 실험을 시작할 때부터 어려운 문제에 부딪히면 늘 옛날 사람들은 어떻게 살았는지 생각해 보았다. 그러면 아주 간단한 해결책이 나오거나, 어떤 상품이 현실에서 없어도 충분히 살 수 있는지 손쉽게 판가름할 수 있을 때가 많았다. 예를 들어 나는 키친타월과 메이크업 패드를 쇼핑 목록에서 아예 삭제한 뒤 다시 빨아서 쓸 수 있는 헝겊이나 천으로 대체했다. 세제와 위생용품의 상당수는 대체품이 없어서 그냥 포기했다. 이렇게 해서 우리 집에서는 몇 년 전부터 변기 세정제를 퇴출시켰고, 전통적인 세제도 거의 쓰지 않는다. 이전 시대를 깊이 생각하다 보니 어린 시절 내가 직접 경험한 것 중에서 늘 반복해서 떠오르는 일들이 있다. 우리 조부모 세대가 모든 물건을 얼마나 아끼며 썼는지를 인상적으로 보여 주는 사건들이다.

할머니 집 정원은 무척 컸다. 2월에 첫 식물을 심고 11월과 12월에 마지막 채소를 수확해서 가공하기까지 모든 일은 주로 할머니가 맡았다. 식품을 보관하는 방식도 아주 체계적이었다. 식품 저장고와 냉장고에는 바로 다음에 쓸 식품들을 순서대로 가지런히 저장해 놓았다. 나중에 쓸 재료를 먼저 끄집어내 쓰는 것은 금기 사항이었고, 그런 점에서 할머니는 무척 엄격했다. 그 결과 음식을 버리는 일은 생기지 않았다. 자원을 아끼는 문제에서도 할머니는 그때 벌써 하나의 본보기였다. 할머니는 장을 보러 갈 때 원칙적으로 늘 장바구니를 들고 갔고, 치즈나 소시지를 살 때도 당연하다는 듯이 담을 그릇을 챙겨 갔다. 그땐 특별한 일이 아니었다. 그런 식으로 장을 보러 가는 사람이 많았기 때문이다. 오늘날 그렇게 장을 보는 것을 거부하는 이유로 자주 거론되는 '위생상의 의구심'을 그때는 누구도 갖지 않았다.

1970년대와 80년대에도 요즘만큼 과잉 상태는 아니지만 벌써 비닐봉투가 있었다. 할머니는 이 봉투를 무척 귀한 물건으로 여겼다. 할머니 집의 저장고에는 몇 장 되지는 않지만 늘 비닐봉투가 종이봉투와 함께 곱게 접힌 채 보관되어 있었다. 할머니는 가게에서 젖어 있는 채소나 샐러드를 사면 비닐봉투에 담아 와서는 재빨리 저장고 해당 칸에 내용물을 넣어 두었다. 그런 다음 봉투를 뒤집어 깨끗이 씻은 뒤 물기를 닦아 내고 걸어서 말렸다. 내게는 그 일이 특별한 일처럼 여겨지지 않았고, 그냥 아주 간단해 보였다. 비닐봉투는 더 이상 쓰지 못할 만큼 망가져야 버렸다. 물론 그런 일은 드물었다. 그로부터 몇십 년 뒤 나는 플라스틱 없이 살기 실험의 하나로 집에 있는 플라스틱을 전부 내놓는 과정에서 우리 집에 비닐봉투가 엄청나게 많다는 것을 알아차렸고, 순간 그사이 시대가 많이 바뀌었다는 사실을 불현듯 깨달았다. 할머니와 나의 공통점은 어떤 형태의 봉투든 쉽게 버리지 못한다는 사실이다. 다만 차이는 그사이 양이 엄청나게 많아졌다는 것이다. 그때 우리 집 다용도실에는 100장에 가까운 비닐봉투와 그 절반 정도의 종이봉투가 있었다. 그것도 1, 2년 동안 물건을 사면서 받은 봉투의 극히 일부에 지나지 않는 양이 그랬다. 다른 비닐봉투는 쓰레기봉투로 쓰거나, 아니면 비닐 분리수거함에 버렸다. 그렇지 않으면 비닐봉투가 너무 많이 쌓이기 때문이다.

과거의 할머니가 절약과 세심함의 정신으로 물건들을 썼다면 나는 이미 과잉 소비에 치여 있었다. 아니, 좀 더 정확하게 말하자면 그런 일이 생기도록 내가 방치하거나 허용했다.

왜 그사이 그렇게 바뀌었을까? 낭비에 대한 즐거움이 갑자기 우리 인간에게 이유도 없이 생긴 것일까? 아니면 그 뒤에 다른 이유가 숨어 있을까? 과거에 우리는 봉투와 포장 용기를 슬기롭게 썼지만, 불과 몇십 년 만에 어떻게 오스트리아에서만 1년에 일회용 봉투를 5억 장 가까이 소비하게 되었을까? 그게 어떻게 가능할까? 1년에 한 사람이 쓰는 비닐봉투가 60장쯤 되는데, 그게 정말 우리가 원하는 일일까?

이런 질문들에 대한 답을 찾는 과정에서 나는 번번이 분노가 치밀었고, 때로는 좌절감에 빠졌다. 지난 몇 년 동안 나는 마트나 상점에 들를 때면 이렇게 물었다. 왜 당신들 가게에는 보증금 병에 든 광천수가 없느냐, 왜 샐러드를 플라스틱 용기에 담아 파느냐, 왜 껍질을 깎고 과일을 자른 뒤 플라스틱 통에 포장해서 파느냐, 왜 보증금 병에 든 우유가 없느냐 하고 말이다. 그러면 주로 다음과 같은 대답이 돌아왔다.

"고객이 그걸 원할까요? 고객은 그걸 원하지 않아요."

이런 대답을 들을 때마다 나는 한 인간으로서, 그리고 한 고객으로서 내 말이 하찮게 여겨지고 있다는 느낌을 받으며 이렇게 되물었다.

"나는 이등 고객인가요? 당신들에게 나는 뭐죠? 나는 고객이 아닌가요? 나는 그걸 원해요. 남들도 분명 그걸 원할 겁니다."

이렇게 말하면 직원은 어찌할 바를 몰라 한다. 사실 나는 마트 직원에게 그렇게 따지는 것이 미안하다. 그들에게 책임이 있는 것도 아니고, 그들이 바꿀 수 있는 것도 아니다. 그저 나를 포함해서 모든 사람이 얼마 전까지 그런 형태의 소비에 길들여져 있을 뿐이다.

답을 찾지는 못했지만 많은 질문을 통해 시간이 가면서 한 가지는 분명해졌다. 온갖 형태의 물질을 그렇게 흥청망청 낭비하는 것은 결코 '소비자들' 때문이 아니라는 것이다. 소비자들은 우유나 음료수를 단 한 번만 쓰고 버리는 포장 용기에 담아서 팔라고 요구하지 않았다. 누군가 어느 순간 그렇게 팔아 보자는 아이디어를 낸 것뿐이다. 껍질을 벗긴 과일을 플라스틱 용기에 담아 파는 것도 분명 소비자들의 요구 때문이 아니다. 나는 우리 할머니를 비롯해 그 세대의 다른 사람들과 많은 이야기를 나눈 끝에 공짜 비닐봉투가 고객들의 필요에 따라 점점 많아진 것이 아니라는 사실을 분명히 확인할 수 있었다. 그것들은 어느 날 우리 앞에

42

그냥 주어졌다.

우리 사회가 현재 엄청난 규모의 낭비 사회로 바뀐 데에는 개인의 결정보다 훨씬 더 많은 요소들이 연관되어 있다. 논리적으로 보면 재사용 시스템을 촉진하고 고객을 일일이 응대하려면 마트마다 더 많은 인력을 고용할 수밖에 없고, 그러면 거대 유통업체들의 이익은 줄어들 수밖에 없다. 그런데 일회용 포장 시스템을 활성화하면 상품을 판매하고 나면 업체들은 더 이상 들여야 할 비용이 없다. 포장 산업도 일회용 포장 시스템의 꾸준한 발전에 반대할 이유가 없다. 그렇다면 재사용 시스템이 마트에서 실질적으로 사라지고, 소비자의 셀프 서비스 쇼핑이 점점 일상화된 데에는 포장용품의 낭비로 돈을 버는 사람들의 이해관계가 깔려 있다. 이런 점을 고려하면 업체들이 늘 앞세우는 고객들의 요구와 위생 규정은 위선적인 변명으로 보인다. 그게 아니더라도 최소한 이런 상황이 벌어지게 된 원인이 아니라 결과임은 분명하다. 해를 거듭하면서 '부정적인 학습 효과' 같은 것이 일어났다. 습관과 편리성이 사람들 사이에 확고하게 자리 잡았고, 그와 함께 대형 유통업체와 산업체의 이해관계, 법 규정을 제대로 갖추지 못한 것 때문에 지금까지 최소한 오스트리아에서만큼은 잘 돌아갔던 재사용 시스템이 차츰 망가졌다. 오스트리아에서는 1990년대 초까지 음료 부문에서 80퍼센트가 넘었던 재사용 비율이 그사이 약 20퍼센트로 급격하게 줄었다.

그마저도 0.5리터 보증금 병이 여전히 대세를 이루는 맥주 문화가 남아 있지 않았다면 오스트리아에서도 재사용 비율은 벌써 한 자릿수로 떨어졌을 것이다. 이와 관련해서 나는 재사용 시스템을 지지하고, 일상에서 물질과 에너지를 낭비하지 않는 삶을 만들어 내려는 사람들과 한 토론이 떠오른다. 창조 책임* 그룹이든, 제로 웨이스트** 운동이든, 아니면 내 친구 모임이든 그들과 만나 이야기를 나누다 보면 반복해서 확인하게 되는 것이 있다. 개인의 노력이 여전히 정치적 경제적 조건으로 무산되거나, 그게 아니더라도 큰 어려움을 겪고 있다는 사실이다.

옛날 물건이 더 낫다

2001년 우리가 지금 사는 집으로 옮길 때 이사를 도와준 친구들은 우리의 수집 열정과 '옛 물건'에 대한 애착에 감탄을 터뜨렸다. 일단 이사 가는 집부터 그랬다. '새집'이라고는 하지만 이미 150년쯤 된 오래된 집이었다. 게다가 옛 가구도 무척 많았다. 이사 가기 전까지 이전에 살던 집의 다락방과 지하실에 보관해 둔 물건이었다. 언젠가 좀 더 큰 집으로 이사 가면 쓸 요량으로 말이다. 옛 가구는 대부분 집안 대대로 내려오는 물건이었다. 그렇다 보니 당연히 약간 구닥다리 같은 느낌이 있었지만, 현대적 가구와는 달리 통나무로 만들어 안정감이 있고 무거웠다. 우리가 그때까지 버리지 않은 것도 그 때문이었다. 품질도 최상이었다. 물론 분해가 되지 않아 통째로 옮길 수밖에 없어 가구를 나른 사람들 고

---

*   인간에게는 신이 창조한 세계를 정성스럽게 돌보고 가꿀 책임이 있음을 강조하는 가톨릭 환경보호 모임.

**   Zero Waste. 일상에서 쓰레기 생산을 최소화하자는 운동.

생이 많았다. 친구들 가운데 몇몇은 이것들을 예전 집에서 다락방과 지하실에 보관했던 것처럼 헛간에다 두면 어떻겠느냐고 제안했다. 하지만 다른 사람들은 이 가구들이 50년에서 80년이 지났는데도 여전히 상태가 좋은 것을 보고 놀라워했다. 우리 집에도 당연히 있는 싸구려 현대 가구들은 5, 6년만 지나도 벌써 문제가 생기는데 말이다. 어쨌든 고풍스러운 식탁이 다이닝룸에 자리를 잡는 순간 다들 한목소리로 옛 물건에 탄사를 터뜨렸다.

무엇이 정상인가?

내가 거듭해서 자문하는 질문이 있다. 어째서 나는 물건을 쉽게 버리지 못하고, 시간이 갈수록 우리 집에는 물건이 엄청나게 쌓여만 갈까?

선물용 포장지를 예로 들면 쉽게 이해가 될 듯하다. 포장지는 개봉할 때 심하게 망가지지만 않으면 얼마든지 다시 쓸 수 있다. 그러니까 그건 자원을 절약하는 아주 간단한 방법이다. 물론 나라는 인간이 원래 그렇게 예쁘고 비싼 종이를 함부로 버리지 못하는 성미를 갖고 태어난 것은 차치하더라도 말이다. 어쨌든 그런 포장지가 늘 집에 쌓여 있다 보니 선물할 일이 있을 때 따로 돈을 들여 포장지를 살 필요가 없었다. 물론 우리에게 선물한 사람에게 다시 그 포장지로 답례하는 곤혹스런 상황이 가끔 일어나기는 했지만 말이다. 하지만 내가 알기로 그런 우리를 나쁘게 생각하는 사람은 없었다. 적어도 플라스틱 실험을 시작한 뒤로는 중고 선물용 포장지가 우리 집에선 사치품 취급을 받는다는 사실을 다들 알고 있었기 때문이다. 이후 우리는 선물할 일이 있으면 보통 지나간 신문지로 포장했다. 신문지 포장도 제법 근사하고 운치가 있다는 사실은 실제로 써 보고 나서야 알게 되었다.

나는 유리병, 특히 색다른 유리병을 보면 환장을 했다. 나한 테 유리는 예전부터 무척 소중하고 아름다운 물건이었다. 그래서 나는 아름다운 병을 쉽게 버리지 못했다. 나중에 거기다 뭔가를 담아 선물할 수도 있고, 그렇지 않으면 내가 다시 쓸 날이 올 거라 고 확신했기 때문이다. 하지만 안타깝게도 그런 일은 일어나지 않 았다. 이따금 나는 그런 병을 꽃병으로 쓴 적이 있지만 그게 전부 였다. 내 유리병 수집은 남편 때문에 번번이 갑작스럽게 끝났다. 남편은 식품 저장고가 유리병으로 가득 차서 한 발짝도 들어갈 틈이 없다고 투덜대며 유리병을 모조리 싸 짊어지고 나가 헌 병 수집함에 넣어 버렸다. 그러고 나면 나도 어쩐지 마음이 홀가분해 졌다. 물론 그 뒤에도 유리병 수집은 처음부터 다시 시작되었지만 말이다. 그런데 어느 순간 수거해 간 아름다운 병들을 다시 쓴다 는 사실을 알고 나서는 마음이 한결 편해졌다. 돌아보면 나와 아 름다운 유리병 사이에는 재사용 시스템과 편안함, 현대적 의미의 풍요를 연결하는 정서적 끈이 이미 이전부터 형성되어 있었다.

헌 옷과의 관계도 비슷했다. 나는 헌 옷을 새 옷처럼 고치는 시도를 반복했다. 재봉틀 쓰는 법을 제대로 배운 적은 없지만 이 런 시도는 여러 번 성공했고, 그렇게 고친 옷을 실제로 입고 다니 기도 했다. 하지만 그러다 보니 바보 같게도 집에 옷이 점점 쌓이 게 되었다. 게다가 그런 나를 보고 친구들이 선의로 자기들 헌 옷까지 기부하는 바람에 옷은 더욱 늘어났다.

장난감 낭비!

앞에서 말한 바 있지만 내 어린 시절에도 장난감은 차고 넘쳤다. 그래서 동생과 나는 장난감이 정말 더 필요한지, 그중 얼마나 많은 것들이 쓸데없이 방 안에 굴러다니는지, 또는 그것을 정리하고 치우는 일을 누가 해야 하는지를 두고 부모님과 끊임없이 토론을 벌였다. 사실 할머니 집에서는 여름 몇 주 동안 장난감이 별로 없는데도 정말 즐겁게 보낸 기억이 있다.

　　지금 우리 아이들의 레고 장난감을 살펴보니 아이들은 어릴 때 이 단순하고 창의적인 조립형 장난감 중에서 아동용 듀플로 버전만 경험한 것을 확인할 수 있었다. 그러니까 오랜 세월이 지났는데도 그 장난감은 아직 집에 남아 있다. 아이들은 레고 조각들로 우주선이나 배, 자동차 같은 것들을 만들고 나면 더는 잘 갖고 놀지 않았다. 그래서 레고 장난감은 대개 방구석에 나뒹굴고 있었고, 장난감이 분해되었을 때도 다시 조립하는 경우는 거의 없었다. 그래도 어쨌든 초등학교 때까지는 듀플로 레고로 무언가를 뚝딱뚝딱 만드는 걸 좋아했다. 사실 나는 우리 아이들이 너무 많은 장난감을 갖지 않게 하려고 늘 신경을 썼다. 늘 쓰고 있는 물건들만 있어도 얼마든지 잘 놀 수 있다는 것을 이미 나 자신의 경험으로 알고 있었기 때문이다. 아이들은 축구공 하나만 던져 주면 밖에서 신나게 뛰어놀았고, 자연 속에 풀어 놓으면 저절로 이런저런 것에 관심을 보이며 알아서 놀았다. 물론 집에 있을 때는 특정 장난감을 사 달라고 구체적으로 말할 때도 있었다. 그러면 우리는 가능하면 중고 장난감을 사 주거나, 아니면 이게 가장 바람직한 일인데, 필요한 장난감을 다른 사람들과 바꾸곤 했다. 예를 들어 우리 말레네가 플레이모빌 서커스 장난감을 갖고 싶다고 했을 때 우리는 남편 직장 동료한테서 그걸 받고, 대신 그 집 아들에게는 사무엘의 판타지 동화책을 몇 권 주었다. 그런데 장난감을 줄이려는 이런 노력도 성공했다고 할 수는 없었다. 세월이 지나면서 아이들 방에 이런저런 장난감이 쌓였으니까 말이다. 결국 나는 플라스틱 실험을 시작하면서 친척과 주변 친구들에게 최소한 플라스틱 장난감만큼은 더 이상 아이들에게 선물해 주지 말라고 신신당부했다. 아울러 내가 어린 시절에 부모님과 했던 것과 비슷한 이야기를 아이들과 자주 나누었다. 옛날과 차이가 있다면 우리 아이들에게는 장난감이 비교도 안 되게 더 많았다는 것뿐이다. 아무튼 중요한 것은 내가 아이들 방이나 침대 밑, 또는 거실에서 엄청난 양의 장난감이 어지럽게 굴러다니는 것을 더는 받아들일 수 없었다는 것이다.

그런 상황으로 인내의 한계에 다다랐을 때 나는 결국 아이들에게 버럭 고함을 질렀다.

"당장 다 치우지 않으면 몽땅 창밖으로 던져 버릴 거야!"

사실 이건 우리가 1층에 살고 있다는 점을 고려하면 그렇게 심각한 위협은 아니었지만, 그럼에도 아이들에게 최소한 얼마간은 효과가 있었다. 하지만 실제로 위협이 안 되는 협박이라는 것이 늘 그렇듯 얼마간 시간이 지나면 다시 도루묵이 되었다. 그런 일이 반복되자 나는 어느 날 오랜 시간 토론한 끝에 정말 불같이 화를 냈다. 이번에는 그냥 장난이 아니라는 것을 분명히 보여 주고 싶었다.

"마지막 경고야. 바닥에 널브러져 있는 것들을 당장 치우지 않으면 몽땅 창밖으로 던져 버릴 거야!"

며칠 전부터 내가 그렇게 당부했는데도 아이들은 장난감을 치우지 않고 슬금슬금 눈치만 보는 바람에 이제 아이들 방은 그야말로 난장판이었다. 그런데 내 마지막 경고에도 아이들은 특별한 반응을 보이지 않았을 뿐만 아니라 레오나르트는 되레 자기가 소리를 쳤다.

"하지도 못할 거면서!"

이제 나로서도 달리 방법이 없었다. 나는 창문을 열고 바닥에 뒹구는 장난감을 닥치는 대로 집어 창밖으로 던지기 시작했다. 플레이모빌, 매치 박스 자동차, 인형, 양말, CD 케이스, 공 따위를 가리지 않았다. 그제야 꿈쩍도 하지 않던 아이들이 득달같이 방 안으로 뛰어 들어와 큰 소리로 항의하며 내 손에서 장난감을 빼앗으려 했다. 하지만 이번에는 정말 화가 치밀어서 아이들의 만류에도 이쯤에서 그만둘 생각이 없었다. 그사이 사무엘은 여동생에게 다급하게 소리쳤다.

"빨리 치워! 바닥에 있는 것부터 당장 치워!"

하지만 그 정도로도 나는 진정이 되지 않았다. 그러자 레오나르트가 내 팔에 매달리더니 울부짖으며 소리쳤다.

"엄마, 그만해! 이건 장난감 낭비야!"

순간 나는 어안이 벙벙해서 창밖으로 막 던지려던 장난감을 툭 떨어뜨리고는 폭소를 터뜨렸다. 아이들은 영문을 모르겠다는 듯 나를 바라보았다. 폭소가 내 분노의 진정을 뜻하는 것인지 아직 확신하지 못하는 눈치였다. 그 때문에 말레네와 레오나르트는 부지런히 방을 치우기 시작했고, 사무엘은 큰 자루를 들고 밖으로 급하게 뛰어나갔다. 내가 창밖으로 던진 장난감을 집 앞 화단에서 주워 오기 위해서였다.

나는 불같이 터뜨린 분노와 예기치 않은 폭소가 가라앉기까지 얼마간 시간이 필요했다. 이어 우리는 꽤 긴 시간 동안 토론을 벌였고, 아이들은 내가 난폭하게 행동한 것에 항의했다. 어쨌든 레오나르트의 뜻하지 않은 웃기는 말 한마디 덕분에 나는 아이들과 장난감 문제를 두고 깊이 있는 이야기를 나눌 수 있었다.

앞서도 얘기했듯이 우리는 〈플라스틱 행성〉의 베르너 보테 감독과 함께 우리가 평소에 쓰는 플라스틱이 얼마나 많은지 보여 주려고 우리 집의 플라스틱 제품을 모두 꺼내 집 앞에 쌓아 둔 적이 있었다. 그날 우리 큰 애 둘은 장난감 대부분을 더 이상 자기들 방에 들여놓지 않겠다고 말했다. 그래서 정말 기념이 될 만한 몇몇 장난감만 빼고는 대부분 헛간으로 직행했고, 나머지는 남에게 선물하거나 팔았다. 그때 아직 일곱 살이던 레오나르트만 새것이나 다름없던 중세의 성 플레이모빌을 다시 제 방으로 갖고 가겠다고 고집을 부렸다.

고모의 오래된 레고를 시작으로 차고 넘치던 내 어린 시절을 거쳐 마지막으로 정말 넘쳐 나는 장난감 때문에 방 주인이 바뀐

듯한 느낌마저 드는 우리 아이들 방까지 장난감의 역사는 반복해서 내 머릿속에 떠올랐다. 집 안의 플라스틱을 모조리 끄집어내면서 나는 한 가지 강렬한 깨달음을 얻었다. '장난감 낭비'는 과잉 소비의 한 부분에 불과하지만, 그를 통해 우리가 아주 어려서부터 아이들을 일상적으로 낭비와 과잉에 젖게 하는 데 일조했다는 문제의식이었다. 장난감의 과잉과 나쁜 품질로 인해 아이들은 장난감을 조심해서 다루지 않게 되었고, 그로써 많은 장난감이 빨리 망가지는 결과로 이어졌다. 아이들을 이렇게 만든 건 우리다. 다시 말해 우리 부모들이 아이들을 쉽게 쓰고 쉽게 버리는 습성에 젖게 하고, 그래서 쉽게 쓰고 쉽게 버리는 미래의 어른을 만들었다는 말이다. 그 뒤 나는 그런 식으로 나아가는 것을 방치하거나 부추기고 싶지 않았다. 실제로 우리 집에서 플라스틱을 쓰지 않게 되면서 아이들도 우리의 소비 행태에 문제의식을 갖게 된 것은 분명해 보인다.

낭비 감수성

내 강연과 토론회장을 채운 청중들은 대부분 무언가를 바꾸고 싶어 하고, 실제로 그런 시도를 하고 있는 사람들이었다. 하지만 그들은 무언가를 바꾸려고 해도 여러 현실적 '장벽'에 부딪혀 실패할 때가 많았고, 그러면 좌절하거나 마지막에는 포기해 버렸다. 낭비의 '일상화'는 어느새 우리의 사회적 경제적 시스템을 유지하는 토대가 되었다. 낭비를 몰아내려면 우리 모두 또는 최소한 대부분은 일상적으로 많은 에너지를 들일 수밖에 없다. 그 길은 지난하다. 낭비의 일상화에 맞서 싸우려면 우리는 다 함께 더 많이 고민하고, 노력하고, 토론하고, 수고스러움을 감수하고, 가지 않은 길을 가고, 때로는 더 많은 돈을 써야 한다. 물론 비교적 손쉽게 낭비를 멈출 수 있고, 그와 함께 비용도 줄일 수 있는 영역이 있다. 의류, 장난감, 전기 같은 영역이다. 우리 집에서 플라스틱에 대한 의도적인 거부는 많은 다른 변화의 동력이 되었다. 그 과정에서 우리가 지금껏 변화의 즐거움을 잃지 않을 수 있었던 것은 무엇보다 가족 구성원들의 단합과 무언가를 바꾸고자 하는 공통의 동기 덕분이었다.

그런데 뜻하지 않은 한 사건으로 낭비를 줄이려는 우리의 일상적 시도는 또 다른 국면으로 접어들게 되었다. 이것은 완전히 새로운 도전이었다.

2부
실험

7년의 실험, '반쪽짜리 자동차'

자동차는 실제로 얼마나 필요할까?

남편 페터는 자동차를 이용하는 것에 늘 매우 비판적이었고, 거기다 광적인 자전거 애호가이기도 하다. 특히 시내에 갈 때는 자전거만 탄다. 그는 꽉 막힌 도로에서 느림보 운전을 하거나, 주차할 곳이 없어 주변 일대를 빙빙 도는 것을 끔찍이 싫어했다. 그런데 이런 개인 성향 말고도 미세먼지와 이산화황 같은 유해가스 배출과 점점 심각해지는 기후 위기도 페터와 내가 자동차 사용을 어떻게든 최소치로 줄이려는 또 다른 중요한 이유였다.

그런데도 우리는 막내아들이 태어난 지 얼마 안 돼 새것이나 다름없는 7인승 중고차를 샀다. 차는 가능한 한 잘 이용하지 않았지만, 규칙적으로 이용할 수밖에 없는 일도 있었다. 우리가 지금 살고 있는 낡은 농가는 몇 년 전에 장만한 것인데, 그때 이 집을 고른 중요한 기준은 주변 환경이었다. 우리는 이동할 때 자동차 한 대로 모든 것을 해결하고 싶었다. 우리 부부가 일하는 그라츠로 갈 때는 원칙적으로 자전거와 기차를 이용했고, 어쩔 수 없을 때만 자동차를 탔다. 그런데 시간이 지나면서 아이들의 여가 활동을 위해서 자동차를 이용할 수밖에 없었다. 세 아이가 가끔 훈련받는 축구장은 다행히 집 근처에 있었다. 걸어서 5분 정도면 갈 수 있는 곳이라 아이들은 처음부터 혼자 갔다가 혼자 돌아왔다. 하지만 유도나 발레, 음악 수업은 자동차 없이는 가기 어려웠다. 우리 집에서는 대중교통 편이 없었고, 아이들 혼자 자전거로 가기에는 길이 너무 위험했다.

　그렇다 보니 우리는 몇 년 동안 자동차로 아이들을 데려다 줄 수밖에 없었고, 그 과정에서 이따금 세 아이의 음악 수업을 비슷한 시간대로 조정해서 차 운행을 줄여 보려고 했지만 그마저도 쉽지 않았다. 게다가 이런 상황은 아이들이 주로 저녁에 수업을 하는 오케스트라단에 들어가면서 더욱 꼬였다. 우리는 다른 수업 시간을 적절하게 조율하거나, 아니면 그룹 수업과 오케스트라 수업에 함께 참여하는 부모들과 카풀을 조직해 차 운행을 줄이려 했다. 하지만 이 모든 것이 그리 만족스럽지 않았다.

　자동차가 없었다면 우리는 이 문제를 어떻게 해결했을까? 이 물음을 두고 우리는 반복해서 토론을 벌였다. 남편은 어쨌거나 우리가 자동차를 너무 자주 이용한다는 입장이었고, 반면에 나는 아이들의 음악 수업과 축구 시합을 위해 차를 이용하는 건 어쩔 수 없다는 입장이었다. 게다가 장을 보거나 다른 볼일이 있으면 미루어 두었다가 아이들을 데려다주는 시간에 맞춰 처리했기 때문에 나는 최대한 차 운행을 줄여 왔다고 생각했다.

　또 다른 일이 자동차를 덜 이용해야 한다는 우리의 토론에 불을 지폈다. 사실 처음에 나는 우리 실험에 대한 세간의 관심이 곧 수그러들 거라고 생각했다. 하지만 상황은 정반대였다. 언론은 우리와 관련해서 플라스틱 문제에 대한 기사를 지속적으로 쏟아 냈고, 그와 함께 내게 강연 요청도 많이 들어왔다. 2012년에 책이 나왔는데, 그전에 벌써 직장과 가정생활과 균형을 맞추기 힘들 정도로 강의가 늘어났다. 나는 물리치료사로 일하는 시간이 일주일에 20시간 정도밖에 되지 않았지만 주중에는 집에 없을 때가 많았다. 집에 있을 때도 대부분 컴퓨터 앞에 앉아 글을 쓰거나, 외부 문의에 답하거나, 아니면 약속을 잡았다. 우리 가족이 장보기와 소비 영역에서 이루어 낸 근본적이고 실제적인 변화는 여전히 사람들한테서 큰 호응과 관심을 받았지만, 그런 만큼이나 강연과 토론회 같은 내 활동이 늘어난 것은 거듭 자잘한 갈등의 계기가 되었다.

남편은 내가 강연이나 토론회에 갈 때 대중교통으로 갔다가 대중교통으로 돌아와야 한다고 생각했다. 플라스틱을 줄이자고 외치는 사람이 '화석연료를 대기 중에 배출하면서' 강연장으로 간다고 하면 누가 그 진정성을 믿어 주겠느냐는 것이다. 남편의 말은 아픈 곳을 건드렸다. 낭비를 줄이려는 시도들은 그 자체에 한정 지어서는 안 되고 전체적인 연관성 속에서 제대로 바라보는 것이 중요하다는 것을 나 역시 잘 알고 있었다. 거기다 가능한 한 모든 것을 올바르게 해야 한다는 나 자신에 대한 요구도 추가되었다. 그렇다면 나는 나 자신에 대해 좀 더 엄격해야 했다.

이 문제와 관련해서 남편은 나보다 훨씬 확고했다.

"당신이 자동차를 타고 강연장에 가는 건 기후변화 콘퍼런스에 참석하는 사람들이 비행기를 타고 가는 것과 똑같아."

나는 말문이 막혔다. 정말 그렇게 비교할 수 있는 것일까? 아니면 내가 내 메시지를 전달하는 것에만 매달리는 바람에 강연장으로 이동하는 과정에서 그 메시지와 정반대 행위를 하고 있다는 사실을 깨닫지 못한 것일까? 혹은 남을 설득하려면 정말 본인이

100퍼센트 '올바르게' 행동해야 할까? 이런 물음들과 함께 자동차 문제는 우리 가족회의의 고정 레퍼토리가 되었다. 필요한 것은 무엇이고, 피할 수 있는 것은 무엇일까? 그리고 누가 그것을 결정할 수 있을까? 나는 토론에서 특별히 의도한 것은 아니지만 번번이 자동차 운행을 피할 수 없음을 옹호하는 역할을 맡게 되었다.

그런 와중에 사고가 일어났다. 강연을 마치고 밤중에 차를 몰고 집으로 가다가 엔진이 고장 난 것이다. 아직 9년밖에 안 된 차였다. 그날의 충격은 잊지 못한다. 어쨌든 정비소로 견인해서 살펴보니 엔진이 완전히 망가졌고, 자동차 연식을 고려했을 때 폐차할 수밖에 없다는 결론이 내려졌다. 9년 된 차가 엔진 고장만으로 폐차를 해야 한다는 사실이 충격이긴 했지만, 그와 함께 우리의 토론은 재차 불타올랐다. 그런데 이번에는 '이 심각한 사고'를 고려하면 아무 결론 없이 토론을 끝낼 수는 없었다. 이젠 결정을 내려야 했다. 게다가 이 사고는 내 실험 정신에 다시 불을 지폈다. 결국 우리는 자동차가 고장 나고 며칠 뒤 최소한 당분간은 새 차를 사지 않기로 결정했다. 남편은 내가 자신의 제안을 군소리 없이 받아들이자 처음엔 상당히 놀라는 눈치였다. 그런데 아이들은 이 문제에 대해서는 플라스틱 없이 살기 실험만큼 반응이 뜨겁지 않았다. 이 새로운 실험이 자신들의 여가 활동에 영향을 끼칠 거라는 걱정이 앞선 것이다. 하지만 당분간은 문제 될 일이 없었다. 우리 집에 차가 없다는 소문이 이웃과 축구 클럽 사이에 빠르게 퍼져 나가면서 우리 부부나 아이들을 태워 주겠다는 제안이 곳곳에서 쏟아졌기 때문이다. 물론 처음엔 다들 우리 집에 자동차 없는 상태가 그냥 한두 주 정도일 거라고 생각했다.

나는 지금껏 아이들과 함께 차를 쓸 일이 있으면 늘 카풀을 조직하려고 애써 왔는데, 이제는 오히려 우리 아이들을 여가 활동에 보내려면 끊임없이 남의 도움을 받아야 했다. 그러면서 우리 처지에서 답례할 것이 없다는 사실이 퍽 불편했다. 그래서 도움을 받은 지 2주쯤 지나고 나서는 누군가 우리 아이들을 데려갈 때면 기름값을 분담하겠다고 제안했다. 하지만 그럴 때마다 다른 부모들은 하나같이 "어차피 가는 길"이라고 하면서 사양했다. 물론 그렇다고 해서 불편한 마음이 사라지지는 않았다.

결국 나는 렌터카 서비스를 두 번 이용해 보았다. 한 번은 음악 학교에 갈 때, 한 번은 저녁 강연회에 갈 때였다. 그런데 안타깝게도 차를 가지러 갈 때도, 차를 돌려줄 때도 번번이 그라츠로 가야 했다. 우리가 사는 곳에는 렌터카 업체가 없었기 때문이다. 따라서 렌터카는 상당히 번거롭고 시간이 많이 들었다. 이 서비스는 도시민들에게나 어울릴 뿐 시골 사람들에게는 어쩔 수 없을 때나 선택할 수 있는 방법에 지나지 않았다.

전기차도 여러 이유로 대안이 될 수 없었다. 기술이 아직 충분히 발달하지 못했고, 관련 인프라는 제대로 갖춰져 있지 않았으며, 값도 너무 비쌌다. 나는 자동차 생산과정에서 오염 물질이 얼마나 나오는지 조사하기 시작했고, 그 결과 충격적인 사실을 깨달았다. '오스트리아 교통 클럽' 홈페이지에 들어가 보니 승용차는 생산과정에서 벌써 전체 차 운행을 통해 생기는 이산화탄소 양의 15~20퍼센트가 발생한다는 정보가 있었다. 지난 수십 년 사이 엔진의 효율성은 끊임없이 개선되었는데도 그에 따른 연료 감소 효과는 기대에 훨씬 미치지 못했다. 일종의 리바운드 효과*다. 1980년부터 2010년 사이 자동차는 30~50퍼센트 정도 더 무거워졌다. 무거워진 차체를 움직이려다 보니 기술력으로 엔진의 효율성이 올라간 게 연료 소비 감소에 아주 조금의 효과밖에 미치지 못했다. 게다가 연비가 좋은 새 차 역시 전체 환경 결산표를 내 보면 예상과는 전혀 다른 결과가 나왔다. 만일 어떤 새 차가 100킬로미터에 연료 1리터를 덜 쓴다면 1년에 1만 킬로미터를 20년 달려야만 그것을 생산할 때의 온실가스 배출량을 상쇄할 수 있다. 전기차는 당연히 운행할 때 오염 가스를 훨씬 적게 배출한다. 그것은 분명한 장점이지만, 거기에 쓰이는 전기가 어떻게 생산되는지를 보면 꼭 그렇지만도 않다.

독일과 오스트리아를 예로 들어 보자. 둘 사이엔 엄청난 차이가 있다. 독일은 아직 석탄 발전으로 전기의 상당량을 생산하고 있어서 재생에너지로 전기의 상당 부분을 생산하는 오스트리아와 비교했을 때 전기차 운행으로 생기는 이산화탄소 양이 두 배나 된다. 게다가 독일은 한 사람이 1년에 운행하는 평균 거리도 훨

---

* Rebound effect. 엔진 효율성이 좋아지면 기술적으로는 에너지를 덜 쓰는 것이 맞지만, 현실에서는 다른 요인들로 반드시 그렇게 되지는 않는 것을 리바운드 효과라고 한다. 예를 들어 엔진 효율성이 좋아지거나 연료비가 싸지면 사람들이 예전보다 더 많이 차를 운행하게 되는 현상도 그렇고, 차체가 무거워지면 엔진 효율성으로 생기는 에너지 감소 효과가 상쇄되는 것도 그렇다.

씬 길 뿐 아니라 자동차 한 대에 타는 인원수도 훨씬 적다. 이런 여러 가지를 감안하면 이 문제를 단칼에 명쾌하게 해결하는 것은 어려워 보이지만, 그럼에도 원칙적인 결론은 단순해 보인다. 자동차를 덜 이용하는 것이 운행과 생산으로 생기는 대기오염을 줄일 수 있다는 것이다. 자동차를 덜 타면 새 차로 바꾸는 시기는 더 멀어지기 때문이다. 또한 쓸데없이 크고 무거운 차는 쓸데없이 에너지를 더 많이 쓰고, 쓸데없이 유해가스를 더 많이 배출한다. 아무튼 우리 가족은 신형 전기차를 당장은 경제적인 이유만으로도 선택할 수 없었다.

자동차 없이 사는 것과 관련해서 가장 고민이 컸던 부분은 곧 다가올 여름휴가였다. 우리는 오스트리아 캐른텐 지방의 오시아흐 호수에서 며칠을 보낸 뒤 크로아티아 바닷가로 캠핑을 떠날 생각이었다. 그런데 차도 없는 상태에서 캠핑용품을 바리바리 챙겨 세 아이와 함께 떠날 생각을 하니 도저히 엄두가 나지 않았다. 남편은 렌터카를 빌리는 건 어떠냐고 했지만, 그렇게 장시간 빌리는 것은 비용이 만만치 않았다. 결국 올해는 기차를 타고 캐른텐에서 휴가를 즐기고 크로아티아 해안은 취소하는 쪽으로 가닥이 잡혀 갔다. 남편에게 그것은 별 문제가 되지 않았지만, 나와 아이들은 실망이 무척 컸다. 그렇다고 '휴가를 가기 위해' 새 차를 사는 건 말도 안 되는 일이었다. 결국 이번 여름에는 가슴이 쓰리지만 바다를 보지 않기로 마음먹을 수밖에 없었다.

그런데 휴가가 몇 주 남지 않았을 때 또 다른 가능성이 불쑥 찾아왔다. 우리처럼 차가 없는 마르틴 부부가 우리 집에 왔을 때였다. 이 가족은 지금껏 휴가 때면 부모나 다른 친척한테서 자동차를 빌린다고 했다. 나는 우리의 휴가 딜레마를 설명했고, 우리한테는 안타깝게도 자동차를 빌려줄 친척도, 우리와 차를 공유할 이웃도 없다고 투덜댔다. 그때 마르틴이 불쑥 이야기에 끼어들었다.

"우리는 누군가와 차를 나누어 쓸 수 있지 않을까 하는 생각을 늘 해 왔어. 부모든 친척이든 번번이 차를 빌리는 건 번거롭고 미안한 일이거든."

그 말을 듣는 순간 나는 내 귀를 의심했다. 그렇지 않아도 남편과 나는 몇 주 전에 벌써 그런 방법을 의논하다가 현실적으로 그 계획을 우리와 함께 실천할 상대가 떠오르지 않아 포기했기 때문이다. 그건 마르틴 부부도 마찬가지였다. 개인적인 카셰어링, 차 공유제를 진지하게 고민했지만 아직까지 적당한 파트너를 찾지 못하고 있었다.

"그럼 우리랑 한번 해 보는 건 어때. 잘될 것 같은데."

마르틴이 말했다.

정말 뜻밖의 기회였다. 마르틴과 페터는 곧장 주행 거리 계산 방식과 이용 방법, 수리 같은 카셰어링에 필요한 여러 가지 문제를 상의하기 시작했고, 이본느와 나는 서로에게 자동차를 넘겨줄 때 어떻게 하는 것이 가장 효율적일지, 그리고 5인승 차가 좋을지 7인승 차가 좋을지 고민했다. 그날 오후는 카셰어링에 대한 논의로 다 흘러갔다.

우리는 일단 최대한 저렴한 중고차를 사서 시험해 보기로 결정했다. 돈은 당연히 분담하기로 했다. 주행 거리 계산 방식을 비롯해 모든 약정 내용은 문서로 만들었고, 중간에 우리가 예상하지 못한 일이 생겨 더 이상 카셰어링을 할 수 없게 될 경우 우리 부부가 마르틴 부부한테서 자동차 절반 지분을 사들이기로 합의했다. 그리고 며칠 뒤 마르틴과 페터는 그라츠에서 적당한 차를 발견했다.

3년 된 루마니아산 다키아였다. 5인승에다 주행거리는 3만 킬로미터였고, 쓸데없는 편의 장치는 전혀 없었다. 다만 창문은 수동으로 열고 닫아야 했고, 중앙 잠금장치도 없었으며, 파워 스티어링도 없었다. 하지만 나머지는 흠잡을 데 없이 훌륭했고, 비용도 4,500유로밖에 안 됐다. 남자들은 곧바로 합의했다. 전기장치가 적을수록 고장도 적게 날 거라는 점에서 생각이 같았던 것이다.

이것으로 정말 흥미진진한 첫 번째 국면이 시작되었다. 두 달 가까이 자동차 없이 살아 본 뒤라 자동차가 차고에 세워져 있다는 사실이 약간 이상하게 느껴졌다. 그 뒤로도 차는 두 주 동안 계속 차고에 처박혀 있었다. 아이들 방학이 막 시작되면서 음악 수업과 축구 클럽이 휴가에 들어갔기 때문이다. 우리 휴가 일정은 8월 초로 잡혔다. 그사이 장을 보거나 근처로 소풍을 갈 때는 당연히 자전거나 대중교통을 이용했다. 자동차 없이 지낸 시간이 길지 않았는데도 우리는 어느새 차에 묶여 살던 예전 습관에서 어느 정도 벗어나 있었다. 다키아 차는 마르틴 부부가 아이들과 함께 노이지들러 호수로 휴가를 떠날 때 처음 썼다. 다음은 우리 차

례였다. 우리의 '반쪽 자동차'를 타고 바다로 떠난 첫 여행은 우리에겐 정말 기념할 만한 사건이 되었다.

적을수록 좋다

예전 차와는 달리 새로 산 다키아 차는 분명히 더 작고, 좌석도 다섯 개밖에 되지 않았다. 하지만 트렁크가 꽤 넓고 높은 것은 이 차의 장점이었다. 게다가 문이 옆으로 두 개 달려 있어서 짐을 넣고 꺼내기 편리했고, 트렁크가 높다 보니 마음만 먹으면 천장까지 짐을 실을 수 있었다. 이건 우리의 휴가 계획과 관련해서 아주 중요한 요소였다. 우리에게 자동차가 생긴 이상 나는 무조건 바다에 가고 싶었기 때문이다. 바닷가에서 모든 걱정을 내려놓고 지극히 단순하게 살아 보는 것이 내 꿈이었다. 작고 낡은 텐트 두 개, 가스버너, 캠핑용 탁자, 의자, 그리고 물놀이용품 몇 가지만 챙겨서 떠나는 그런 여행 말이다.

나는 정말 딱 필요한 물건만 차에 싣고 떠나 어느 아름다운 바닷가에서 2주 동안 자연에 푹 파묻혀 지내고 싶었다. 열두 살 때 처음으로 부모님과 함께 바닷가에서 캠핑을 해 보았는데, 그 뒤 나는 캠핑을 사랑하게 되었다.

챙겨야 할 '꼭 필요한 짐'을 두고 각자 의견이 달랐다. 남편에게 필요한 것은 칫솔 하나, 반바지 두 장, 티셔츠 두 장, 수건 한 장, 간단한 물놀이용품이 전부였는데, 천으로 만든 장바구니 하나에 넣으면 충분했다. 거기다 침낭과 기타가 있었는데, 기타는 자리가 부족할 경우 집에 두고 갈 수도 있었다. 어쨌든 남편은 그 정도로 충분히 버틸 수 있었다. 반면에 나는 나 자신과 세 아이가 갈아입을 옷가지를 몇 벌 싸야 했다. 혹시 날이 서늘하면 입을 긴 바지, 스웨터, 비옷 같은 것들이었다. 옷만으로도 여행 가방 두 개가 꽉 찼다. 거기다 게임 도구, 공, 나와 아이들이 읽을 책, 여벌용 수건, 위생용품, 비상약, 붕대, 그리고 가족 모두를 위해 신발을 한 켤레씩 더 준비했다. 그뿐이 아니었다. 식품과 그릇도 챙겨야 했다. 휴가 때는 식품을 포장 없이 사는 게 늘 어렵기 때문에 우리는 되도록 집에서 많은 것을 준비해 가려고 했다. 그중에는 마실 물을 담을 커다란 스테인리스 통도 포함되어 있었다. 우리는 스테인리스 잔만 빼고는 캠핑용 그릇이 거의 없었기에 일반 접시와 냄비를 챙겼다. 작은 캠핑용 냉장고는 친구한테서 빌렸다. 치즈나 버터를 보관하거나 이따금 음료수를 차게 해서 먹기 위해서였다. 내가 아이들과 함께 차 트렁크에 짐을 싣는 동안 남편은 자전거 두 대를 가져와 자동차 지붕 위 거치대에 실었다. 이렇게 해서 차 트렁크는 텐트와 침낭, 에어매트리스, 식품, 그 밖의 자잘한 물건들로 더 들어갈 틈이 없을 정도로 가득 찼다. 남편은 운전하는 내내, 이렇게 짐을 바리바리 싸 가는 게 "당신이 말한 정말 소박한 휴가"냐면서 나를 놀렸다. 그렇지만 나는 중요한 모든 것을 챙겨 가고, 그것도 모든 것을 체계적으로 쌌다는 생각에 마음이 뿌듯했다.

아이들은 바닷가 캠핑에 가슴이 한껏 부풀어 있었다. 그래서인지 적당한 캠핑 장소를 찾아 한참을 돌아다녔는데도 불평 한마디 하지 않았다. 마침내 크로아티아의 작은 섬 무르테르에서 적당한 곳을 발견했다. 그곳은 그림처럼 아름다운 만에 있었는데, 잡

다한 것이라고는 전혀 없는 무척 소박한 장소였다. 우리는 뭍에서 작은 다리를 지나 섬으로 갔다. 8월 말이어서 그런지 붐비지도 않았고 소란스럽지도 않았다. 우리는 바닷가 바로 옆 그늘진 곳에 작은 텐트를 두 개 나란히 설치했고, 그 옆에 자동차를 세워 놓았다. 텐트 말고는 물통과 테이블, 의자, 물놀이용품만 꺼내고, 나머지는 날씨 영향을 받지 않도록 트렁크에 그대로 보관했다. 텐트에는 매트리스와 침낭, 야간용 헤드램프만 꺼내 놓았다. 짐 정리가 대충 끝나자 아이들은 오후 내내 물속에서 놀았다. 남편과 나는 텐트 앞 그늘에 앉아 조금 고단한 몸을 서늘한 바람에 맡기며 아이들이 스노클링 하는 것을 가만히 지켜보았다. 그러던 중에 해가 뉘엿뉘엿 넘어갔다.

캠핑장에는 과일과 채소를 파는 가판대가 있었고, 그 옆에서는 치즈와 소시지, 빵, 과자도 팔았다. 거기서 우리는 아침에 먹을 빵과 자두, 살구, 토마토, 파프리카, 양젖 치즈를 샀다. 상인은 내가 요구한 것을 비닐봉투나 종이봉투에 담아서 주려고 했지만, 그때마다 나는 천 바구니를 내밀었고, 치즈를 살 때는 준비해 간 통을 따로 내밀었다. 모든 게 내가 원하던 모습 그대로였다. 다만 저녁을 먹고 나면 아이들 가운데 누가 아빠와 함께 설거지를 하러 갈지 짧게 토의를 했는데, 그마저도 모두가 돌아가면서 설거지하기로 합의한 뒤에는 쉽게 해결되었다. 설거지가 끝나면 나는 그릇을 트렁크 안에 있는 상자 안에 다시 차곡차곡 쌓아 두었다. 촛불을 켜 놓고 남편이 기타를 연주하기 시작할 때면 야외에는 테이블과 의자, 그리고 빨랫줄에 걸린 젖은 수영복 말고는 아무것도 없었다. 주변에 물건이 그렇게 많지 않다는 것은 정말 기분 좋은 일이었다. 어쩐지 모든 것으로부터 해방된 느낌이었다.

이런 목가적인 삶은 캠핑 5일째에서 6일째로 넘어가던 밤에 갑자기 중단되었다. 나는 한밤중에 잠에서 깼다. 무언가 금방이라도 날아갈 정도로 심하게 펄럭거리는 소리가 들렸기 때문이다. 순간 나는 소리쳤다.

"우리 텐트!"

바람은 점점 강해졌고, 낡은 텐트는 이리저리 심하게 휘어졌다. 덜컥 겁이 났다. 그런데 남편은 태연했다.

"텐트에 가만히 누워 있으면 잔잔해질 거야."

하지만 바람은 잦아들 줄 몰랐다. 바다에서 불어오는 바람이 어찌나 거세던지 텐트는 거의 낫 모양으로 접혔다. 가슴이 쿵쾅쿵쾅 뛰면서 도무지 진정이 되지 않았다. 이런 상태에서 잠을 잔다는 건 생각할 수도 없는 일이었다. 바람은 더욱 강해졌고, 텐트는 더욱 심하게 펄럭거렸다. 나는 혹시 텐트가 날아갈까 봐 한쪽 다리로 지주를 단단히 고정했다. 그러다 어느 순간 잠이 든 모양이었다. 그 뒤 기억나는 건 후드득 텐트를 때리는 소리와 내 손에 와 닿은 축축한 느낌뿐이었으니까 말이다. 밖에서는 비가 세차게 뿌려 댔고, 내 손가락에는 작은 물고랑이 잡혔다. 텐트 속으로 빗물이 새 들어온 것이다.

"어머, 어쩌면 좋아!"

나도 모르게 입에서 튀어나온 말이었다. 다행히 날은 이미 밝아 있었다. 나는 얼른 밖으로 나가 아이들이 무사한지 살펴보려

했다. 아이들 텐트를 열어젖히는 순간 아이들은 셋 다 매트리스 위에 침착하게 앉아 있었다. 흘러 들어오는 물에 젖지 않도록 침낭은 벌써 개어 놓은 상태였다. 사무엘은 졸린 눈을 슴벅거리더니 중얼거렸다.

"여긴 너무 좋아. 침낭 하나만 개면 정리가 끝나니까."

우리는 웃음을 터뜨렸다. 비가 곧 그칠 것 같지 않아서 아이들을 침낭과 함께 차 안으로 보내려고 했다. 레오나르트는 차로 걸어가면서 역시 막내 아니랄까 봐 이렇게 물었다.

"아침은 어디서 먹어요?"

"좀 기다려 보자. 정 안 되면 차 안에서라도 먹어야지."

내가 막 차에서 텐트로 돌아가려고 하는데 이웃집 텐트가 열렸다. 독일 아헨에서 온 가족인데, 그 집 가장인 마르쿠스가 소리쳤다.

"이리 와서 같이 먹지 않겠어요? 그 집 텐트에 비하면 여긴 자리가 좀 있어요."

역시 죽으라는 법은 없었다. 몇 분 뒤 우리는 이웃집의 큼직한 텐트 안에 어물전의 청어처럼 다닥다닥 모여 앉았다. 비좁기는 했지만 비를 피해 커피와 맛있는 아침을 먹을 수 있는 것이 행복했다. 우리 두 가족은 아주 짧은 시간 안에 많은 공통점을 확인했다. 특히 옛 물건을 아끼는 부분에서는 생각이 똑같았다.

정겹게 식사를 마치고 나니 아헨에서 온 가족과 다른 활동도 함께하고픈 마음이 생겼다. 우리는 오후 일찍 만으로 함께 떠났다. 마르쿠스의 아내 도리스가 아침 일찍 내게 이야기한 곳이다.

우리는 해안을 따라 걸었다. 풍경이 좀 달라진 느낌이 들었다. 간밤의 폭풍으로 바다는 여전히 뒤집혀 있었고, 바람은 며칠 전보다 거셌다. 마침내 만에 도착했을 때 우리는 완전히 바뀐 풍경에 깜짝 놀랐다. 간밤의 바람과 거친 파도로 플라스틱 제품과 다른 쓰레기들이 수없이 해안으로 떠밀려 와 있었다. 한마디로 난장판이었다. 아이들만 놀란 것이 아니었다. 이번 휴가 기간에 과잉이 낳은 종양과의 첫 대면이었다. 우리가 텐트를 친 캠핑장 주변의 바닷가는 이렇지 않았다. 더러 쓰레기가 눈에 띄기는 했지만 전체적으로 깨끗한 편이었다. 우리는 해변에 널린 쓰레기를 주우면서 사람들이 쓰다 버린 것이든, 아니면 단순히 잊어버린 것이든 수없이 흩어져 있는 물건과 쓰레기에 대해 생각하기 시작했다. 간밤에 해변으로 밀려온 물건 중에는 아직 쓸 만한 것들이 많았다. 예를 들면 비치 슬리퍼, 스노클, 공룡 튜브 같은 것들이었다. 특히 공룡 튜브는 정말 멀쩡해서 레오나르트는 보자마자 자기가 갖겠다고 했다. 그 외에는 주로 플라스틱 병, 뚜껑, 포장 용기, 비닐 같은 것들이 엄청 널브러져 있었다. 우리는 이 모든 것을 최대한 꼼꼼히 주워 비치백과 다른 가방에 꾹꾹 담았다. 가방은 금방 가득 찼고, 해변에는 아직 쓰레기가 많아 남아 있었다. 결국 아이들은 물로 뛰어들었고, 어른들은 그늘에 앉았다. 도리스는 플라스틱 홍수와 관련해서 수년 전부터 플라스틱 없이 살기를 실천하고 있는 오스트리아 가족 이야기를 TV에서 보았다고 했다. 서로 안 지 얼마 안 됐기 때문에 나는 우리의 플라스틱 실험을 이야기해 줄 시간이 없었다. 하지만 이제는 그 이야기를 꺼낼 수밖에 없었다.

우리는 몇 시간 동안 플라스틱을 꺼려 하는 것에 대해 이야기를 나누었다. 도리스와 마르쿠스는 일상생활뿐 아니라 휴가 중에도 어떻게 플라스틱 쓰레기를 거의 만들어 내지 않고 살 수 있는지 궁금해했다. 우리는 작은 부분까지 세세하게 설명했다. 그리고 쉽게 쓰고 쉽게 버리는 소비사회와 경제성장에 대해, 그리고 소비와 낭비 없이도 우리의 경제 시스템이 제대로 돌아갈 수 있을지, 돌아갈 수 있다면 어떤 방법으로 가능한지에 대해 토론했다. 소비를 줄이고 포기하는 것도 화제로 떠올랐다. 우리 삶에서 정말 중요한 것은 무엇이고, 과잉 소비를 거부하는 게 오히려 삶을 자유롭게 해 주는 건 아닌지 의견을 주고받았다. 어쨌든 우리는 캠핑과 관련해서 무척 빠르게 의견 일치를 보았다. 캠핑이 특별히 매력적인 이유는 자연 속에서 살아가고, 정말 삶에 필요한 최소한의 것들만 갖고도 충분히 살 수 있다는 것이었다. 나는 캠핑장에서 하는 요리와 설거지에 대해 감동한 표정으로 이야기했다.

"여긴 정말 너무 단출해요. 각자 스테인리스 잔 하나만 있으면 돼요. 이렇게 편한 게 어디 있어요? 음식 준비도 얼마나 간단한지 몰라요. 냄비 두 개에다 작은 프라이팬 하나면 충분해요. 요리는 간단하면서도 신선해요. 설거지는 또 얼마나 빨리 끝나는지 몰라요. 집에서도 이렇게 살아야 하는 게 아닌가 하는 생각이 들어요."

도리스가 말했다.

"얘기를 듣다 보니 좀 부끄러운 생각이 들어요. 보통 자동차

한 대에다 작은 텐트만 싣고 다니면 딱 필요한 것만 갖고 다닐 수 있죠. 또 그것만 있어도 충분히 살아져요. 하지만 우리처럼 캠핑 트레일러가 있으면 너무 많은 걸 싣고 다니게 돼요. 게다가 우리는 가족이 셋뿐이고, 당신 가족은 다섯 명이라는 걸 생각하면… 우리가 너무 과하다는 생각이 들어요. 당신들처럼 최소한으로만 준비해도 충분히 살아갈 수 있는데."

나는 웃으면서 이야기해 주었다. 여행을 준비할 때 내가 짐 꾸리는 걸 보면서 남편이 얼마나 구박하고 놀려 댔는지. 그런데 막상 여기 와 보니 옷은 많이 갖고 왔지만, 남들에 비하면 전체적으로 상당히 간소하게 준비한 것을 알게 되었다. 그런데도 부족하다고 느끼는 사람이 없는 걸 보면서 많은 걸 깨달았다. 나는 물건들에서 해방된 듯한 느낌까지 들었다. 심지어 나와 아이들을 위해 갖고 온 옷들을 가능한 한 여행 가방에서 꺼내지 않겠다는 오기도 생겼다. 입지 않고 여행 가방에 그대로 남은 옷은 집에 돌아가서도 세탁할 필요가 없다. 생각이 거기에 미치자 나는 더욱 마음이 홀가분해졌다.

우리 두 가족은 휴가 중에 과잉에 관한 이야기를 많이 나누었다. 이 주제와 관련해서 한편으로 중요한 것은 개인이 느끼는 행복이겠지만, 우리는 어쨌든 과잉이 우리에게 결코 좋지 않다는 점에서는 생각이 같았다. 물론 그럼에도 일상생활에서 개인 또는 개별 가족이 과잉의 삶에서 등을 돌리는 것은 무척 어려워 보였다. 다른 한편으로 우리는 과잉과 낭비의 경제적 사회적 파장에 대해서도 이야기를 나누었다. 마르쿠스 역시 아헨에서 정치 활동을 하고 있었고, 환경 프로젝트에도 벌써 여러 번 참여한 적이 있었다. 그래서인지 플라스틱 쓰레기 줄이기 프로젝트에 대해 최대한 많은 정보를 얻고 싶어 했다. 우리가 나눌 이야깃거리가 무궁무진해졌다.

지난밤의 악천후가 지나자 휴가지에서 보낸 나머지 7일은 날씨가 퍽 좋았다. 이제 휴가는 이틀밖에 남지 않았다. 모든 날이 늘 똑같이 흘러갔지만 아름다운 자연에 질린다는 생각은 들지 않았다. 내가 여행 가방에 챙겨 온 옷들이 휴가지에서는 대부분 쓸모가 없을 거라던 남편의 예측은 사실로 확인되었다. 물론 악천후가 좀 더 길어졌더라면 상황이 달라졌을지 모른다. 아무튼 나는 휴가가 끝나기 이틀 전 섬 반대편 끝에 있는 작은 도시로 갈 때도 여름옷을 입었다. 돌아가기 전에 현지 음식을 먹어 보기 위해서였다. 도심 광장에 있는 여행객 장터에 들어서자 아이들뿐 아니라 나도 이것저것 사고 싶은 '욕구'가 금방 되살아났다. 레오나르트는 지금 갖고 있는 것보다 훨씬 좋아 보이는 스노클링 세트를 발견했고, 말레네는 가죽 팔찌에 관심을 보였으며, 사무엘은 난데없이 밀짚모자를 꼭 사고 싶다고 했다. 나는 예쁜 비치 타월에 마음이 끌렸다. 당장은 아니더라도 언젠가는 쓸 일이 있을 것 같았다.

"비치 타월은 이미 있잖아! 낡아서 못 쓰게 된 것도 아닌데."

우리 식구 중에 유일하게 구매 욕구를 전혀 보이지 않던 남편이 조금 못마땅해하며 말했다. 나는 일단 남편을 아이스크림 가게로 보냈다. 그건 뭐 그리 어려운 일이 아니었다. 장 보러 따라다니는 것보다야 아이스크림 가게에서 기다리는 걸 더 좋아할 사람이니까. 아무튼 나는 이번 휴가에서 낭비와 과잉에 대해 나눈 모든 토론을 떠올리며 남편 없이 혼자서 구매 욕구를 자제하는 법을 익히고 싶었다. 게다가 무엇보다 내가 지난 2주 동안 자주 체험하고 깊이 느낀 감정, '적을수록 좋다'는 이 아름다운 감정을 충동구매로 망치고 싶지 않았다.

　다시 만났을 때 남편은 내가 나 자신을 위해 아무것도 사지 않은 것을 보고 깜짝 놀랐다. 그런 만큼 나는 스스로가 대견했다. 아이들을 위해 몇 가지 자잘한 물건을 사기는 했지만, 짐을 싸는 데 지장을 줄 것 같지는 않았다.

　마침내 떠날 날이 다가왔다. 비교적 적은 물건으로도 휴가를 무사히 보냈고, 식료품 말고 다른 물건은 자동차 트렁크에서 거의 꺼내지 않고도 잘 지낼 수 있었다는 사실에 우리 모두 무척 만족해했다. 갖고 온 식료품은 거의 다 썼다. 약간의 폐지와 빈 병 몇 개는 다시 집으로 가져가기로 했다. 이 섬에는 마땅한 분리수거함이 없어서였다. 갖고 온 물통이 바닥났을 때 현지에서 산 미네랄워터 상자와 다 마신 맥주병도 트렁크에 실었다. 돌아가는 길에 상점에 들러 돌려주고 보증금을 돌려받을 생각이었다. 마르쿠스 가족은 이 섬에 며칠 더 묵기로 했다. 막상 헤어지려니 슬픔이 밀려왔다. 그새 이 가족과 정이 들기도 했거니와 그게 아니더라도 과잉과 낭비에서 해방된 소중한 여름휴가가 끝나 버렸다는 아쉬움 때문이었다. 수건 몇 장과 해수욕용품, 티셔츠 몇 장, 마른행주 몇 장만 빼고는 다른 빨랫거리를 만들지 않은 것으로 아쉬운 마음을 달랬다.

첫 휴가 이후에도 마르틴 부부와 자동차 나누어 타기는 대체로 순조롭게 진행되었다. 아이들도 늘 쓸 수 있는 것은 아니지만 불편하지 않게 틈틈이 자동차를 쓸 수 있는 것에 만족해했다. 자동차를 쓰고 싶은 순간이 겹칠 때는 당연히 마르틴 부부에게 우선권을 주었다. 아이들이 아직 우리보다 어렸기 때문이다. 페터와 나는 우리 아이들이 플라스틱 줄이기 말고도 자동차를 덜 타는 경험까지 하게 된 것을 긍정적으로 생각했다. 이 제도의 또 다른 부수 효과는 1년 뒤에 명확히 드러났다. 반쪽짜리 자동차를 통해 우리의 자동차 주행 거리가 확연히 줄어든 것이다. 이전에도 남들보다 꽤 적게 탄다고 생각했지만 그래도 1년에 9,000~10,000킬로미터는 주행했다. 카셰어링을 한 뒤에는 6,000킬로미터 정도로 확 줄었다. 심지어 마르틴과 이본느 가족은 우리의 절반밖에 타지 않았다. 그렇다면 두 가족의 주행 거리를 모두 합쳐 봐야 이전에 한 가족이 탄 거리밖에 되지 않았다. 게다가 주행 거리에 따라 자동차 운영비를 분담해서 지출이 줄어든 것은 덤이었다. 결국 우리 모두는 전체적으로 이 제도에 불만이 없었다.

물론 나는 이 모든 것을 미화하고 싶지는 않다. 이런 일을 하다 보면 당연히 삐걱거리는 부분이 있고, 다른 목소리도 나오기 마련이다. 그럴 때마다 우리는 언제나 아이들과 이야기를 나누고 토론을 벌인다. 그건 우리 집에선 아주 자연스럽다. 이를 닦거나 "잘 자" 인사를 하는 것만큼이나 토론은 우리에게 일상적이다. 사실 우리는 원래 생겨 먹길 토론하기를 좋아했다. 물론 모두가 그런 건 아니고 거의 그랬다.

크로아티아에서의 첫 캠핑은 내게 오랫동안 영향을 끼쳤다. 그곳에서 만족스럽게 생활한 것과 가진 것이 많지 않아 오히려 행복했던 기억이 계속 떠올랐다. 사실 가진 것이 없으면 신경 쓸 일도 없다. 우리 주변에 널려 있고, 우리가 끊임없이 관리해야 하는 물건의 양이 줄어든 것뿐인데 행복한 감정이 생겨났다. 이 경험을 바탕으로 나는 집에서도 최대한 물건을 줄이고, 그로써 나 자신을 위해 더 많은 휴식과 시간이 생기길 소망했다.

이 감정은 미래에도 나에게 무척 중요한 구실을 하게 될 것이다. 나는 크로아티아 휴가지에서 바다의 힘에 대한 그리움과 좋은 추억만 갖고 온 것이 아니라 "적을수록 좋다"는 옛 금언을 몸소 경험했다. 아마 앞으로 나는 이 길을 더욱 힘차게 걸을 것이다!

물론 현실은 그리 호락호락하지 않았다. 나는 강연을 다니는 중에 오스트리아에서 꽤 유명한 기후학자 두 사람을 알게 되었다. 그중 한 사람은 그라츠 교구에서도 활동하는 분이었는데, 내게 플라스틱 줄이기를 주제로 교구에서 강연해 달라고 했다. 이 주제가 지구 기후에 얼마나 중요한지 보여 주려는 듯했다. 과학자로서 주로 숫자와 사실만 다루는 그에게 특히 중요한 것은 구체적인 행동 가능성이었는데, 그런 면에서 내가 적절한 보기라고 생각한 모양이었다. 그는 법체계와 세제, 경제 시스템에서 필요한 변화를 이끌어 내기 위해 열심히 뛰면서도 다른 한편으론 일상생활에서 어떻게 구체적으로 행동할 수 있는지 제시하는 것도 무척 중요하게 생각했다. 그와 이야기를 나누면서 특히 잊히지 않는 부분이 있다.

"삭막한 숫자와 통계만으로 정치인들을 설득할 수 있었다면 우리가 정말 필요하다고 생각하는 일은 벌써 일어났을 겁니다. 하지만 현실은 그렇지 않았습니다. 그런 숫자는 몸에 와닿지 않아요. 이제 정말 필요한 것은 정치인들을 움직이게 하는 사람들의 압력입니다. 그것도 아주 빨리 움직여야 합니다. 기후 위기를 감당할 만한 수준으로 제한할 수 있는 시간이 얼마 남지 않았기 때문이죠."

강연 전에 만났을 때 그는 기후 보호라는 추상적인 문제를 사람들이 이해하기 쉽게 풀어서 설명하는 것이 필요하다고 말했다. 그런 면에서 플라스틱 줄이기가 기후 보호에 중요한 여러 측면을 드러내는 데 매우 적합하다고 여기는 듯했다. 더구나 우리의 실험이 궁극적으로 삶의 질과 기쁨에도 긍정적인 영향을 끼친다는 사실을 특히 중요하게 생각했다. 그가 보기에 꼭 필요한 이런 변화를 좀 더 빨리 현실화하는 데 장애가 되는 것이 하나 있었다. 기후 보호는 개인의 희생과 수고가 있어야만 가능하다거나, 아니면 사회 지도층의 결단으로만 가능하다는 생각이었다. 기후 보호가 개인의 희생과 수고를 요구하는 일이라는 주장은 정치적으로 책임 있는 사람들이 계속해서 제기하고 있는데, 그건 이 문제를 해결하는 데 당연히 도움이 되지 않는다.

교구에서 진행한 강연은 논쟁으로 흘렀다. 청중 대부분은 일상에서 쓸데없는 쓰레기와 과잉 소비재를 줄이려는 노력이 중요하다는 데 동의했지만, 한 노부부는 그에 대해 회의적인 태도를 드러냈다. 부인은 이렇게 말했다. 쓰레기를 줄이려는 노력은 당연히 좋고 바람직한 일이지만, 기후변화에 정말 결정적인 것은 다른 요소들이라는 것이다. 아내의 말에 남편이 힘을 실었다. 개인이 아무리 기후 보호를 위해 이런저런 시도를 해도 1년에 단 한 번만 비행기를 타도 그 노력은 '물거품'이 된다는 것이다. 이를 두고 치열한 논쟁이 벌어졌고, 의견은 아주 다양하게 나타났다. 어떤 이는 부부의 말에 동의했고, 어떤 이는 항공기 이용을 옹호했으며, 또 어떤 이는 두 가지 문제를 그렇게 단순하게 비교할 수 없다는 의견이었다. 그 외에 다른 많은 사람들은 둘 다 중요할 뿐 아니라 어떤 경우든 하나 때문에 다른 하나를 포기하거나 희생해서는 안 된다는 생각이었다. 나는 이 논쟁을 흥미롭게 지켜보았고, 처음 얼마 동안은 토론에 거의 개입하지 않았다. 그러다 누군가 내게 단도직입적으로 물었다.

"당신은 어떠세요? 비행기를 타시나요?"

나는 사실대로 대답했다. 20년 전부터 비행기를 타지 않았고 앞으로도 그럴 생각이 없다고. 물론 그런 결정에는 환경적 이유 말고도 내 속에서 점점 커지고 있는 비행 공포도 한몫했다는 점을 고백했는데도 사람들은 박수를 보냈다. 이제 토론 주제는 항공과 그에 대한 대안, 기차비가 항공비보다 비싼 이유, 개인적 욕구, 삶의 질에 대한 정의, 그리고 마지막엔 '비행 낭비'의 문제로 넘어갔다. 비행 낭비라는 말은 논쟁 중에 내가 만들어 낸 개념이었다. 그전에 청중들은 지난 수십 년 동안 항공 수요의 증가가 지구에 새로운 문제가 되고 있고, "60유로만 주면 런던까지 주말 왕복 비행이 가능하다"는 미끼 상품이 환경에 심각한 해악을 끼친다는 사실에 의견 일치를 보았다. 나는 토론회나 강연회에서 치열한 논쟁이 벌어지면 여러 의견을 하나로 묶을 수 있는 공통분모를 찾아내는 게 중요하다는 것을 경험으로 알고 있었다. 이번 토론에서 최소 공통분모는 다음과 같았다. 30년 전만 해도 항공 여행은 아무나 즐길 수 없는 특별한 사건이었지만 요즘은 누구나 누릴 수 있는 대중 상품이 되었다는 사실이다. 게다가 승객을 확보하기 위한 항공사들의 치열한 생존 경쟁이 비현실적인 가격 덤핑을 불렀고, 그게 다시 비행 소비를 부추기고 있다는 사실도 논쟁할 필요가 없었다. 나는 비행 낭비라는 개념으로 현재의 상황을 정리했고, 그것으로 토론은 마무리되었다. 요약하자면 비행 낭비에 대한 양적 질적 판단은 전적으로 개인의 주관이라 하더라도 그걸 좋게 생각하는 사람은 아무도 없다는 것이다.

강제적 채식주의자?

육식과 관련해서 우리 가족은 상당히 격정적인 과정을 거쳤다. 말레네는 여덟 살 때부터 채식을 시작했고, 남편은 우리 실험 초기에 더 이상 고기를 먹지 않기로 결심했다. 우리는 그전에도 다른 집에 비해 고기를 잘 먹지 않는 편이었지만, 두 채식주의자 때문에 우리 집 식단은 시간이 갈수록 점점 더 채식으로 변해 갔다. 그건 고기광인 레오나르트에게는 정말 고역이었다. 나는 이따금 레오나르트를 위해 따로 유기농 고기를 사서 요리해 주었지만, 그것만으로는 아이의 식욕을 진정시킬 수 없었다. 그러다 말레네가 열

다섯 살쯤부터 친구 따라 비건식으로 먹기 시작했고, 나도 마침내 비건식을 시도해 보겠다고 식구들에게 알렸을 때 레오나르트는 점심을 먹으면서 결국 오랫동안 참았던 눈물을 쏟아 내더니 울먹거리면서 말했다.

"엄마까지 그러면 이제 나한테 고기를 해 줄 사람이 없잖아! 난 할머니 집에 가서 살 거야!"

막내의 말에 남편과 나는 터져 나오려는 웃음을 간신히 참았다. 이어 심각한 논쟁이 벌어졌다. 그사이 동물 사랑뿐 아니라 생태 환경적 신념에서 육류를 비롯해 동물성 재료가 들어간 식품을 먹지 않던 말레네는 논리적으로 설득하려고 했다. 하지만 레오나르트는 동물들은 어차피 '도살되고' 있기 때문에 헛되이 죽이는 것보다 고기를 먹는 편이 더 낫다는 의견이었다.

이번에는 내가 나섰다.

"고기를 사서 먹는 사람이 적어질수록 도살되는 동물도 점점 줄어들 수밖에 없어. 그게 지금 도살되는 동물들한테는 도움이 되지 않겠지만, 장기적으로 미래의 동물들한테는 일부러 살을 찌워 죽이는 일이 점점 줄어들 거야."

내 설명에도 레오나르트는 전혀 감흥이 없었다.

"우리만 그런다고 뭐가 달라지는데?"

말레네가 발끈했다.

"첫째, 이건 동물들만의 문제가 아니라 기후 문제이기도 해. 둘째, 남들이야 어쩌든 상관없이 우리가 어떻게 행동하느냐가 중요한 거야!"

누나의 말에도 레오나르트는 생각을 바꿀 마음이 전혀 없어 보였다. 우리만 고기와 유제품을 거부한다고 해서 세상이 달라지지는 않을 거라는 의구심을 여전히 품고 있었다. 우리가 고기를 안 먹는다고 남들까지 안 먹지는 않을 것이기 때문이다.

이번에는 사무엘이 논리적 근거를 대며 설득에 나섰다.

"채식이나 비건식으로 먹는 사람이 점점 늘어나고 있어. 그건 그렇게 먹겠다고 결정하는 사람들이 점점 많아지고 있다는 뜻이야!"

레오나르트는 즉각 반격에 나섰다.

"아냐, 얼마 전에 다큐에서 봤는데, 중국 사람들은 점점 돈이 많아지면서 고기도 점점 더 많이 먹고 있대. 그래서 미래에는 상황이 더 나빠질 거래! 중국에서는 고기를 먹는 사람이 10억 명이 넘는대!"

레오나르트의 반박은 내가 사적인 토론에서건 정치적 토론에서건 늘 맞닥뜨리는 뼈아픈 반대 논거였다. 그러니까 세상의 '큰' 흐름을 앞세워 개인의 '자잘한' 노력들을 "뜨거운 돌 위의 물방울"처럼 부질없는 것으로 만들어 버리는 반박이었다. 실제로 우리의 실험 과정에서도 그런 식으로 회의에 빠져 절망했던 순간이 되풀이해서 찾아오곤 했다. 아직도 또렷이 기억나는 순간이 있다. 플라스틱 없이 장보기 실험을 시작한 지 1년 뒤 우리가 크로아티아로 휴가를 갔을 때였다. 나는 휴가 내내 자연에 버려진 플라스틱 쓰레기들을 사진으로 찍었고, 미세 플라스틱으로 뒤덮인 아름다운 바다에서 아이들을 나오게 하면서 너무 큰 절망감에 그만

울음을 터뜨리고 말았다.

하지만 내 속에는 이런 회의가 밀려오는 순간에도 늘 나를 잡아 주는 것이 있었다. 그것은 내 인생의 어떤 상황에서도 절망감으로 쓰러지지 않고 변화를 위해 다시 뛸 수 있도록 나를 일으켜 세워 주는 힘이었다. 나는 그 힘을 다시 느끼며 아이들의 토론에 끼어들었다.

"세상은 그냥 바뀌는 게 아냐. 늘 소수의 몇 사람이 지금까지와는 다르게 행동함으로써 변화가 시작되었어. 그런 행동들이 없었다면 인간 역사에서 변화는 일어나지 않았을 거야. 게다가 무언가를 바꾸려고 하는 사람은 대개 처음엔 비웃음을 사. 당신들 몇 사람이 그런다고 뭐가 바뀌겠어? 쓸데없는 짓 하지 마, 이런 식이지. 하지만 대다수 사람들이 그렇게 생각하더라도 꿋꿋하게 자기 뜻대로 밀고 나가는 것은 의미 있는 일이야. 예를 들어 엄마가 어렸을 때 쓰레기를 분리해서 버리는 일은 일반적이지 않았어. 언젠가는 모두 그렇게 할 거라고 생각하는 사람도 별로 없었지. 하지만 너희들 외할아버지는 그걸 아주 중요하게 생각하셨어. 그래서 폐지로 새 종이를 만들지 않으면 얼마나 많은 나무들이 베어져야 하는지 설명하시곤 했어. 그땐 그렇게 행동하는 게 퍽 이상해 보였지만, 요즘은 어떠니? 다들 당연하다는 듯이 쓰레기 분리수거를 하고 있잖니. 무슨 말인지 알아듣겠니?"

레오나르트는 여전히 회의적인 표정을 짓고 있었지만, 어쨌든 이번에는 바로 반박을 하지 않고 잠시 생각하는 시간을 갖는 듯했다. 이때다 싶어 나는 얼른 말을 이어 나갔다.

"레오, 너도 알겠지만, 결국 중요한 건 자신이 옳다고 생각하는 것을 하는 거야. 그래야 마음이 편해져. 중요한 건 너 자신이야. 누구도 너한테 그렇게 하라고 강요할 수는 없어. 마찬가지로 네가 하고 싶지 않다고 해서 다른 사람들 핑계를 대면 안 돼!"

나는 그사이 레오나르트가 저렇게 버티는 것이 '강제적 채식주의자'가 되는 것을 싫어해서라는 것을 알아차렸다. 따라서 아들을 안심시키고 싶었다.

"레오, 넌 앞으로도 가끔 고기를 먹을 수 있어. 엄마가 유기농 소고기나 닭을 사서 요리해 줄게. 밖에서 열악한 환경에서 키워졌거나, 아니면 고통받으며 자랐을지도 모를 고기를 먹는 것보다는 나을 거야. 어때, 그렇게 할까?"

이 말에 사무엘도 얼른 숟가락을 얹었다.

"저도요. 저도 가끔 고기가 먹고 싶다고요!"

얼마 뒤 레오나르트가 마침내 입을 열었다.

"알았어. 하지만 약속한 대로 하지 않으면 난 진짜 할머니 집으로 갈 거야!"

고쳐 쓰고, 덜 사고

우리는 채식 문제와 관련해서 완전하게 합의한 것은 아니지만, 나는 이 이야기로 다시 몇 가지를 깨달았다. 변화를 어렵게 만드는 것은 대개 개인적인 취향과 습관이었다. 특히 이 습관이 세상의 주류와 일치하고, 각각의 변화가 상당한 수고와 비용을 요구한다면 그것은 더욱 힘들어진다. 게다가 갑자기 고기를 먹지 않게 되는 것처럼 무언가를 100퍼센트 '바로 끊거나 그만두는 것'은 대부분의 변화 과정에서 장애 요인이 될 때가 많고, 오히려 차근차근 변해 가는 것이 더 좋다. 이는 플라스틱 끊기 실험의 첫 국면에서 우리가 얻은 중요한 깨달음 가운데 하나이기도 했다.

우리 가족이 플라스틱 소비를 줄이려고 하는 작은 노력도 처음에는 개인적인 작은 발걸음에 지나지 않았지만 시간이 지나면서 차츰 하나의 큰 사건이 되었다. 나는 경제와 낭비의 사회적 구조에 큰 관심을 갖게 되었고, 이후 그것을 바꾸려는 욕구가 점점 커져 갔다. 나는 플라스틱 없이 장보기를 1년 동안 실천하면서 사회적 구조가 다수의 사람이 생태 사회적으로 지혜롭게 행동하는 것을 막고 있음을 명확히 깨달았다. 쉽게 버리는 문화와 낭비의 일상화는 하늘에서 그냥 뚝 떨어진 것이 아니었다. 이는 물건을 만들 때부터 쉽게 고장 나거나 고쳐서 쓸 수 없게 만들고, 그래서 잠깐 쓰고 버리는 과정으로 이익을 보는 경제 시스템의 결과였다. 나는 이런 버리기 문화와 낭비가 우리의 경제 시스템을 돌아가게 하는 전제 조건임을 확신하게 되었다. 다시 말해 이 경제 시스템은 필수적으로 점점 더 많은 소비를 필요로 하고, 소비를 자기 목적으로 고착화하고, 질보다 양을 앞세우고 있었다.

새것을 권하는 사회

우리 집 식기세척기를 예로 들어 보겠다. 우리가 새집으로 이사하면서 옛집에서 갖고 온 것인데, 산 지 12년 된 이 물건이 갑자기

작동을 하지 않았다. 나는 일단 고쳐 쓸 생각을 했다. 그래서 수리점에 전화를 했더니 기술자는 출장비와 점검비, 수리비를 모두 합쳐 250유로 정도 예상해야 한다면서 그 돈이면 오히려 새것을 사는 게 낫지 않겠느냐고 했다. 새로 나온 세척기도 300유로면 살수 있기 때문이다. 순간 나는 이런 사정을 알면서도 낡은 기기를 계속 수리해 쓰겠다고 마음먹으려면 특별한 의식과 용기가 있어야 할 것 같다는 생각이 들었다. 다행히 우리 집은 남편이 1급 기사 자격증이 있어서 웬만한 기계는 남의 손을 빌리지 않고 혼자 뚝딱뚝딱 고칠 수 있었다. 남편은 일단 세척기를 분해한 뒤 작은 스위치 하나가 고장 난 것을 확인하고는 그라츠의 전자 전문점에서 70센트짜리 새 스위치를 사서 바꾸었다. 그러고 나자 세척기는 생생하게 잘 돌아갔고, 그 뒤 6년이 지나도록 아무 문제가 없다. 물론 남편이 두 시간 일한 시간은 비용에 넣지 않았다. 어쨌든 우리는 다행히 그렇게 해결할 수 있었지만, 식구나 친구 중에 그런 기술자가 없는 집은 낡은 기기를 수리해서 쓰려면 특별한 소신과 용기가 필요할 수밖에 없다. 고친 다음에도 얼마 지나지 않아 또 다른 부품이 고장 날지도 모를 낡은 식기세척기에 200유로 넘게 투자하는 것은 웬만한 강심장이 아니면 불가능하다.

더구나 핸드폰 같은 최첨단 전자 기기의 생산방식을 떠올리면 상황은 더 심각해 보인다. 일부 아주 값비싼 기기는 처음부터 어떤 수리도 할 수 없도록 만들어진다. 설령 고칠 수 있다 하더라도 수비리와 부품을 기다리는 시간을 감안하면 수리를 맡길 엄두가 나지 않는다. 일부 대리점에서 해마다 공짜폰을 새로 주다 보니 사람들은 애당초 그걸 수리해서 쓸 필요가 없는 물건 정도로 안다. 심지어 새 기기를 사는 것보다 수리비가 더 많이 든다면 누가 고칠 생각을 하겠는가? 게다가 '단순히' 비용만 더 드는 것이 아니다. 시간도 더 들여야 하고, 소신도 있어야 하고, 그런 소신을 밀고 나갈 주변 환경도 갖춰져야 한다.

이런 점들을 고려하면 "우리만 그런다고 뭐가 바뀔까?" 하는 물음에 대해 중요한 답이 하나 나온다. 남들이야 어떻게 하든 상관없이 우리가 행동에 나서면 사회와 경제, 정치 영역에서 느끼는 필수적인 변화와 그 관련성들이 눈에 들어온다는 것이다. 우리는 플라스틱 없이 사는 구체적 행동을 통해, 그리고 그때마다 반복해서 부딪히는 한계를 통해 사회의 수많은 영역을 바라보는 시선이 바뀌었다. 게다가 세상의 흐름에는 맞지 않지만 우리 소신에는 맞는 일을 하게 되면서 행복감이 커졌다. 물론 그 과정에서 이따금 무척 힘이 들고, 스트레스를 받기도 했지만 말이다. 어쨌든 개인적인 행동 변화는 그게 우리에게 얼마나 필요한 일인지 다시 역으로 깨닫는 계기가 되었다. 다시 말해, 식기세척기라는 구체적인 예를 통해 쉽게 쓰고 버리는 문화와 무분별한 자원 낭비, 이산화탄소 배출 증가가 결국은 비싼 수리비와 값싼 신제품, 그리고 수리가 거의 불가능할 정도로 품질이 떨어지는 상품을 생산하는 것과 어느 정도 관련이 있음을 알게 되었다.

인위적으로 부추기는 욕구와 그에 맞서는 힘

우리가 소비의 덫에 얼마나 쉽게 걸리는지를 나는 제법 일찍 체험했다. 스물 살 때였다. 고등학교 동창 엘케가 미국에 1년 일정으로 가 있었는데, 나는 엘케를 만나러 미국으로 갔다. 도착하고 바로 그다음 날 나는 그 시절 고향에서는 상상조차 할 수 없었던 곳을 알게 되었다. 엘케의 안내로 가게 된 '쇼핑몰'이었다. 이 거대 쇼핑센터는 내가 그때까지 보았던 모든 것을 뛰어넘는 규모였을 뿐 아니라 지금 생각해도 그 이후 내가 본 것 중에서 가장 컸다. 이곳은 수많은 상점과 음식점, 화장품 가게, 미용실을 비롯해 놀이공원과 작은 카지노까지 갖춘 도시 속의 도시였다. 엘케는 뭔가 살 게 있어서 그곳으로 갔는데, 미국에 온 지 이미 1년쯤 된 때라 상품들의 홍수에 꽤 적응이 된 듯했다. 하지만 나는 달랐다. '물건에 대한 막무가내식 욕구'라고 표현할 수밖에 없는 자극이 봇물처럼 내 속에서 깨어났다. 엘케는 신발 가게와 스포츠용품 가게, 무수한 옷 가게, 전자 상가, 음반 상점을 산책하듯이 무심하게 지나갔지만 나는 평균적으로 가게 두 곳 중 하나를 지날 때마다 무조건 안으로 들어가 상품 하나하나를 꼼꼼히 구경하고 싶은 욕구에 휩싸였다. 게다가 운동화와 CD 같은 상품을 우리나라보다 훨씬 싸게 판다는 말을 이미 들은 상태였다. 세 시간이 후딱 지나갔고, 나는 그날 운동화 한 켤레와 CD 세 장, 티셔츠 두 장을 샀다. 쇼핑몰에 들어갈 때만 해도 무언가를 사겠다는 마음이 전혀 없었다. 실제로 사고 나서 봐도 당장 필요한 물건이 아니었다. 하지만 살 때는 그런 생각을 전혀 하지 못했다. 내 뇌가 구매욕과 상품으로 완전히 뒤덮여 있었던 게 분명했다. 더구나 엄청나게 다양한 물건을 파는 상점들이 한 군데에 몰려 있어서 차를 타고 여기저기 이동하지 않아도 된다는 사실도 구매 욕구를 더욱 자극한 것으로 보였다. 쇼핑은 그것으로 끝나지 않았고 나중에도 이어졌다. 결국 나는 휴가 마지막 날 여행 가방을 하나 더 사야 했다. 필요하지도 않은 물건들을 집으로 끌고 가려면 가방이 하나 더 필요했기 때문이다.

몇 년 뒤, 그러니까 우리나라에도 규모는 훨씬 작지만 비슷한 쇼핑센터가 우후죽순으로 생기기 시작했을 때에야 나는 그때의 내 감정과 행동을 제대로 정리할 수 있었다. 시선을 끄는 수많은 상품과 '좀 더 싸게' 살 수 있다는 유혹이 내 속에서 실제적인 필요와는 전혀 상관없이 욕구를 불러일으킨 것이다. 그건 무턱대고 '갖고 싶은' 욕망에 가까웠다. 나는 이 현상을 나중에 우리 아이들한테서도 자주 볼 수 있었다. 쇼핑센터나 번화한 상점가를 지날 때였다. 아이들은 그 옛날 내가 미국의 쇼핑몰에서 그랬던 것처럼 모든 물건들에 눈이 돌아갔다. 그래서 자신들도 모르는 이상한 감정에 휩싸여 신기한 물건들을 볼 때마다 거의 1분 간격으로 물었다.

"엄마, 우리 저거 사면 안 돼? 나 저거 갖고 싶어."

이런 상황은 아이들과 함께 쇼핑하는 것을 내게 늘 새로운 시험이자 도전으로 만들었다. 물론 이 경험은 플라스틱 실험 훨씬 전부터 실질적인 필요성과 광고의 영향, 풍요와 과잉의 차이를 깊이 생각할 계기가 되기는 했다. 어쨌든 나는 시간이 가면서 쇼핑센터나 다른 비슷한 장소에 아이들과 함께 가는 것을 되도록 피했다. 물론 나 자신도 가능하면 그런 곳에 가지 않으려고 했다. 군침을 돌게 만드는 다양한 상품을 보는 것만으로도 내 구매욕은 강하게 자극받았고, 그로써 애초에 필요 없거나 산 뒤에 꼭 후회하게 되는 물건을 다시 사고 있는 자신을 보았기 때문이다. 이 경험은 플라스틱 없이 살아가는 과정에서도 여러 번 확인할 수 있었다.

우리 집의 쇼핑 퀸

언젠가 우리 집에 헝가리 교환학생인 로라가 3개월 동안 묵었을 때 퍽 곤혹스런 상황이 벌어졌다. 레오나르트는 로라가 머무는 동안 사무엘의 방으로 옮겼고, 로라는 레오나르트의 작은 방을 썼다. 로라는 부다페스트에서 커다란 트렁크 두 개를 들고 왔는데, 그 안에 옷이 어찌나 많은지 레오의 방에 짐을 다 풀어 놓을 수가 없어 일부는 트렁크에 그대로 두어야 했다. 부모가 부자임이 틀림없었다. 로라는 독일어를 아주 잘했고, 성격도 쾌활했다. 첫날 저녁 내가 우리 집을 안내했을 때 로라는 욕실을 들여다보고 살짝 놀라는 눈치였다. 거기엔 비누 몇 개밖에 없었다. 샤워용 비누 하나, 손 씻는 비누 하나, 샴푸용 비누 하나, 면도용 비누 하나, 그리고 이를 닦는 데 쓰는 자일리톨 가루가 전부였다. 나는 로라에게 그 배경을 설명했고, 우리가 몇 년 전부터 플라스틱 용기에 든 건 거의 사지 않는다고 했다. 로라는 꽤 놀라는 표정을 지었다. 내가 보기에 이 모든 것의 의미를 바로 이해하지 못하는 듯했다.

로라가 욕실용품을 풀어 놓았을 때 사실 나는 그다지 놀라지 않았다. 우리도 예전에는 욕실에 그런 세정용품을 다양하게 갖추어 놓고 썼기 때문이다. 하지만 로라의 물건은 상상 이상이었다.

두발 관리용으로만 튜브와 병, 스프레이 형태로 여섯 개나 있었다. 나는 로라에게 당연히 우리의 생활 습관에 맞출 필요는 없다고 설명하면서도 거기서 생기는 쓰레기는 늘 제대로 분리해서 각각 맞는 수거함에 버려 줄 것을 부탁했다. 로라는 상냥하게 고개를 끄덕였지만, 그 뒤 며칠 동안 나는 로라가 그것을 제대로 이해하지 못한 것을 알아차렸다.

로라는 옷과 화장품에 대한 사랑 말고도 단것, 쿠키, 소프트드링크에 남다른 애착을 갖고 있었다. 그러다 보니 로라가 우리 집에 머문 처음 며칠 동안 그전에는 거의 비어 있던 우리의 휴지통이 늘 플라스틱 통과 과자 봉지, 바나나 껍질, 음료수병, 각양각색의 쿠키 포장지, 초콜릿 포장지, 빈 화장품 통, 화장품 용기 같은 것들로 가득했다. 처음엔 이 쓰레기를 내가 직접 분류했다. 그 시각에 로라는 학교에 있었기 때문이다. 하지만 그다음부터는 아니었다. 나는 로라를 붙잡아 놓고 쓰레기 분리하는 법을 다시 한 번 설명했다. 물론 한 번으로 되지는 않았다. 그 뒤에도 몇 번의 설명이 더 필요했다. 로라가 우리 집의 쓰레기 분리 시스템을 어느 정도 이해하고 따르는 데는 최소 3주가 걸렸다. 가끔 나는 그게 조금 성가시기는 했지만, 다른 한편으로 보면 로라에게 우리 삶의 방식을 알려 주는 것도 내가 해야 할 일이라고 생각했다. 로라가 집을 떠나 교환학생으로 이곳으로 온 건 결국 오스트리아와 우리의 생활 방식을 알기 위해서일 테니까 말이다.

다행히 로라는 참을성이 많았고, 노력할 줄도 알았다. 다만 나는 로라가 우리의 일부 생활 습관에 대해 무척 당황해하는 것을 거듭 확인할 수 있었다. 예를 들어 우리가 다른 가족과 자동차를 나누어 쓰는 것이 로라에겐 굉장히 낯설었던 모양이다. 로라의 부모는 각자 차를 한 대씩 굴렸고, 그런 만큼 로라는 스포츠나 다른 방과 후 활동이 있을 때 부모가 차로 데려다주고 데리러 오는 것에 익숙해 있었다. 우리가 시골에 사는데도 차를 별로 이용하지 않는 것도 로라 눈엔 퍽 이상하게 비쳤다. 둘만 있을 때 말레네가 내게 노골적으로 이렇게 말했다.

"엄마, 로라는 우리가 가난하다고 생각하나 봐요."

나는 깜짝 놀라 물었다.

"그걸 어떻게 알아?"

"저번에 로라가 그러더라고요. 우리 집은 차를 따로 굴릴 형편이 안 되느냐고. 걔한테는 차에 에어컨이 없는 것도 이상한가 봐요."

나는 웃을 수밖에 없었다.

"게다가 로라는 항상 새것만 사요. 그것도 주로 싼 걸로만요. 시내에 갈 때마다 쇼핑을 하는 것 같아요. 뭐 그렇다고 내가 상관할 바는 아니지만. 아무튼 로라는 내가 중고 가게에 가는 것도 이상한가 봐요."

내가 볼 때 로라든 말레네든 서로의 모습에 당혹스러워하는 것은 충분히 이해가 되었다. 둘은 완전히 다른 환경에서 자랐기 때문이다. 로라한테 들은 얘기지만, 로라의 부모는 자기들이 잘산다는 걸 겉으로 드러내는 것을 중요하게 여기는 사람들이었다. 그러다 보니 자동차와 사치스런 생활 방식은 그들에게 신분의 상징이었다. 게다가 로라는 자기들보다 훨씬 부자인 오스트리아 사람들이 다들 최소한 자기 집만큼은 잘살 거라고 생각한 게 분명했다. 반면에 말레네는 신분의 상징 같은 것엔 전혀 관심이 없었다. 오히려 우리가 소비 습관을 의식적으로 바꾼 것을 더 대단하게 여겼다. 우리의 친구와 지인들 역시 지속 가능한 생활 방식으로 살려고 노력하고, 평소에 근검절약이 몸에 배어 있거나 소신에 따라 그런 생활을 추구하는 사람이 대부분이었다. 나는 말레네에게 설명했다. 어쩌면 로라에게는 우리가 강제가 아니라 자발적이고 의식적으로 지금 모습처럼 살아가는 것이 쉽게 이해가 안 될 수도 있다고 말이다. 그런데 말레네와 이야기를 나누다가 문득 본질적으로 보면 우리가 얼마나 호사스럽게 사는지 처음으로 깨달았다. 정말 사치스럽게 사는 건 우리였다. 우리가 이 모든 것을 스스로 선택한 것은 단지 남들과 똑같이 살고 싶지 않아서였다. 현실적으로 보면 우리도 당연히 차를 두 대 굴리고, 마음껏 플라스틱 제품을 사서 쓸 여력이 있다. 다만 그렇게 살기 싫을 뿐이다. 편한 길을 두고 어려운 길을 선택한 것이 우리를 남들과 구분하는 결정적인 요소다. 경제적 여력이 되는 사람도 개인으로든 사회적 참여를 통해서든 변화를 추진할 수 있다는 것은 변하지 않는 내 소신이었다. 전 세계에서건 오스트리아에서건 경제적으로 어려운 사람들은 어차피 낭비할 여력이 없어서 기후변화에 끼치는 영향이 훨씬 적다는 사실은 차치하고라도 말이다.

내 설명에도 말레네는 로라의 태도에 실망한 게 가시지 않는 듯했다. 나는 오래전 패션 매장 H&M에서 처음 쇼핑할 때 기억과 미국에서 쇼핑몰에 갔던 경험을 이야기해 주었다. 그때 나는 로라와 말레네보다 몇 살이 더 많았는데도 구매욕에 사로잡혀 정신을 차리지 못했다. 다양한 상품들, 내 속에서 깨어난 물욕, 우리나라에서는 살 수 없다는 생각, 이 모든 것이 종합적으로 내게 큰 영향을 미친 것이다. 말레네도 그런 점을 어느 정도 이해하기는 했지만, 로라가 우리 생활 방식을 자기 기준으로 폄하하는 것이 못마땅한 듯했다.

"나는 로라가 매주 새 옷과 갖가지 군것질거리를 사도 뭐라 안 해요. 그럼 걔도 내가 살아가는 방식을 존중해야죠!"

"그래, 네 말이 맞아. 하지만 로라는 주변에서 그렇게 사는 걸 본 적이 없거나, 아니면 실제로 돈이 없어서 그렇게 사는 사람들만 본 게 분명해. 그렇다 보니 다른 생각을 못 하는 거야."

이로써 화제는 사회적 환경에 따라, 그리고 다수가 어떻게 행동하는지에 따라, 혹은 다수가 '정상'이라고 생각하는 것에 따라 다르게 나타나는 사회적 규범과 배제에 이르렀다. 나의 어린 시절 이후 오스트리아에서는 그와 관련해 사회적 규범이 많이 바뀌었고, 절약과 낭비에 관한 의식에도 큰 영향을 끼쳤다.

우리에겐 무엇이 얼마나 필요할까?

그날 오후 말레네와 나는 낭비와 거부, 사회 규범, 배제, 다양한 편견, 그리고 사람들의 행동에 그런 편견이 미치는 영향에 대해서도 한참 동안 이야기를 나누었다. 특히 그중에서도 많은 이야기를 나눈 주제는 '비싼 스마트폰 편견'과 '보보 편견'이었다. 둘 다 지속 가능한 생활 방식의 사회적 측면에 관해 논쟁할 때 알게 된 개념이었다. 보보* 편견은 일상적으로 친환경 유기농 식품을 사고, 건강하게 먹고, 공정 상품을 좋아하고, 지속 가능한 수준으로 생산되는 통나무 가구를 사고, 그러면서도 비행기를 타고 몰디브로 휴가를 떠나는 부자들에게 해당된다. 내 경험으로 이 개념은 주로 지속 가능한 생활 방식으로 살려는 노력을 일부 특권층의 현상으로 치부함으로써 사회적으로 공정하지 못하다고 깎아내리는 데 쓰이고 있었다. 이런 선입견으로 마치 유기농 우유를 사는 모든 사람이 다른 생활 영역에서는 모순되게 사는 것으로 여겨지고, 자잘한 일상 속에서 모범을 보이려는 모든 노력이 애초에 쓸데없는 것으로 폄훼되고 있었다.

반면에 비싼 스마트폰 편견은 경제적 사회적으로 열등한 집단에 해당된다. 이 집단에 대한 대표적인 편견은 이렇다. 이들은 인스턴트식품과 패스트푸드만 주로 먹으면서도 핸드폰만큼은 값비싼 최신형을 산다는 것이다. 한마디로 이는 사회 보조금을 받거나, 여러 가지 다른 이유로 '지속 가능한 소비'를 하지 못하는 사람들에 대한 조롱이다. 이런 편견을 가진 사람들은 대개 구체적인 사례를 들면서 설명하는데, 나는 이런 식의 논증을 대할 때마다 정말 미친 듯이 화가 치민다. 그런 논증은 문제 해결에 전혀 도움이 되지 않는다. 도움은커녕 다른 이에게 책임을 넘기고, 선입

*   학력과 소득은 높으면서 정치적 이념적으로 좌파 성향을 띠는 사람들을 말한다. '샴페인 사회주의자'나 '살롱 사회주의자'도 비슷한 개념인데, 우리나라에서는 흔히 '강남 좌파'라고 한다.

견을 부채질하고, 본래의 문제로 눈을 돌리지 못하게 한다. 내가 보기에 궁핍한 사람들이 비싼 스마트폰을 사는 근본적인 이유는 우리 사회의 많은 사람들이 자신의 본래 욕구를 제대로 인지하지 못하고, 우리 모두가 자원 낭비와 사회적 불균형을 끊임없이 일으키는 시스템 속에서 살고 있기 때문이다. 개인은 당연히 이런 시스템에 동참하는 것을 거부할 수 있다. 그게 그런 흐름에 맞서는 길이기도 하다. 물론 그러려면 내면의 자유와 자기 삶의 안전장치가 필요하다. 그런데 이 시스템을 유지하는 데 생사가 걸린 업체들의 강력한 로비를 생각하면 우리 삶의 토대를 보장하고 기후 위기를 최소한으로 줄이는 것은 결코 쉬워 보이지 않는다. 어쨌든 말레네와 나는 보보 편견이건 비싼 스마트폰 편견이건 현재 우리 현실을 개선하는 데 도움이 되지 않는다는 점에 일치했다. 아니, 단순히 도움이 되지 않는 것을 넘어 방관과 외면의 감정을 부추길 가능성이 높다. 그런 편견들은 도덕적 우월감을 내세워 당사자들을 방어 상황으로만 몰아넣기 때문이다.

말레네와 나눈 이야기는 오랫동안 내 가슴에 남았고, 그 뒤 몇 달 동안 내가 과연 필요한 변화를 이끌어 낼 수 있을지, 또 이끌어 내려면 어떻게 해야 하는지 고민할 때마다 계속 떠올랐다.

로라와의 동거는 평화롭게 마무리되었다. 로라도 우리 집에 세 달 반 정도 머물면서 마지막엔 우리의 쓰레기 분리를 어느 정도 이해하게 되었다. 버스와 기차 같은 대중교통을 이용하는 것도 전혀 불편해하지 않았다. 나는 독일어를 읽을 수 있는 로라에게 내 첫 책《우리는 플라스틱 없이 살기로 했다》를 선물했다. 로라는 헤어질 때 우리가 예전에 집 안의 플라스틱 제품을 모두 대문 앞에 꺼내 놓고 사진을 찍은 포스터까지 가져가려고 했다. 자기 부모한테 보여 주고 싶다고 하면서 말이다. 나는 당연히 로라의 변한 모습이 무척 반가웠고, 로라가 우리의 생활 방식을 존중하게 된 것에 더할 나위 없는 기쁨을 느꼈다.

로라가 떠난 뒤 로라 방을 치우면서 어느 정도 예상하기는 했지만 어마어마한 플라스틱 쓰레기양에 깜짝 놀랐다. 플라스틱 전용 대형 노랑 봉투가 무려 두 개나 필요했다. 우리 가족은 모두 다섯 명이지만, 1년에 보통 노랑 봉투 절반이나 한 개밖에 쓰지 않았다. 그렇다면 로라는 혼자서 3개월 반 만에 우리보다 최소 두 배 넘게 쓰레기를 만들었다. 정말 엄청난 양이었다.

포장 용기에 대한 새로운 제안들

개인적인 변화의 중요성은 우리 가족 토론에서 반복적으로 언급되는 단골 메뉴다. 그건 친구나 지인들과 하는 토론회뿐만 아니라 내가 하는 수많은 강연과 낭독회에서도 마찬가지다. 이런 자리에서는 대개 플라스틱 없이 장보기와 관련해서 우리의 구체적인 노하우를 전달하고 나면 다른 문제들이 제기된다. 대표적인 것이 시스템의 문제와 어떻게 하면 더 많은 개인들을 행동 변화로 이끌어 낼지에 대한 원론적인 문제다. 개인적으로는 수년이 지났는데도 플라스틱 기피에 대한 관심이 식지 않은 것은 반가운 일이다.

젠더 문제

강연회나 토론회, 워크숍에 나를 초대하는 사람이 주로 여성이라는 사실에 나는 번번이 감탄한다. 강연회에 참석하는 청중도 어림잡아 여성이 80퍼센트를 넘는다. 나는 종종 그 이유를 생각해 본다. 일반적으로 우리 삶의 토대를 지키는 일에 여성들이 더 민감해서일까? 아니면 그냥 그걸 자기 일이라고 생각하거나, 자신이 책임지고 해결할 일이라고 여기는 여성이 더 많아서일까? 유해한 행동 유형을 바꾸려는 의지와 동기는 성에 따라 다른 것일까? 나는 당연히 이것을 과학적으로 조사하지도 검증하지도 않았지만, 내 경험과 많은 사람과 교류하면서 이 문제에 관심을 갖고 적극적으로 대응하는 면에서는 여성이 확연히 앞선다는 점을 거듭 확인하곤 했다.

강연장이나 블로그에서 토론할 때도 여성들이 가정 안에서 좀 더 지속 가능한 소비 습관을 실천하려고 하지만 다른 구성원들의 반대로 좌절하거나, 최소한의 변화를 이루어 나가는 데 큰 어려움을 겪는다는 사실을 반복해서 보게 된다. 그럴 때마다 남편과 내 생각이 일치하는 게 우리 실험의 성공에 얼마나 결정적인 요인이었는지를 새삼 깨닫는다. 실험 뒤에도 낭비를 줄이고 모든 물건을 어떻게든 최대한 오래 쓰고자 하는, 그러니까 좋은 의미로 아껴 쓰고자 하는 기본 생각이 우리를 하나로 연결하고 우리 생각을 계속 밀고 나갈 수 있는 동력이 되었다. 따라서 나는 가족 중에 우군이 없는 사람들에게 이렇게 조언하고 싶다. 그냥 본인이 혼자 쉽게 결정할 수 있는 것만 실천하고, 그 외에는 양심의 가책이나 협조하지 않는 다른 가족 때문에 스트레스를 받지 말라고 말이다.

내 주변에는 다른 예도 있다. 내 결혼식 증인인 마리아네의 남편 알렉스는 우리 가족에 관한 신문 기사에 고무되어 갑자기 자기 집에서도 플라스틱 사용을 줄이자는 제안을 내놓았다. 알렉스의 제안은 마리아네 가족 모두에게 이 문제를 좀 더 진지하게 바라보는 데 결정적인 계기가 되었다. 게다가 우리 큰 애 둘과 어릴 때부터 친하게 지내 온 마리아네의 두 아이 다비트와 조피아는 우리 실험에 몇 번 동참하면서 이미 이 문제에 관심을 가진 상태였고, 마리아네의 어머니도 곧 플라스틱 없이 살기 열풍에 전염되었다. 그사이 언론들은 우리 가족과 우리 실험뿐 아니라 우리를 따라 하는 사람들과 그 파장에 점점 더 많은 관심을 기울였다. 이렇게 해서 마리아네 가족은 오스트리아 국영방송국에서 플라스틱 기피라는 주제로 새로 제작한 다큐멘터리의 주인공이 되었다. 이것은 지금까지 내가 노력한 것에 대한 정말 뿌듯한 보상이자 새로운 동기 부여였다. 왜냐하면 마리아네와 그녀의 어머니는 생활의 불편함을 참지 못하는, 철저하게 현실적인 사람들이었기 때문이다. 그런 사람들이 이제 플라스틱 포기 같은 '이색적인' 시도를 하고, 오스트리아 국영방송이 그것을 전국에 내보낸다는 사실은 내게 큰 희망을 안겨 주었다. 가까운 가족이나 친구들 말고도 더 많은 사람을 우리의 길로 끌어들일 수 있을 거라는 희망이었다.

나와 가까운 친구들은 대부분 우리 실험에 마음으로든 실질적으로든 지원을 아끼지 않았고, 그것은 수년 동안 내게 중요한 버팀목이 되어 주었다. 일반 대중에게 아직 익숙하지 않은 일을 오랫동안 추진해 나가려면 가까운 사람이나 호의적인 사람들한테서 끊임없이 피드백을 받는 것은 무척 중요했다. 이와 관련해서 내 머릿속을 떠나지 않는 질문이 하나 있었다. 혹시 우리가 하는 일이 '너무 극단적인' 것은 아닐까? 개인적으로 보면 나는 우리 실험을 그렇게 극단적으로 몰고 가지는 않았다. 플라스틱 포기가 현실적으로 일부 타협하지 않고는 가능하지 않으리라는 사실을 예상하고 있어서 처음부터 그것을 계획에 넣었기 때문이다. 하지만 대중들은 우리를 '어떤 플라스틱도 쓰지 않는 가족'으로 알고 있었고, 그것 때문에 이 문제를 처음 대하는 사람한테는 우리가 너무 극단적으로 비친 것이 사실이다. 다행히 지인들 중에는 우리를 '극단주의자'로 몰아붙이면서 심각하게 비판하거나 비난하는 일이 전혀 없었다. 오히려 내 블로그 독자나 강연회 청중들 중에는 실험을 너무 물렁하게 하는 게 아니냐고 지적하는 사람들이 있었다. 하지만 대다수 사람들은 우리가 100퍼센트 완벽하게 실천하지 않고 현실과 일부 타협하는 태도에 호의를 보이면서 자신들도 따라 할 용기를 얻곤 했다. 그리고 내 친구들은 어떤 아이디어가 일상에 실제로 적용될 수 있을지, 또 아이들과 함께 실천하는 것이 가능할지에 대해 믿을 만한 잣대가 되어 주었다.

마리아네 말고도 자비네, 니콜, 소냐, 베로니카도 플라스틱 없이 장보기를 일상에서 최대한 실천하려고 애썼다. 우리 이웃에 사는 자비네와 니콜은 실험 초기부터 이런저런 조사와 유익한 조언으로 우리를 지원해 주었다. 예를 들어 비닐 포장 없는 화장실

휴지를 처음 만난 것은 자비네 덕이다. 만일 자비네가 없었다면 그때 우리 아이들의 농담처럼 하마터면 "나무에서 떨어진 나뭇잎"으로 뒤처리를 해야 했을지도 모른다. 니콜은 화장품이나 세정제와 관련해서 유익한 조언을 해 주었다. 아이들의 옷과 신발, 스포츠용품의 교환은 예전부터 낭비를 줄이고 돈을 아끼는 데 무척 중요한 기둥이었다. 플라스틱과 낭비 문제를 이야기하다 보면 대화는 자연스럽게 집집마다 남아도는 옷 문제로 이어졌다. 버리기는 아깝고 입지는 않는 옷을 어떻게 처리하면 좋을까? 어떻게 해야 앞으로 옷을 줄일 수 있을까? 이런 문제의식에서 사적으로 옷을 교환하는 작은 행사가 생겨났다. 이것은 시간이 가면서 훨씬 더 크고 공개적인 의류 교환 장터로 확장되었고, 마지막에는 상시적으로 운영하는 공짜 가게*로 이어졌다.

창조 책임과 정신 나간 음료수 포장

뜻을 같이하는 사람들과의 만남은 한편으론 내가 이 길을 계속 지켜 나가게 하고, 또한 여러 분야에서 변화를 찾고 나름의 계획을 실천하려는 다양한 사람들을 지원하는 힘이 되어 주었다. 다른 한편으로는 당연히 필수적으로 '제도 변화'에 관한 물음이 더 많이 제기되었다. 나는 구의회 활동과 네 개 구와 공동으로 추진한 천 바구니 프로젝트를 하면서 경제계와 정치계에 단단히 뿌리박

---

* 책, 가구, 의류, 생활용품을 중고 상품은 물론 신상품까지 갖춰 놓고 무료로 가져갈 수 있게 하는 상점.

힌 구태의연한 장벽을 어느 정도 실감하게 되었다. 물론 그 장벽에 구멍을 내려면 어떻게 해야 하는지도 조금씩 깨달아 갔다. 사실 처음엔 이 프로젝트의 의미를 우리 구청장에게 납득시키는 게 쉽지 않았다. 나는 유치원, 학교들과 연계해서 천 바구니 모으는 행사를 크게 열어 각 가정에 얼마나 많은 천 바구니가 처박혀 있고, 비닐봉지와 다른 일회용 봉투를 줄이려면 이제 그것들을 꺼내 쓰기만 하면 된다는 점을 일깨우려 했다. 아이들은 천 바구니에 그림을 그렸고, 그렇게 모은 가방은 여러 상점에 두고 손님들이 마음대로 가져가게 했다. 물론 그 대가로 소비자가 스스로 기부하는 것은 막지 않았다. 처음에 이 행사는 거의 관심을 받지 못했다. 그러다 플라스틱 쓰레기 문제와 우리 실험에 대한 보도가 언론에 자주 소개되면서 주민들의 관심은 점점 커져 나갔고, 성과도 나타나기 시작했다. '체인지 백 Change Bag'이라는 이름이 붙은 행사에 결국 네 개 구와 거의 모든 학교와 유치원, 수많은 상점, 그리고 무엇보다 정말 많은 주민이 동참했다. 우리는 6천 개가 넘는 천 바구니를 모았고, 마지막 행사는 큰 성공을 거두었다. 체인지 백 로고가 찍힌 가방은 몇 달 동안 물건을 살 때마다 자주 볼 수 있었고, 무엇보다 주민들 사이에서 화제가 되었다. 그전까지 비닐봉지나 종이봉투를 썼던 사람들조차 이 프로젝트에 긍정적인 반응을 보였다.

"이제 나는 대개 천 바구니를 갖고 다닙니다."

"천 바구니를 깜박 잊고 가져가지 않으면 마음이 불편해요."

이런 일로 양심의 가책까지 받을 필요는 없다고 생각하지만 그런데도 한 가지는 분명했다. 구체적인 행동과 드러나는 변화에서 무언가 집단의식 같은 것이 생겨난다는 것이다. 최소한 내가 사는 지역에서는 말이다. 이런 의식은 도덕적 설교나 이론으로 공부해서 얻은 결과가 아니라 수많은 사람들이 실제로 참여하고 그것으로 변화가 성공하는 데서 비롯된다.

이 경험은 내게 아주 뿌듯한 일이었을 뿐 아니라 어떤 식으로든 기존의 제도적 틀을 바꾸어야 한다는 내 생각에 중요한 자극제가 되었다. 나는 여전히 개인의 행동이 무척 중요하다고 생각하지만, 그와 동시에 개인이 그런 행동에 좀 더 적극적이고 '지속 가능한' 방식으로 나설 수 있으려면 정치의 힘이 필요하다는 확신도 점점 커져 갔다. 체인지 백 같은 프로젝트 하나만 보더라도 말이다. 개인의 행동과 정치적 결정은 서로 밀접하게 연결되어 있고, 끊임없이 소통하면서 상호 영향을 끼치는 혈관과 같다. 게다가 체인지 백 같은 프로젝트가 실제로 지속 가능한 효과를 내려면 일회성에 그쳐서는 안 되고 상시적인 장기 계획으로 나아가는 일도 분명 필요해 보였다.

나는 "창조 책임"이라는 주제와 관련해 교구나 다른 교회 단체들한테 초대를 받으면서 많은 영감을 얻었다. 이런 자리에서 나는 삶의 토대를 지킬 책임이 우리 인간에게 있다고 생각하면서 플라스틱 문제를 자신들의 토론이나 실제적인 행동의 새로운 자극으로 받아들이려는 여러 단체를 알게 되었다. 그 밖에 최대한 지속 가능한 생활 방식을 오래전부터 유지해 왔고, 그 과정에서 얻은 경험으로 '제도적인' 낭비 문화를 바꾸려는 사람들도 무척 많이 만났다. 이런 단체나 사람들과 하는 토론에서는 뿌리 깊은 '낭비 문화'에 대해 정치적인 책임의 문제가 자주 거론되었다.

많은 교회 단체들은 자신들의 행사에서 가능한 한 일회용품을 쓰지 않으려고 할 뿐 아니라 지역 산물이나 친환경 제품, 공정무역 상품을 쓰려고 각별히 애써 왔다. 때문에 재활용 용기에 든 음료를 사는 게 왜 그렇게 힘든지에 대한 토론도 자주 벌어졌다. 특히 시골에서는 그에 대한 원성이 높았다. 시골에는 대개 슈퍼마켓이 하나뿐이다. 거기엔 재활용 용기에 담긴 맥주는 있지만 다른 음료수는 없다. 그러다 보니 아무리 철저한 환경 의식을 가진 사람도 곤란한 상황에 빠질 수밖에 없다. 가까이서 재활용 용기에 든 음료를 사는 것이 불가능하다면 쓰레기 없는 행사를 조직하는 것은 어렵기 때문이다. 그런데 설령 그런 상품이 있다고 해도 좀 더 비판적인 사람들은 당연히 또 다른 문제들을 제기한다. 자극적인 화학물질이 들어간 용기를 씻고 다시 채우는 것이 정말 생태적으로 더 나을까? 유리병의 무게를 생각하면 당연히 운반하는 과정에서 유해 물질이 더 나올 텐데, 그렇다면 유리병의 전체 생태 결산표는 어떻게 될까? 혹시 일회용 플라스틱 병에서 재활용 유리병으로 바꾸는 것이 더 나쁜 건 아닐까?

친환경이 정말 친환경일까?

나는 실험 초기부터 늘 친환경이 진짜 친환경인지 심각하게 고민했다. 그래서 수많은 연구 논문을 찾아 읽으며 일부 혼란스럽고 모순되는 내용들 중에서 공통분모를 뽑아내려고 애썼다. 하지만 세세하게 들어갈수록 모든 것은 하나로 짜 맞추기 어려울 정도로 복잡했다. 재활용이 일회용보다 생태 환경적으로 낫다는 것은 원칙적으로 분명했지만, 좀 더 자세히 살펴보면 부분적으로 꼭 그렇게 명확하게 선을 그을 수 있는 게 아니었다. 생산방식과 수송 과정, 리필 횟수, 상품의 지역성, 몇몇 다른 요인에 따라 생태 결산표는 달라졌다. 나는 출발 질문과 세부 결과가 지극히 다른 수많은 연구 결과를 읽고 난 뒤 다음 결론에 이르렀다. 이 문제는 결국 출구가 보이지 않는 딜레마일 뿐 아니라 슬기로운 장보기 습관으로 낭비를 최소화하려는 어떤 시도도 과학적으로 따지고 들면 도저히 버텨 낼 재간이 없다는 것이다. 예를 들어 유리를 생산하려면 에너지와 자원이 무척 많이 들어간다. 그렇다면 일회용 유리의 생태 결산표는 최소한 페트병만큼이나 나쁘거나, 아니면 수송 과정이 어떠냐에 따라 심지어 더 나쁘기도 하다. 다만 유리의 장점은 원칙적으로 재활용 비율이 무척 높다는 것이다. 한 예로 오스트리아에서는 전체 유리 생산의 약 3분의 2가 재활용 유리로 이루어진다. 물론 재활용 유리에다 음료를 다시 채워 넣기 위해 기나긴 길을 이동하는 것은 생태 결산에 좋지 않다. 게다가 유리라는 재료의 무게도 무시할 수 없다. 어쨌든 재활용 유리병이건 페트병이건 재활용을 위해 이동하는 과정이 길수록 환경에는 좋지 않다. 다만 유리는 페트병보다 더 자주 다시 쓸 수 있기 때문에 더 낫다. 하지만 이것도 전체 논쟁에서 보면 몇 가지 측면일 뿐이다. 아무튼 맥주와 관련해서는 어느 정도 명확한 결론이 나 있다.

환경 단체가 시장 조사한 것을 보면 맥주 캔은 재활용 병보다 기후에 세 배나 해롭고, 심지어 일회용 유리병에 든 맥주는 재활용 병보다 온실가스를 다섯 배나 더 내보낸다고 한다. 이건 재활용과 씻는 과정을 모두 고려해서 나온 수치다. 나는 이 자료를 읽으면서 이것이 단순히 맥주에만 국한된 것이 아니라 원칙적으로 다른 모든 음료에도 해당된다는 것을 깨달았다. 게다가 환경적인 면에서 재료를 따질 때는 내용물을 몇 번이나 더 채울 수 있느냐가 결정적인 요소였다. 하지만 음료를 많이 마시는 낭비 습관은 그대로 두면서 단순히 포장 재료만 바꾸는 것은 별 의미가 없어 보였다. 오스트리아 사람들은 1년에 약 32억 리터의 음료를 마신다. 음료의 포장과 수송 과정에는 에너지와 원료가 막대하게 소비되고, 그와 함께 기후에 굉장히 해로운 결과가 생겨난다. 그건 누구도 부인할 수 없는 사실이다.

나는 강도 높은 조사를 하면서 이런 연구들이 일상의 문제를 실질적으로 해결하는 데는 큰 도움이 되지 않는다는 생각이 들었다. 그렇다고 마냥 손을 놓고 있을 수는 없었다. 다행히 아이디어와 열정이 넘치는 창조 책임 단체들은 혼란과 방관에 매몰되지 않고 일단 실용적이고 이성적으로 보이는 해결책부터 실천하려고 했다. 과학적 연구 결과와 관계없이 우리가 이 순간 할 수 있는 것부터 해 나가자는 것이다. 그런 일은 충분했다. 그것도 과학적으로 비난받지 않으면서 말이다.

자세히 들여다보면 최소한 오스트리아 같은 나라에서는 문제의 가짓수보다 해결 방법이 훨씬 많았다. 예를 들어 오스트리아나 독일, 스위스에서는 전국적으로 질적으로 굉장히 우수한 수돗

물이 공급되고 있고, 거기다 값싼 대체품이 있다는 사실만으로도 문제를 해결할 수 있는 멋진 잠재력을 확보한 셈이다. 그런데도 '정수'를 병에 담아 판매하는 것은 오스트리아에서는 반발을 살 수밖에 없다. 하지만 병에 든 물이 점점 많이 팔리는 상황을 고려하면 가장 단순하고 값싼 해결책을 거론하지 않을 수 없다. 그사이 이 해결책은 가톨릭 축제 행사에서는 지극히 당연한 일이 되었다. 거기다 다른 선택지도 있었다. 현지에서 생산된 과일즙, 직접 담근 과일청에 물을 탄 주스, 보증금 병에 든 레모네이드, 어디서나 쉽게 볼 수 있는 재활용 병맥주 같은 것들이다. 어떤 곳에서는 탄산수를 즐기는 사람들을 위해 탄산수 제조기를 따로 준비해 놓기도 했다. 이것 말고도 창조 책임에 공감하는 많은 단체들은 지역 상품을 개선하는 데 적극 참여했다. 그 가운데 하나로 미네랄워터나 소프트드링크, 몇몇 주스를 담는 데 재활용 용기를 다시 쓰자는 문제와 관련해서 설문 조사를 했다. 병만 집어넣으면 우유가 자동으로 나오는 우유 자판기나, 요구르트와 다른 유제품을 재활용 용기로 포장하자는 제안(내 강연회 토론에서 자주 나왔던 제안이다)도 이 단체들이 내놓았다. 이런 사람들의 활동을 지원하고, 그들과 함께할 수 있는 해결책을 찾아내는 것은 늘 새로운 힘을 얻는 일이었다. 이런 자리에서도 가끔 한탄이나 불평이 나오기는 했지만, 거기에 빠지는 일은 없었다. 한탄을 넘어 우리는 늘 무언가 구체적인 해결책을 찾아 나섰고, 그 과정에서 개인의 책임을 넘어 제도 속에서 무언가를 바꿈으로써 개인들이 좀 더 쉽게 변화 의지를 실천할 수 있는 실마리가 생겨났다. 이런 긍정적인 실마리를 내가 가진 정치적 영향력 속에서 풀어내는 것이 내 임무였다.

세상을 바꾸는 아이들

나는 학교나 교육기관에서도 강연이나 워크숍 요청을 많이 받았다. 그중에는 내 아이들이 다니는 학교도 있었다. 나는 학교에서 강연도 하고, 또 몇 달 또는 몇 년씩 아이들과 함께 프로젝트를 진행하기도 했다. 그 외에 청소년들이 플라스틱 기피와 지속 가능성, 낭비 축소 같은 주제로 추진하는 일을 지원하기도 했다. 나는 단순히 지식을 전달하는 차원을 넘어 아이들의 미래와 관련된 문제들을 자신의 사명으로 여기는 교육자들에게 깊은 감명을 받았다. 예컨대 이런 문제들이다. 우리 삶의 토대를 지키고 미래에도 우리 사회를 유지하려면 우리 인간이 지금껏 습득한 다양한 지식과 기술적 성취, 빠르게 발달해 나가는 디지털화를 어떻게 활용할 수 있을까?

나는 학교에 초대를 받아 가면 일단 우리의 플라스틱 포기에 대해 이야기했다. 그러고 나면 아이들의 토론 주제는 자연스럽게 낭비의 일반적인 현상으로 넘어갔다. 여기서 가장 자주 거론되는 문제는 음료수 용기였다. 한 김나지움에서 토론할 때였다. 나는 놀랍고 충격적인 사실을 새로 알게 되었다. 그전에도 여러 번 토론 과정에서 창의적인 해결책을 내놓았던 열두 살짜리 남학생이 문득 알루미늄 캔 문제와 관련해서 이런 말을 툭 던졌다.

"난 학교에서 늘 캔에 든 레드불만 마셔요."

다른 아이들 얼굴에 분노의 표정이 폭풍처럼 지나갔다. 하지만 그 아이는 약간 짓궂게 싱긋 웃기만 했다. 그 미소를 보는 순간 나는 그게 도발임을 알아차렸다. 학교에는 알루미늄 캔이나 플라스틱 병에 든 음료밖에 없다는 항변이었다. 그러자 몇몇 학생이 그런 음료를 마시지 말고 그냥 수돗물을 마시라고 제안했다. 이 말을 듣는 순간 나는 내심 안도했다. 이어 교내에 있는 음료수 자판기와 알루미늄 캔, 학교 매점에서 파는 물건들을 두고 치열하게 논쟁이 벌어졌고, 나는 그 과정에서 이런 질문을 던졌다. 왜 학교에는 플라스틱 병이나 알루미늄 캔 자판기만 있는지, 이것을 치우고 대신 현지에서 생산되는 과일 주스나 경우에 따라 재활용 소프트드링크 제품을 갖다 놓을 수는 없는지 말이다.

오스트리아에서 교내 음료 자판기의 설치는 교장의 자율에 맡겨져 있거나, 아니면 교육청 또는 학교 운영위원회 소관이다. 학교 당국과 운영위원회는 음료 회사에서 받은 수익금이나 후원받은 돈을 학교 예산에 넣고 여러 시설을 개선하거나 학교행사를 지원하는 데 쓴다. 처음 몇 달 동안 나는 믿을 수가 없었다. 세계에서 가장 잘산다는 나라 가운데 하나인 오스트리아에서, 그것도 많은 교사가 지속 가능하고 건강한 생활 습관을 아이들에게 가르치는 것을 교육자의 사명으로 알고, 그에 맞게 공공 재원으로 학교를 운영하는 나라에서 어떻게 그런 일이 일어날 수 있을까? 음료수 자판기 설치같이 원래의 교육 목적에 어긋나는 그런 어이없는 방식으로 학교 살림에 필요한 재원을 마련하는 것이 온당한 일일까?

나는 아이들에게 미안했다. 온갖 프로젝트를 고안해 내고, 쓰레기를 줄일 새 아이디어를 찾아 나서고, 조그만 변화를 위해 성실하게 참여한 많은 아이들에게 미안했다. 아이들의 그런 노력이 교내 자판기 설치 같은 어른들의 짧은 생각으로 물거품이 되어 버렸으니 말이다. 나는 여기서 또다시 침울한 사실을 확인할 수밖에 없었다. 그에 대한 원인은 결국 사회적 또는 정치적 실패와 연결된 것이기 때문이다. 다른 곳도 아니고 아이들을 바르게 키우는 교육 현장에서 재원 부족으로 그런 수단까지 쓰는 것은 있을 수 없는 일이었다.

나는 이 문제의 원인과 관련해서 한 가지 해결책이 있다고 확신한다. 기업 광고를 통한 그런 식의 재원 충당이 더 이상 학교에서 필요하지 않게 모든 분야에서 힘을 쏟아야 한다는 것이다. 그때는 그걸 깨닫지 못했지만, 이 경험은 내게 문제를 해결할 핵심 경험이나 다름없었고, 그 뒤 비슷한 경험들이 잇따랐다. 제도적 규정에 발목이 잡혀 한 발짝도 나아가기 힘든 상황이라면, 그러니까 '시스템'이 개인의 변화 능력보다 힘이 더 센 상황이라면 개인으로서, 또는 단체로서 우리가 믿을 것은 오직 우리 자신뿐이다. 이는 내가 하는 모든 활동 과정에서 반복적으로 마주한 인식이다. 나는 어떤 역경에도 포기하지 않고 쉼 없이 '작은 발걸음'을 떼고, '모두가 각자 자리에서 조금이라도 기여할 수 있다'는 주문을 삶의 신조처럼 가슴에 담고 사는 많은 개인과 단체, 조직을 알게 되었다. 이런 사람들의 노력은 당연히 더러 아름다운 성공을 거두고, 언론들은 지속 가능성과 관련한 이런 프로젝트를 일부 보도하고, 그러면 일반 대중은 그것을 보고 동참할 용기를 낸다. 물론 그런 열광도 어느 정도 시간이 지나면 다시 시들해질 때가 많지만 말이다.

나는 여전히 모든 개인의 작은 발걸음 하나하나가 중요하고, 그 행동에 의미가 있다고 확신한다. 다만 몇 개월, 몇 년이 지나면서 우리 사회의 낭비를 조장하고 뭇 사람의 소비를 부추기는 단단한 제도적 틀을 깨려면 훨씬 더 많은 것이 필요하다는 사실을 깨닫게 되었다.

그 무렵 내 속에서 예전의 저항 정신이 다시 깨어났다. 그러니까 오래전 내가 영화관에서 〈플라스틱 행성〉을 보고 이젠 나도 뭔가를 해야겠다고, 더 이상 이전처럼 살지 않겠다고 다짐했던 때와 비슷한 느낌의 저항 정신이었다. 인간이 저지른 것은 인간의 손으로 다시 되돌려 놓을 수 있고, 되돌려 놓아야 했다. 법, 세제, 후원 같은 제도를 비롯해 우리 공동생활의 토대를 이루는 모든 것들을 말이다. 이제 내겐 선택의 여지가 없었다. 잘못된 방향으로 나아가는 것들을 멈추어 세워야 했다. 그러려면 일단 이런 일에 책임이 있는 사람들을 만나 이야기를 나누고, 문제가 더욱 심각해지는 것을 막아야 했다. 아무리 머리를 굴려도 우리 같은 민주 시스템에서 무언가를 근본적으로 바꾸려면 정치적 결정밖에 없을 듯했다. 다만 나 역시 기초의원으로 활동하고 있었지만 현실에서 내가 가진 영향력은 늘 만족스럽지 못했고, 그 무렵 좀 더 큰 정치적 참여에 대해서는 아직 깊이 생각하지 못하고 있었다. 하지만 정치적 틀을 바꾸는 일은 내 강연회와 토론장에서도 점점 더 중요한 과제로 떠올랐다. 그건 나와 비슷한 경험을 했고, 그로써 '정치'도 무언가를 해야 한다고 강력하게 요구하는 사람들의 생각도 마찬가지였다.

끊임없이 이어지는 질문들

대학생을 비롯해 그라츠 대학의 교원들도 내게 자주 연락해 왔다. 주로 강연이나 인터뷰 요청이었다. 그 과정에서 나는 낭비를 줄이는 문제에 적극적으로 동참할 의지와 아이디어를 가진 흥미로운 사람을 많이 만났다. 그중에서 특히 기억에 남는 사람이 있다. 긍정적인 마인드가 돋보이고 새로운 아이디어가 넘치는 여대생, 사라였다. 그녀는 2011년부터 국제적인 환경 운동 단체인 '렛츠 두 잇 Let's do it'에서 활동했고, 2012년에는 오스트리아에 '렛츠 두 잇 오스트리아'를 세웠다. 우리는 그라츠의 한 작은 음식점에서 만났다. 렛츠 두 잇 오스트리아에서 함께 활동하는 사라의 동료도 자리를 함께했다. 그녀는 내 책을 읽고 좀 더 자세히 알고 싶은 마음이 들었다고 했고, 나는 그녀의 왕성한 실행력에 감탄했다. 나중에 들은 말이지만, 그때 사라는 자신의 내면에서 싹트기 시작한 아이디어가 있었는데, 그것을 힘차게 밀고 나갈 힘을 나의 소탈하면서도 활기찬 태도에서 얻었다고 했다. 우리가 만나고 나서 사라는 스스로 좀 더 지속 가능한 방식으로 살고 최대한 플라스틱이나 다른 쓰레기를 줄이려고 애썼을 뿐 아니라 심지어 원래 전공인 국민경제학을 환경시스템공학으로 바꾸기까지 했다. 그중에서도 특히 관심을 가진 것은 폐기물 관리 공학이었다. 나중에 다시 만났을 때 사라는 그라츠에 '포장이 없는' 가게를 열 계획이라고 하면서 그 과정에서 부딪힌 여러 어려움과 장애에 대해 이야기했다. 사라하고 주로 나눈 이야깃거리는 이런 문제들이었다. 대형 제조업체들의 생산방식과 대형 유통업체들의 판매 방식이 우리의 전체 소비 패턴에 얼마나 큰 영향을 끼치고 있는가? 그건 또 기후변화와 자원 낭비, 세계적 환경문제, 사회문제와 얼마나 밀접하게 연결되어 있는가? 우리는 이런 세계적인 문제를 지역 차원에서 어떻게 대응할 수 있는가? 사라는 이 문제에 관해 함께 토론하고 나중에는 실행 과정에서 자주 연락을 주고받은 많은 젊은이들 가운데 한 명이었다. 결국 핵심은 이랬다. 자원을 아끼고 기후 친화적인 경영 방식을 어떻게 만들어 나가고 어떻게 지원할 수 있을까? 기업들이 경영 방식만 바꾸어도 개인이 지속 가능한 생활 방식으로 바꾸는 것은 얼마나 쉬울까?

냉장고 절반 채우기, 그리고 식품 구조 운동

나는 먹는 것을 버려선 안 되고, 음식은 낭비해서는 안 될 소중한 물건이라고 배운 세대다. 그런 교육에는 부모 말고도 할머니가 큰 역할을 했다. 할머니는 전쟁과 전후 시기의 궁핍함이 몸에 밴 세대로서 옛날엔 먹을거리를 얼마나 귀히 다루었는지를 내게 자주 이야기해 주었다. 할머니 집에서는 하루하루 무슨 음식을 먹을지는 지금 집에 무엇이 있고, 당장 해치워야 할 것이 무엇인지에 달려 있었다. 예를 들면 전날 먹다 남은 식빵과 롤빵이 있으면 제멜

크뇌델*이나 아르머 리터**를 만들어 먹었고, 아니면 빵가루로 만들어 다른 용도로 썼다. 여름이면 정원에서 수확한 것들로 요리했고, 마트에서 식품을 살 때는 원칙적으로 2, 3일 뒤에도 먹을 수 있는 것만 샀다. 냉장고에는 늘 그때그때 필요한 음식들만 보관되어 있었다. 냉장고가 가득 채워져 있을 때는 원칙적으로 온 가족이 모이는 명절이나 특별한 행사 때뿐이었다. 그런 날에는 며칠 동안 먹을 음식을 냉장고에 미리 보관해 두어야 했기 때문이다. 아무튼 그럴 때 말고는 먹을거리가 지금처럼 풍성하지 않았는데도 나는 한 번도 먹는 것이 모자라거나 다른 것이 먹고 싶다고 느낀 적이 없었다. 오히려 가끔은 음식이 너무 많아 남길 때가 있었는데, 예를 들어 동생과 내가 먹다 남긴 치즈빵은 나중에 배고플 때를 위해 보관해 두었다. 이 모든 게 그때는 지극히 상식적인 일이었고, 우리 집도 당연히 그런 전통이 있었다. 특히 아버지는 자기 몫으로 받은 음식이나 스스로 만든 음식은 어떤 일이 있어도 끝까지 책임져야 한다는 생각을 갖고 있었다. 그건 학교에 싸 갖고 간 도시락도 마찬가지였다. 나는 아무리 입맛이 없어도 도시락에 담긴 음식은 반드시 다 먹는 것이 습관처럼 굳어졌다.

지금 와서 생각해 보면 우리가 그때 먹었던 음식은 질적인

---

*   Semmelknödel. 오래된 빵을 잘게 잘라 뜨거운 우유에 푹 적신 뒤 달걀, 파슬리, 소금을 넣고 손으로 뭉쳐 경단 모양으로 만든 음식.

**   Armer Ritter. 직역하면 '가난한 기사'라는 뜻. 빵을 길게 잘라 달걀과 우유에 적신 뒤 바닐라, 설탕, 소금을 넣고 기름에 구운 요리. 프렌치토스트와 비슷하다.

면에서 요즘 사람들이 많이 추천하는 건강식과 무척 비슷했다. 우리는 일주일에 최대 한두 번만 육류를 먹었다. 그것도 주로 일요일에만 먹었다. 생선은 아마 일주일에 한 번 정도 먹은 걸로 기억하고, 나머지는 모두 채식이었다. 물론 그때는 채식이라는 말조차 없었다. 아무튼 우리는 채소를 많이 먹었고, 그 밖에 과일과 달걀, 치즈를 먹었으며, 가끔 햄과 소시지도 곁들였다. 거의 모든 음식은 지역에서 생산한 제철 음식이었다. 식탁에 올라오는 일이 드문 바나나와 감귤류는 제외하고 말이다.

딱 필요한 양만큼만 시장을 보는 것도 지금보다 예전이 훨씬 쉬웠다. 옛날에는 대량으로 묶어서 팔거나 "2+1" 같은 상품이 존재하지 않았고, 마트마다 셀프서비스 시스템이 자리 잡지 않았기 때문이다. 작은 식료품 가게에는 고객을 직접 응대하고 고객의 다양한 요구를 채워 줄 판매원이 충분히 많았다.

이런 상황은 세월이 지나면서 급격히 바뀌었지만, 나는 예전의 전통을 우리 가정에서 이어 가기로 처음부터 마음먹었다. 남편도 비슷한 환경에서 자랐기에 우리 집 냉장고는 아이들이 어릴 때까지는 보통 절반 정도만 채워져 있었다. 그러던 것이 아이들이 크면서 차츰 바뀌었다. 마트에 진열된 온갖 상품들이 아이들의 '욕구'를 사방에서 자극하고 부추겼기 때문이다. 나는 아이들 간식으로 항상 고전적인 군것질거리만 사 주겠다는 마음으로 마트에 가지만 아이들이 이것저것 가리키며 "엄마, 우리 저거 사면 안 돼?" 하고 물으면 늘 원래 계획했던 것보다 더 많이, 그러니까 우리에게 실제로 필요한 것보다 더 많은 것을 샀다. 그러다 보니 우리 집 냉장고는 점점 채워졌을 뿐 아니라 정말 안타깝게도 음식을 버리는 일까지 생겨났다. 왜냐하면 플라스틱으로 포장이 되어 있고 유통기한도 길지만 당장 필요하지 않은 식품을 사는 우리의 소비 행태에 문제가 있었기 때문이다. 물론 그 책임을 아이들에게 떠넘기고 싶지는 않다. 그때는 나도 세일 상품이 있거나 뭔가를 공짜로 끼워 주면 쉽게 넘어갔을 뿐 아니라 사고 나면 돈을 번 것 같은 기분에 사로잡히곤 했다. 그래서 어릴 때부터 식품을 대하는 절제가 몸에 배어 있었는데도 상품의 유혹에 넘어가는 일이 점점 많아졌다. 심지어 나는 그때 벌써 환경문제에 관심이 높았고, 나 자신의 소비 행태를 자주 반성했는데도 그런 상황을 바꾸는 행동으로 나아가지는 못했다. 근본적인 변화는 우리 가족의 플라스틱 실험과 함께 비로소 시작되었다.

우리는 식품을 살 때면 아예 포장이 안 된 것을 사거나, 직접 가져간 용기나 종이봉투에 담아 왔다. 당연히 그런 상품은 많지 않았고, 대량으로 팔지도 않았다. 그런데 유제품이나 치즈, 샐러드처럼 쉽게 상하는 음식 같은 경우는 문제가 좀 있었다. 한 예로 예전에 나는 치즈를 비축용으로 사서 오랜 시간 냉장고에 보관해 두었다. 플라스틱 없이 장보기로 전환한 뒤에도 이따금 대량으로 샀고, 그래서 통에 든 치즈 일부에 곰팡이가 피는 일이 더러 생겼다.

그 뒤 나는 빨리 상하는 식품은 며칠 안으로 소비할 수 있는 양만큼만 사는 데 서서히 익숙해져 갔고, 그러다 얼마 뒤에는 이 방식이 할머니가 장을 보는 습관이나 보관하는 행동과 얼마나 비숫한지 깨달았다. 우리 집 냉장고는 이제 다시 반만 차게 되었다. 그로써 남편과 나는 냉장고 안에 어떤 재료가 있는지, 그리고 다음에 무엇을 요리해 먹을지 한눈에 파악할 수 있었다.

그런데 이런 습관이 우리 집을 찾는 친척이나 다른 손님에게는 퍽 낯선 모양이었다.

"어쩜 냉장고가 반이나 비었네!"

우리 집을 방문하거나, 간혹 아이들의 저녁 식사를 함께 준비하던 친구들이 번번이 하는 말이었다. 내게 이것은 대개 격려로 들렸다. 누군가에게는 '반이나 빈' 걸로 보이는 것이 내게는 '반이나 찬' 걸로 보였으니 말이다. 나는 우리 집에 놀러 온 마리아네하고 나눈 이야기가 생생히 기억난다. 두 아이 다비트와 조피아도 함께 왔다. 아이들은 오후 내내 마당에서 축구를 했는데, 당연히 배가 고플 수밖에 없었다. 게다가 사무엘과 다비트는 그때 한창 에너지가 넘치는 열여섯 살이라 식욕이 대단했다. 마리아네가 즉흥적으로 찾아온 것이어서 나는 따로 장을 볼 시간이 없었다. 마리아네는 남의 집에 빈손으로 가는 법이 없는 사람이어서 이번에도 살구 케이크를 가져왔는데, 그건 아이들이 게 눈 감추듯 벌써 다 먹어 치웠다. 집에 빵은 충분했다. 마리아네 가족과 저녁을 함께 먹어야 될 것 같아 오후에 일찍 서둘러 구워 놓은 것이다. 하지만 그날의 냉장고는 솔직하게 말하면 "반이나 찬" 정도가 아니라 그냥 휑한 정도였다. 작은 치즈 두 조각, 버터, 사과주스 한 병, 크바르크 반 컵, 비건식 샐러드 반 컵, 직접 만든 페스토 작은 컵 하나, 잼, 우리 닭이 낳은 달걀 몇 개, 정원에서 수확한 당근과 래디시 몇 개가 전부였다. 그렇지만 내 생각엔 총 다섯 명의 아이를 비롯해 마리아네와 내가 빵에다 이것저것을 올려 먹기에 충분해 보였다. 결국 식탁엔 치즈빵과 실파빵을 가득 올린 접시 두 개, 달걀 샐러드 그릇 하나, 비건식 샐러드빵 몇 개, 채소와 내가 식품 저장고에서 발견한 올리브 몇 개를 올린 접시가 차려졌다. 아이들은 배불리 먹고 만족스럽게 일어나 다시 정원으로 나갔다. 만족스럽기는 나도 마찬가지였다. 그걸 본 마리아네는 자기라면 먹을거리가 집에 충분히 준비되어 있지 않을 경우 굉장히 난감했을 거라고 말했다.

마리아네는 내가 어떤 사람인지 오래전부터 알고 있었고, 그사이 내 소신에 대해서도 많은 공감을 보여 주었다. 그런데 나는 이야기하면서 마리아네에게는 '가득 찬 냉장고'가 손님에 대한 환대나 예의와 관련이 있다는 것을 거듭 확인할 수 있었다. 그녀는 불쑥 들이닥친 손님에게도 언제든 풍성한 음식을 대접해야 한다고 생각했고, 그게 주인의 도리라고 여겼다. 나는 생각이 달랐다. 우리 집도 예전부터 '개방적인 집'이었고, 그런 만큼 손님은 언제나 환영이었다. 게다가 우리 아이들은 예고도 없이 친구들을 우르르 데려올 때가 많았다. 그래도 나는 그걸 번거롭게 생각하지 않았다. 수고스럽게 따로 음식을 장만해서 손님에게 그럴 듯하게 내놓아야 한다는 생각이 없었기 때문이다. 우리 집엔 먹을 것과 마실 것이 늘 있었다. 하지만 예고도 없이 불쑥 들이닥친 손님한테까지 특별한 음식을 내놓아야 할 필요는 없었다. 그건 주인의 의무가 아니었다. 그런 내 태도가 우리 가족들이 보기에는 가끔 못

마땅할 때가 있을지 모르겠지만, 나는 언제 올지도 모를 손님을 위해 먹을거리를 쌓아 두고 있다가 버리는 것보다는 그냥 형편껏 내놓는 편이 더 낫다고 여겼다.

　1년 동안 플라스틱 실험을 진행하면서 식품 낭비와 관련해서 나와 생각이 비슷한 사람들을 점점 더 많이 알게 된 것은 행운이었다. 예를 들면 마리아와 마르틴이 그렇다.

푸드 세어링 Food sharing

내 책을 읽은 마리아는 지역에서 공짜 가게를 열 아이디어를 들고 나를 찾아왔고, 그 뒤 실제로 가게를 열었다. 그 뒤 그녀는 거기서만 자원봉사를 한 것이 아니라 2014년부터는 푸드 셰어링 운동의 '푸드 세이버 Food saver', 즉 먹을거리를 나누는 운동가로도 활동했다. 그녀의 적극적인 활동으로 그전까지 쓰레기로 버려지던 몇 톤의 식품이 사람들에게 무료로 나누어졌다. 마리아는 수년 동안의 노력과 경험을 통해 나와 마찬가지로 '낭비의 구조적 문제'에 매우 비판적인 시각을 갖고 있었고, 그에 대한 원인도 구체적으로 제기해 왔다. 그녀는 풍부한 경험을 바탕으로 한 자신의 보고서 가운데 일부를 이 책에 실을 수 있도록 허락해 주었다. 내가 보기에 푸드 셰어링과 관련된 부분은 낭비의 여러 가지 측면을 인상적으로 요약한 것이나 다름없었다. 여기서 직접 인용해 보겠다.

　푸드 세이버는 협력 파트너와 맺은 엄격한 약정 조건에 따라 음식 재료를 비롯해 인스턴트식품까지 가져온다. 그것들이 아깝게 버려지는 일이 없도록 하기 위해서다. 이 식품들을 다른 사람들에게 전달하기 위해 그라츠에는 '공정 나눔 네트워크'가 있는데, 여기서는 냉장고와 상자를 갖추어 놓고 필요한 사람들이 식품을 공짜로 가져갈 수 있게 한다.

소비자에게 늘 신선한 빵을 제공하고 선택의 폭을 넓힌다는 명분으로 일상적으로 과잉 생산을 하고 있다. 그러다 보니 빵은 너무 많은데, 그걸 다 먹을 수가 없다. 그렇다고 남는 빵을 남에게 그냥 나누어 주지는 않는다. 슬픈 일이다. 특히 식료품점의 바크박스*가 이 상황을 더 악화시켰다. 바크박스 상품은 질이 매우 나쁘고, 신선도도 24시간을 넘지 못할 상태다. (…) 문제는 크게 두 가지다. 하나는 막대한 노동 비용이고, 다른 하나는 매우 빨리 돌아갈 수밖에 없는 유통망이다. 지금은 사람들이 더 이상 직접 (늦은 시간에) 장을 보러 가지 않는 시대다. (…)

식품을 생산하는 곳에서는 엄청난 양의 쓰레기가 나온다. 예를 들어 롤빵, 포장 샐러드, 간식 샐러드, 신선한 과일을 넣은 요구르트, 가늘게 썬 과일처럼 규격에 맞춰 생산하는 모든 간식 사업이 그렇다. 이 상품들은 유통기한이 지극히 짧고, 빵속에 넣은 샐러드와 토마토, 파프리카 때문에 몇 시간만 지나도 모양이 변한다. 게다가 빵 속에 넣은 것들은 대부분 공장에서 미리 만든 것들이다. 요즘에는 식료품 점원들이 직접 썬

---

*   Backbox. 빵을 굽는 데 필요한 재료와 레시피를 담아서 파는 상자.

토마토와 파프리카는 거의 없다. 대신 공장에서 기계로 자른 것들을 플라스틱 용기에 담아 제공하고, 유통기한도 무척 짧다. 남는 것들은 그날 바로 버려진다.

샐러드도 문제가 많다. 상당수의 샐러드는 '샐러드 그릇에 맞게' 적당히 썰어 플라스틱 용기에 담는다. 소비자는 깨끗이 씻어 바로 먹기만 하면 된다. 그건 작은 플라스틱 용기에 포장한 간식용 샐러드도 마찬가지다. 심지어 용기 안에 다시 비닐로 포장한 작은 드레싱이 들어 있는 경우도 있다. 이 모든 건 생태적으로 미친 짓이다. 샐러드는 잘게 자른 상태에선 유통기한이 무척 짧고, 포장 과정에서 어마어마한 양의 쓰레기가 나온다. 게다가 유통기한이 짧기 때문에 버려지는 양도 상당하다.

뷔페 음식도 대량의 쓰레기를 만들어 낸다. 주문을 받고 요리하는 것이 아니라 일단 대량으로 만들어 놓기 때문이다. 조리한 음식은 단시간에 소비되어야 한다. 그러다 보니 남은 음식은 몇 시간이 지나면 모두 버려진다.

여기서 알 수 있는 것은 짧은 유통기한과 현대인의 시간 부족이 음식 쓰레기와 포장 쓰레기를 만들어 내는 원인이라는 것이다. 사람들은 이제 간식을 직접 만들어 먹지 않는다. 빵 속의 내용물도 직접 채워 넣지 않고, 대신 가게로 달려가 미리 만들어 놓은 규격형 상품을 집어 든다. 시간을 아끼기 위해서다. 만드는 양도 문제다. 샐러드의 경우 어차피 소비자마다 먹는 양이 다른 만큼 거기에 맞출 수 없으니 일률적으로 정해진 양만큼 썰어서 팔고, 나머지는 버린다. 레스토랑에서도 사람들은 메뉴판에서 음식을 고른 뒤 요리사가 조리할 때까지 기다리는 시간이 아까워 곧장 간편식 상점에 들어가 따뜻하게 데워 놓은 뷔페 음식을 먹고 부리나케 다음 일정을 향해 달려간다. (…) 이 모든 예를 보면 완전히 다른 폐단도 보인다. 노동력에 더 이상 돈을 쓰지 않으려고 한다는 것이다. 이를테면 간식을 담당하는 판매원을 추가로 고용하느니 차라리 쓰레기를 감수하고, 음식을 더 빨리 준비하려고 요리사를 하나 더 고용하느니 차라리 음식을 버리고, 고향의 빵을 손님들에게 제공하기 위해 새벽 3시에 출근해 빵을 굽는 전문 제빵사를 쓰기보다는 차라리 중국에서 대량 생산된 빵을 쓰고(소비자 처지에서는 장거리 수송을 위해 넣은 화학물질의 섭취를 감수해야 한다), 오븐을 따로 장만해 비전문적인 직원에게 그냥 빵을 데우게 하는 식이다.

경험을 바탕으로 한 마리아의 보고서는 나도 수년 동안 알게 되고 뼈아프게 경험한 낭비의 무수한 측면을 보여 준다. 특히 깊은 인상을 받았던 것은 자원 낭비(이 경우는 식품이다)와 인간 노동력의 감소와 착취 사이에 밀접한 관련성이다. 기업 처지에서는 지금의 제도적 틀 속에서 물질과 에너지를 낭비하고 온실가스를 배출하는 것이 자원을 아끼는 생산 시스템과 판매 시스템을 만들기 위해 비싼 돈을 주고 전문 인력을 쓰는 것보다 훨씬 싸게 먹힌다. 나는 이 관련성을 떠올릴 때마다 다음 결론에 이를 수밖에 없었다.

지금까지 우리 세계는 잘못된 방향으로 발전해 왔다. '좀 더 높은 차원'에서 방향 전환을 해야 한다. 이건 개인이 해결할 수 없다. 아니 해결하더라도 숱한 난관이 존재하고, 그것을 헤쳐 나가 마지막에 원하는 변화를 일구어 내려면 많은 사람들의 합심이 필요하다.

덤스터 다이빙과 우리 냉장고 안에 밀어닥친
새로운 플라스틱 더미

내 친구 마르틴은 작은 규모의 덤스터 다이빙* 그룹을 만들어서 우리 지역에 있는 대형 마트의 컨테이너 쓰레기통과 쓰레기장을 규칙적으로 꼼꼼히 뒤졌다. 운 좋은 날에는 아직도 충분히 먹을 수 있는 식품을 꽤 많이 구할 수 있었다. 마리아와 몇몇 자원봉사자도 함께 일했는데, 이들은 쓰레기통에서 구한 식품을 상하기 전에 필요한 사람들에게 나눠 주었다. 시간과 수고가 많이 드는 일이었다. 아무튼 우리 가족도 얼마간은 그런 식품을 감사히 받았던 수혜자였다. 그런데 그것 때문에 우리 집 냉장고는 내용물의 질과 양에서 당연히 변화가 생길 수밖에 없었다. 대형 마트에서 날마다 버려지는 수천 톤의 식품은 깨끗하게 포장을 벗겨 낸 뒤 퇴비로 쓰는 게 아니었기 때문이다. 그것들은 플라스틱, 알루미늄, 양철,

---

*   Dumpster diving. 대형 쓰레기통(dumpster)에 뛰어든다는 의미다. 대형 마트에서는 유통기한이 지났거나 상품 가치를 잃은 음식과 물건을 덤스터에 버리는데, 이런 쓰레기통을 뒤져 아직 충분히 먹을 수 있고 사용할 수 있는 것들을 찾아서 재활용하는 운동을 말한다. 오늘날 환경오염을 일으키는 생산과 유통, 소비의 시스템 문제를 경고하기 위해 시작되었다.

종이, 유리로 포장된 채 그냥 쓰레기통으로 직행했다. 그 때문에 덤스터 다이빙이 한창 열을 올리던 시기에는 갑자기 우리 집 냉장고에 갖가지 포장 상품이 가득했다. 예를 들면 테트라팩에 담긴 우유, 플라스틱으로 포장된 샐러드와 치즈, 소시지 같은 것들이었다. 과자나 빵, 케이크, 단것들도 마찬가지였다. 한편으로 아이들에게 가끔 예상치 못한 즐거움을 주기는 했다. 예를 들어 덤스터 다이빙으로 구한 식품들 가운데 아이들이 좋아하는 밀크초콜릿 같은 유제품(사실 난 실험 전부터 나름의 소신을 갖고 이런 제품을 사 주지 않았다)이 가끔 우리 냉장고에 있었기 때문이다. 하지만 다른 한편으로 이런 상황은 우리 가족 안에서 의구심과 토론을 불러일으켰다.

말레네가 말했다.

"이제는 안에 뭐가 들어 있든 상관없이 플라스틱으로 포장된 걸 모두 먹기로 했어요?"

말레네도 우리가 이 물건들을 마르틴에게 받았고, 이게 쓰레기통에서 구해 온 것이라는 사실을 당연히 알고 있었다. 그런데도 냉장고에서 이것들을 보자마자 화가 치민 모양이었다.

"저 안에 뭐가 있는지 알아요? 고기 봤어요? 저게 얼마나 학대하며 사육한 고기인지 몰라요? 저런 쓰레기를 먹는다고 그 사람들이 저렇게 엄청난 양의 음식을 버리는 걸 그만둘 줄 알아요?"

단단히 뿔이 난 말레네의 모습에 사실 나는 조금 어이가 없었다.

"나는 덤스터 다이빙 운동이 우리 플라스틱 실험과 비슷하다고 생각해. 우리 사회가 지금 얼마나 잘못된 방향으로 가고 있는지 보여 주는 좋은 수단 같거든. 이런 경제 형태는 하루라도 빨리 바꿔야 해. 완전히 잘못 굴러가는 경제 시스템이라고 생각해. 그 때문에 나는 이것들이 비록 플라스틱으로 포장되어 있고, 나라면 절대 사지 않을 물건이라고 해도 먹어야 한다고 봐."

하지만 말레네는 꿈쩍도 안 했다.

"그래요, 보여 주는 건 좋아요. 하지만 그보다는 차라리 구해 낸 식품을 들고 쉽게 버리는 우리 사회의 풍토에 맞서 날마다 시위를 하는 게 더 낫지 않아요? 예를 들면 대량 사육된 동물 고기를 플라스틱으로 포장한 소시지 같은 걸 들고요. 엄마가 쓰레기통에서 그것을 가져와 먹는다고 해서 절대 그게 적게 만들어지지는 않아요!"

기본적으로 우리 냉장고의 내용물에 대한 말레네의 비판은 마리아가 수년 동안 푸드 셰어링 경험을 바탕으로 만든 보고서 내용과 일맥상통했다. 그건 말레네도 잘 알고 있었다.

사실 우리가 덤스터 다이빙으로 구한 식품을 나누어 먹는다고 해서 식품 낭비 시스템과 정크 푸드를 생산하는 데서 근본적인 변화가 일어나지는 않을 것이다. 다만 이 모든 운동은 우리 사회 전반의 부조리와 폐단을 보여 주는 행위이자, 낭비의 실상을 구체적으로 드러내면서 그에 대한 관심을 불러일으키는 시도로 이해할 수 있다. 그런 만큼 나는 이런 행동에 일리가 있다고 여전히 확신한다. 물론 그게 본질적으로 문제를 해결할 수 없다는 것은 잘 알지만.

마르틴은 대형 마트의 몇몇 컨테이너와 쓰레기장에서 발견한 어마어마한 양의 식품에 대해 반복해서 내게 이야기해 주었다. 그러던 어느 날 나는 마침내 그와 함께 덤스터 다이빙 투어에 나서기로 마음먹었다. 어느 평일 저녁이었다. 우리는 어둠이 깔린 직후 대형 마트로 출발했다. 나는 좀 흥분되었다. 이런 식의 '식품 구조 운동'은 합법과 불법 사이를 오갔기 때문이다. 붙잡히면 어쩌나 하는 불안이 있었던 게 사실이다. 마르틴은 달랐다. 이런 일에 경험이 많은 백전노장답게 차분하기 이를 데 없었다. 그는 이렇게 말했다.

"마트 사람들은 이런 일에 별 관심이 없어요."

그건 마르틴의 말이 전적으로 옳았다. 우리는 배낭을 메고 자전거에다 가방까지 몇 개 실은 채 마트 주차장으로 갔고, 울타리 뒤에 자전거를 세워 놓은 뒤 헤드램프를 쓰고 물류 창고 쪽으로 갔다.

마침내 '쓰레기장' 문을 여는 순간 첫인상은 쓰레기하고는 별 상관없는 장소처럼 보였다. 그저 약간 뒤죽박죽으로 보관해 놓은 식품 창고 같은 느낌이었다. 크기는 우리 부엌보다 작았는데, 온갖 식품과 음료가 담긴 플라스틱 상자와 종이 상자가 수없이 쌓여 있었다. 나는 조금 당황해서 한순간 뻣뻣이 서 있었다. 이게 정말 전부 '쓰레기'일까?

"혹시 우리가 식품 창고에 들어온 건 아니죠?"

당혹스러움에서 풀려나자마자 마르틴에게 던진 말이었다. 그는 싱긋 웃으며 한마디 했다.

"대단하죠."

그사이 그는 벌써 온갖 채소와 오렌지, 망고가 담긴 상자를 샅샅이 훑기 시작했다. 처음 볼 때와는 달리 자세히 살펴보니 여기 있는 게 모두 성하지는 않았다. 종이 상자에 담긴 오렌지 망 다섯 개 가운데 최소한 두 개는 곰팡이가 약간 피어 있었다. 물론 나머지는 성했다. 마르틴은 망을 찢었고, 우리는 준비해 간 가방에 오렌지를 담았다. 기분이 아주 묘했다. 평소의 나는 생태적 신념 때문에 오렌지를 거의 사지 않았다. 어쨌든 아직 먹을 만한 오렌지가 대량으로 버려지고 있었다. 미친 짓이었다.

이건 시작에 불과했다. 이제 우리는 채소 상자를 뒤졌다. 상태를 살펴보니 버려진 채소의 90퍼센트는 당장 먹어도 이상할 것이 없어 보였다. 나는 그날 저녁 첫 위기에 부딪쳤다.

"이걸 전부 갖고 갈 방법은 없어요. 그러려면 화물차라도 한 대 있어야 할 것 같아요."

"오늘은 특히 많네요. 아마 저 사람들이 일주일에 한두 번은 철저하게 치우나 봐요. 어쨌든 이걸 전부 가져갈 수는 없어요. 대개 쓰레기 컨테이너에도 우리가 들고 갈 수 있는 것보다 많지만, 오늘은 정말 뭘 골라야 할지 모를 정도네요."

"전화로 사람을 더 불러야 하지 않을까요?"

내가 약간 절망한 채 물었다.

"여기 있는 것만 해도 네댓 가족이 일주일은 충분히 먹을 수 있을 것 같은데."

정말 이해가 안 되는 일이었다. 모든 상품은 처음 포장된 상태 그대로였다. 그중에는 유통기한이 아직 지나지 않은 것도 있었지만, 벌써 여기 쓰레기장에 처박혀 있었다. 마르틴은 반드시 유통기한이 지나야만 버리는 것이 아니라 보통 며칠 전에 미리 골라서 버린다고 했다. 이왕 버릴 거면 환경을 생각해서 포장을 벗기고 내용물을 꺼낸 뒤 음식물 쓰레기로 버릴 수도 있을 텐데 그런 수고조차 하기 싫은 모양이었다.

그사이 내가 갖고 있던 허상이 깨졌다. 낭비는 체계적으로 이루어지고 있었다. 그건 여기서 분명히 알 수 있었다. 오스트리아의 다른 마트들도 양에서 차이가 있을지언정 전체적으로 비슷하게 돌아가고 있을 거라는 생각이 들자 나는 등골이 오싹했다. 지금껏 생산되는 식품의 3분의 1이 쓰레기통으로 버려진다는 사실을 책에서만 읽고 실감하지 못했는데, 바로 이곳이 생생한 증거였다. 상품을 꼼꼼히 조사해 보니 유통기한이 넘은 것은 거의 없었다. 날짜를 읽을 수 있는 상품은 대부분 유통기한까지 아직 하루에서 사흘이 남아 있었다. 이건 정말 큰 문제였다.

나는 집에 돌아와 첫 덤스터 다이빙 투어에서 건진 식품들을 하나둘 챙겨 넣으면서 내가 목격한 낭비의 엄청난 규모 때문에 쉬이 마음이 진정되지 않았다. 그러다 결국 이런 상황이 일반적으로 어떻게 진행되고 있는지 조사하기 시작했다. 첫 숫자부터 충격적이었다. 세계적으로 생산된 식품의 3분의 1이 쓰레기통에 버려지고 있었다. 유럽연합에서는 1인당 1년에 평균 173킬로그램의 식품이 쓰레기가 되었다. 독일에서는 매년 1,100만 톤의 식품이, 오스트리아에서는 약 80만 톤이 버려졌다.

주된 원인은 대략 세 가지로 정리된다. 소비자들의 계획적이지 않은 장보기 습관, 겉으로 보기에 상품성이 떨어진다는 이유로 식품을 버리는 관행, 그리고 유통기한을 지나치게 엄격하게 적용하는 것이다. (참고로 유통기한은 생산자가 제품의 안전성을 책임지고 보증하는 기간일 뿐 상품의 실질적인 보관 기한을 말하는 것이 아니다.) 유럽에서 버려지는 식품의 53퍼센트는 개인 가정에서 나온다. 그러니까 일반 가정에서는 구매한 식품의 4분의 1을 먹지 않고 버린다. 그중 상당수는 포장도 뜯지 않은 상태이고, 심지어 유통기한이 지나지 않은 것도 많다. 그 밖에 버려지는 식품의 30퍼센트는 농장이나 생산자에 의해 버려지고, 12퍼센트는 음식점에서, 5퍼센트는 상점에서 버려진다. 정말 미친 짓이다! 그런데 더 나쁜 것이 있다. 이러한 믿기 어려운 작태가 낳은 생태학적 결과가 그렇다. 면밀히 들여다보면 식품 낭비만으로 해마다 추가로 배출되는 이산화탄소의 양은 3.3기가톤이나 된다. 그와 함께 이런 잘못된 식품 관리는 기후에 해로운 이산화탄소를 만들어내는 데 세 번째로 큰 원인이다. 버려지는 식품 때문에 생기는 물 소비와 토양 오염은 차치하고라도 말이다. 그런데 이보다 더 나쁜 것은 또 있다. 육류와 동물성 식품의 환경 결산표가 그렇다. 왜냐하면 동물 사육은 그 자체로 전체 온실가스 배출에서 4분의 1 정도를 차지하고, 고기 1킬로그램을 생산하는 데 최대 16킬로그램의 사료가 필요하기 때문이다. 물고기도 충격적이기는 마찬가지다. 생선 1킬로그램을 얻기 위해 잡혔다가 죽은 채로 다시 바다에 버려지는 해양 동물은 평균 10킬로그램이나 된다. 이렇게 보면 고기와 동물성 식품을 버리는 것은 이런 미친 짓의 클라이맥스다. 나는 이 문제를 조사하면 할수록, 그리고 세계적인 맥락 속에서 이 문제의 규모를 파악하면 할수록 절망과 분노가 점점 커져 나갔다. 육류와 동물성 식품은 이미 그 자체로 대규모 식품 낭비라고 해도 무방했다. 최소한 그것들이 판매되고 소비되는 양을 보면 말이다.

이런 것들을 생각하면 나는 눈물이 쏟아질 지경이다. 이 모든 것의 배후에 도사리고 있는 인간의 어리석음과 무분별함, 극도의 무지 때문이었다. 물론 그렇다고 이대로 물러설 생각은 없었고, 이게 감당하지 못할 만큼 큰 문제라는 감정에만 빠지고 싶지 않았다. 나는 앞으로도 어떻게든 우리 집 냉장고를 절반만 채우고 살 것이고, 일상생활에서 버리는 음식이 나오지 않도록 노력할 것이고, 음식점에서도 음식량을 줄여야 한다고 계속 소리칠 것이고, 내게 꼭 필요한 물건이 아니라면 2+1 제품을 집어 들지 않을 것이고, 다음번 덤스터 다이빙 투어에서는 기꺼이 붙잡혀 대형 마트의 쓰레기통과 쓰레기장에서 어떤 미친 짓이 일어나고 있는지 사람들에게 낱낱이 알릴 것이다.

하지만 이것만으로는 충분해 보이지 않는다. 나는 더 많은 것을 해야 한다고 느꼈다. 나 자신이 할 수 있고, 지금까지 해 온 대로 하는 데서 그치지 않고 그 이상을 하고 싶었다. 예전에 할머니는 늘 이렇게 말씀하셨다. 냉장고에 있는 것부터 먹어야 한다고, 그것도 빨리 먹어야 할 것부터 먹어야 한다고. 지금은 어떤가? 그런 현명한 식습관을 누가, 혹은 무엇이 완전히 바꾸어 놓았는가?

왜 우리는 삶의 토대를 파괴할 만큼 터무니없이 식품을 낭비하고 있는가? 우리의 생존에 가장 중요한 음식을 말이다.

'공짜 가게'로 물건의 수명 연장하기

1970년대와 80년대의 내 유년기와 청소년기는 옷을 무척 아끼던 시절이었다. 개인적으로 보면 그때 나는 이따금 '결핍감' 같은 것을 느끼곤 했다. 김나지움에 다닐 때 몇몇 친구들이 새 옷을 자주 입고 오거나, 심지어 유명 브랜드 옷을 입는 것을 보면서였다. 우리는 크리스마스나 생일처럼 특별한 날에만 새 옷을 받을 수 있었다. 물론 나는 그런 결핍감을 다른 방식으로 채웠다. 그러니까 중고 가게를 이용하거나, 헌 옷을 기워 새 옷으로 만들어 입거나, 아니면 헌 옷에 독특한 변화나 포인트를 주는 방식이었다. 80년대에는 레깅스에다 헐렁한 윗옷을 입는 것이 뭔가 세련된 느낌을 주었는데, 그때 나는 아빠의 옷장을 자주 넘봤다. 아빠가 외출을 하면 곧장 아빠 옷장으로 달려가 헐렁한 스웨터나 셔츠를 꺼내 입었다.

나는 그런 식으로 옷에 돈을 거의 쓰지 않았고, 그러면서도 유행에 뒤지지 않으면서 십 대 시절을 무사히 넘길 수 있었다. 그러다 전환점이 찾아왔다. 내 의류 소비에서 첫 번째 중요한 경험이었다. 1994년 그라츠에 H&M이 처음 문을 열었다. 내가 물리치료사로 일하면서 월급을 받기 시작한 때와 겹쳤다. 그전에는 만져 보지 못한 제법 큰돈이 갑자기 내 수중에 들어온 시기에 세련되면서도 저렴한 옷을 파는 H&M이 우리 도시에 우연히 첫 선을 보인 것이다. 돌아보면 '정말 재앙 같은 조합'이었다. H&M을 나설 때마다 양손에 새 옷이 가득 든 쇼핑백을 들고 있었다. 물론 그래봤자 그전에 내가 첫 월급을 받고 처음 산 유명 브랜드 청바지보다는 저렴했다. 어쨌든 그렇게 옷을 마음껏 사고 나면 그 순간만큼은 정말 찢어지게 기분이 좋았다. 어떻게 그럴 수가 있는지, 또 이 옷들은 어째서 그렇게 싸게 팔리는지에 대해서 그땐 전혀 궁금해하지 않았다. 아무튼 그로써 어찌 보면 나 스스로 선택한 것이 아니었던 의류 절약 습관이 일시적으로 끝나고 말았다. 나는 여전히 중고 가게에 들르는 걸 좋아했지만 그 뒤 몇 년 동안은 정말 싸구려 새 옷을 많이 샀다. 게다가 입지 않는 옷을 정리하거나 버리는 것을 어려워하는 성격이어서 나중에는 그 많은 옷을 보관할 데가 없어 애를 먹기도 했다.

두 번째 전환점은 1996년 우리의 첫아이 사무엘이 태어나면서 찾아왔다. 그때 나는 옷을 만드는 과정에서 어떤 화학물질을 쓰는지에 점점 관심을 기울이기 시작했다. 사실 표백제나 색소, 중금속, 가소제 같은 것들에 대해 예전에는 별 관심이 없었다. 하지만 이제는 새로 태어날 아이를 화학물질에 노출시키고 싶지 않았다. 그래서 임신 기간 동안 처음으로 유기농 의류를 열심히 알아보았다. 그중에는 산모의 가슴을 두근거리게 하는 멋진 물건들이 많았다. 예를 들면 표백제를 넣지 않고, 자연 색소를 쓰고, 유해 물질이 없는 유기농 면이나 천 같은 것들이었다. 그런 만큼 가격은 꽤 비쌌다. 결국 나는 마음에 드는 배내옷만 두 벌 샀다. 직장 동료가 막 한 돌이 지난 아들이 예전에 썼던 유기농 옷가지를 몇 벌 챙겨 주었을 때는 고마운 마음으로 받았다. 조사를 계속하면서 중고 옷이 유해 물질 문제에 좋은 해결책이 될 수 있음을 깨달았다. 중고 옷은 여러 번 빠는 과정에서 유해 물질이 대부분 씻겨 나가기 때문이다. 어쨌든 나는 이것으로 신생아 옷에 돈을 쓰지 않아도 되었을 뿐 아니라 태어날 아이를 위해 선물을 준비하고 있던 친척들에게 비싼 새 옷 말고 중고 옷을 사 달라고 당부할 결정적인 논거를 찾았다. 내가 말한 요지는 이랬다.

"우리 아이 피부에 독을 묻히고 싶지 않아요!"

이 논거로 태어날 손자에게 멋진 선물을 해 주려고 단단히 벼르고 있던 할머니들조차 어느 정도 말릴 수 있었다. 다만 부득이 새 옷을 사야 할 경우에는 베이비 유기농 상점으로 보냈다.

그런데 사무엘이 태어나기 직전 나는 다시 과잉의 늪에 빠졌다. 내가 우리 첫아이를 위해 주로 중고 아기 옷만 쓰려고 한다는 소문이 지인들 사이에서 급속히 퍼졌기 때문이다. 그 뒤 우리 집에는 선물 받은 옷 때문에 아이 두세 명은 넉넉히 입히고도 남을 옷이 쌓이게 되었다.

나중에는 아동복 교환 장터까지 열었다. 이 장터는 우리 세 아이가 십 대가 될 때까지 이어졌는데, 그 덕분에 유해 물질로 인한 피해를 줄였을 뿐 아니라 돈도 아낄 수 있었다.

여기서 변화의 계기는 '건강한' 의류에 대한 관심이었다. 돈과 자원을 절약하는 것은 기분 좋은 부수 효과였다. 그런데 이 문제는 2009년 우리가 플라스틱을 포기하기 시작하면서 다시 새로운 측면으로 확장되었다. 그때 우리는 비옷을 비롯해 합성수지로 만든 옷가지를 몇 벌 계속 갖고 있기로 했지만, 최소한 앞으로는 합성수지로 만든 새 옷을 사지 않기로 마음먹었다. 다만 플라스틱 포장과 마찬가지로 단순히 상품 재료만 바꾼다고 해서 생태적 사회적 문제가 근본적으로 해결되는 것은 아니라는 점은 여기서도 다시 확인할 수 있었다.

중고 의류, 풍성한 옷장으로 가는 두 번째 길

내 친구 메를레는 수년 전부터 가톨릭 봉사 단체 카리타스에서 일을 하고 있는데, 거기서도 주로 중고 옷을 파는 카를라 상점을 맡았다. 나는 우리 사회에 널리 퍼져 있는 과잉의 규모에 대해 메를레가 설명할 때마다 매번 충격을 받았다. 카를라 상점에서 파는 옷은 카리타스 단체에 맡겨진 의류 중에서 극히 일부에 지나지 않았다. 전체 양은 그중 상당 부분을 결국 버려야 할 정도로 엄청났다. 게다가 카리타스가 맡은 것도 전체 거래되는 중고 의류의 일부일 뿐이었다. 그렇다면 의류 낭비의 전체 규모는 오스트리아 하나만 보더라도 상상할 수 없을 만큼 어마어마했다. 메를레 자신도 옷을 대부분 카를라 상점에서 조달했다. 우리는 '새' 옷에 대한 우리의 수요를 미래에는 어떻게 윤리적이고 생태적으로 올바르게 충족시킬 수 있을지 거듭 토론을 벌였다.

싸구려 옷만 찾다 보니 내 옷장은 여전히 옷으로 가득했다. 남편은 그런 나를 보고 그 정도 옷이면 앞으로 30년은 너끈히 입고도 남을 거라고 놀리곤 했다. 사실 옷과 관련해서 남편은 정말 흠 잡을 데 없는 모범생이었다. 한번 티셔츠를 입었다 하면 내가 몰래 버려야 할 때까지 마르고 닳도록 입었으니까 말이다. 남편은 새 옷 사는 걸 마치 자신이 무슨 잘못을 저질러 벌을 받는 것처럼 여겼다. 하지만 나는 좋아하는 스타일로 입고 싶은 욕구를 버리고 싶지도 않았고 버릴 수도 없었다. 그런 점에서는 친구 자비네도 무척 비슷했다. 우린 옷 치수뿐 아니라 취향까지 상당히 비슷해서 플라스틱 실험 첫해에 벌써 서로 옷을 교환할 아이디어를 냈다.

마침내 나는 기초의원 활동의 하나로 우리 지역에 먼저 '의류 공동 창고'를 선보이고, 그와 함께 공짜 가게의 아이디어를 이웃 지역까지 전파할 생각을 갖게 되었다. 이 생각이 불씨가 되어 녹색당 지역 모임의 동료들과 함께 의류 교환 장터를 만드는 데 합의했다. 이 장터는 공짜 가게와 같은 원칙으로 운영하는데, 차이가 있다면 오후에만 연다는 것이다. 누구나 옷을 가져오거나 가져갈 수 있었고, 그냥 들러 구경만 해도 상관없었다. 돈이 오가는 일은 없었다. 우리는 낭비에 대한 경각심을 일깨워 줄 뿐 아니라 돈을 지불하지 않은 물건에도 가치가 있음을 보여 주고 싶었다. 그런 차원에서 우리는 장터 한쪽에 자리를 마련해 놓고 다큐멘터리 〈버리기 유행—프라이마크* 원칙〉을 틀어 주었다.

2014년 초 다목적용 강당에서 열린 첫 의류 교환 장터는 시작부터 문전성시를 이루었다. 처음엔 사람들이 옷을 너무 많이 가

---

* Primark. 영국의 패션 체인점. 유럽에서 유행하는 의류를 박리다매로 판매해 큰 성공을 거둔 기업이다.

져가면 어쩌나 걱정이 앞섰는데, 끝나고 보니 오히려 옷이 많이 남아 차 두 대에 실어 카리타스 사무실로 옮겨야 했다. 의류 교환 장터는 그 뒤 몇 년 동안 점점 인기를 얻었고, 참여하는 사람들도 계속 늘어났다. 나는 이 행사가 늘 기다려졌다. 그사이 새 옷에 대한 욕구를 거의 전적으로 이 장터의 물건으로 해결했기 때문이다. 그건 내 아이들도 마찬가지였다. 특히 말레네는 완전히 열광적인 팬이 되었다. 처음엔 중고 옷을 입는 것에 상당히 회의적인 태도를 보였던 레오나르트조차 이제는 관심을 보였다. 계기는 누나가 동생을 위해 몇 유로에 산 파란색 아디다스 후드티였다. 헌 옷이라는 느낌이 전혀 나지 않는 거의 새 옷이었다. 레오나르트는 아이들 중에서 브랜드 의류를 가장 선호했다. 하지만 우리 집에서는 그런 의류를 새 것으로 사 주지 않는다는 걸 잘 알고 있었다. 그러다 보니 1년에 두 번 규칙적으로 열리는 의류 교환 장터는 우리 가족에겐 언제나 반가운 이벤트였다. 이 장터의 성공에는 또 다른 긍정적인 효과가 있었는데, 그건 몇 년이 지난 뒤에 나타났다.

공짜 가게

우리 지역과 이웃한 그라트코른 출신의 마리아는 2013년에 내 책을 읽고 퍽 고무되었다. 그녀도 불가능해 보이는 것들에 대해 도전하는 것을 마다하지 않는 성향이기 때문이다. 우리 두 사람은 플라스틱을 쓰지 않을 수많은 가능성에 대해 이야기하면서 곧장 다음 문제를 지적했다. 우리의 전체 경제 시스템은 물건이 쉽게 고장 나거나, 아니면 아직 말짱하더라도 그냥 새것으로 바꿔야 하는 소비문화에 뿌리를 두고 있다는 것이다. 이것과 관련해서 마리아는 우리가 처음 만났을 때 자신이 몇 주 전부터 고민해 온 아이디어를 이야기했다. 기증받은 옷과 가재도구, 책, 그 밖의 자잘한 물건을 모아 공짜 가게에 무료로 전달하겠다는 것이다. 나는 이 아이디어에 금방 빠져들었다. 이거야말로 생태적 사회적 요구와 경제 시스템의 완벽한 조합처럼 보였다. 잘만 된다면 우리 사회의 과잉 문제와 변화의 필요성을 생생하게 보여 줄 수 있을 것 같았다. 적당한 장소도 성당 안에서 곧 찾아냈다. 하지만 사목회의의 최종 확답을 얻기까지는 몇몇 장애물을 넘어야 했다. 우선 이 사업에 대한 의구심을 제거해야 했다. 그중에서도 특히 영리와 상관없는 사업임을 법적으로 명확히 밝히는 것이 필요했다. 그건 크게 문제가 되지 않았다. 공짜 가게를 돈 한 푼 없이 운영하는 것이 우리의 실제 목표였으니까 말이다. 준비를 하면서 기증받은 물품들 가운데 적당한 것을 찾는 데 무척 많은 시간이 걸렸다. 그리고 우리는 공짜 가게 홈페이지와 페이스북 사이트를 열었다. 공짜 가게에 물건을 채우는 데는 어려움이 없었다. 사전에 많은 기증품이 들어왔기 때문이다. 게다가 나는 그사이 녹색당 동료들과 의류 교환 장터를 여러 번 열었는데, 마리아는 행사에서 남은 옷이 있으면 차에 가득 실어 가져가기도 했다.

말레네의 스키복

말레네는 어릴 때부터 옷에 대해 별로 까다롭지 않았다. 언젠가부터 여자애 옷을 거부하더니 대신 오빠가 너무 작아서 못 입는 옷을 열심히 입고 다녔다. 그건 스키 장비나 스키복도 마찬가지였다. 모두 오빠 것을 물려받았다. 그런데 말레네가 열다섯 살 생일 직전에 새 스키복이 필요하다고 했을 때 갑자기 상황이 바뀌었다. 자기가 입을 스키복은 여성용이어야 하고, 게다가 최신 유행에도 뒤지지 않아야 한다고 요구하고 나선 것이다. 말레네는 요구를 하기 전에 이미 플라스틱이 포함되지 않고 지속 가능한 방식으로 생산한 스키복을 어디서 구할 수 있는지 고민한 모양이었다. 의류 교환 장터에 꾸준히 참여하면서 방글라데시와 인도, 중국 같은 지역의 끔찍한 생산 환경에 관심이 많았던 아이라 플라스틱이 들어가지 않은 공정 무역 스키복이나 중고 플라스틱 스키복 중에서 하나를 고르고 싶어 했다. 이건 별로 어려울 것 같지 않았다. 하지만 유행에 뒤지지 않은 세련된 스타일에 대한 요구가 얹어지자 갑자기 우리 앞에 거의 해결할 수 없는 난제가 던져진 듯했다. 우리는 일단 주변 지인이나 몇몇 중고 가게에서 중고 플라스틱 스키복을 찾기 시작했고, 그러다 일주일 만에 공짜로 받거나, 싸게 살 수 있는 적당한 스키복을 다섯 벌 찾아냈다. 말레네는 큰 관심을 보였지만, 막상 스키복을 보면 마음에 들지 않는 눈치였다. 어떤 건 스타일이 후졌다, 어떤 건 색상이나 무늬가 마음에 안 든다는 것이다. 나는 그러는 말레네를 몰아붙일 생각이 없었다. 기본적으로 나는 그 나이에 벌써 환경을 생각해서 의식적으로 친환경적인 스키복을 고르려고 노력하는 딸아이가 무척 대견했기 때문이다. 그런데 그 뒤 몇 주 동안 그라츠를 비롯해 주변 일대의 중고 가게를 다 뒤지다시피 했는데도 적당한 것을 찾지 못했고, 그 과정에서 말레네가 약간 좌절하는 눈치까지 보이자 나도 인내의 한계에 다다라 이렇게 말하고 말았다.

"어쩔 수 없지 뭐. 중고를 포기하고 플라스틱이 들어가지 않은 공정 무역 스키복을 찾아보자."

말레네는 내 말에도 회의적이었다.

"엄마, 그렇지 않아도 벌써 인터넷으로 찾아봤지만 그런 건 없어요."

나는 믿기지 않아 직접 찾아 나섰다. 말레네 말이 맞았다. 우리 기준에 맞는 스키복은 어디에도 없었다. 스타일 면에서 말레네 마음에 드는 스키복이 몇 개 있기는 했지만, 그중 어느 것도 공정 무역 상품이 아니었다. 그걸 차치하더라도 재질을 보면 오래 입을 수 없을 것 같았고, 방수도 제대로 되지 않았다. 말레네는 스노보드를 타기 때문에 직접 눈과 접촉할 시간이 많아서 방수가 안 되는 제품은 좋은 선택이 아니었다. 게다가 300~500유로 사이를 오가는 가격도 너무 비쌌고, 열다섯 살 나이에 벌써 키가 나만 한 말레네가 앞으로 조금 더 클 거라는 점을 고려하더라도 어쨌든 이 상품들은 고민할 필요조차 없어 보였다.

11월 초부터 시작한 스키복 찾기가 1월 말이 돼도 성과가 없자 나도 이제 지쳐 버렸다. 계획된 스키 휴가는 3주밖에 남지 않았다. 말레네도 이제는 기운이 빠졌는지 성과가 없는 것을 계속 찾느니 차라리 오빠가 입던 스키복을 입겠다고 했다. 2014년 2월 초가 말레네의 열다섯 번째 생일인 데다 작년 크리스마스 선물로 스키복을 사 주기로 약속한 터라 이번 생일을 그냥 넘어가려니 엄마로서 가슴이 아팠다. 결국 딸아이 생일 직전에 우리 원칙을 어기기로 마음먹고 토요일 아침을 먹으면서 정말 이례적인 말을 했다.

"말레네, 아침 먹고 엄마랑 스키복 사러 가자. 어디서 생산되었는지, 어떤 소재로 만들었는지 따지지 말고 그냥 네 마음에 드는 걸로 골라. 단 150유로 안에서."

스키용품점에는 시즌이 지나가는데도 믿기 어려울 만큼 많은 스키복이 걸려 있었다. 게다가 많은 제품을 할인해서 팔고 있는 것은 반가운 일이었다. 매장을 둘러보던 말레네는 몇 분 만에 마음에 드는 모델을 찾아내더니 잠깐 입어 보고는 바로 사겠다고 결정했다. 분홍색과 초록색 줄이 하나씩 사선으로 들어간 검정 재킷이었다. 내 스타일은 아니었지만, 말레네는 무척 만족스러워했다. 더구나 가격도 괜찮았다. 원래 90유로 가까이 했는데, 지금은 40유로가 채 되지 않았다. 나는 그 지겨웠던 과정이 이제야 끝나는구나 싶어 무척 기뻤다. 그런데 계산을 하러 가는 중에 말레네는 마지막으로 다시 한 번 망설였다. 소신과 다른 행동을 하는 것에 대한 도덕적 의구심이었다. 한편으로 딸아이가 기특하기도 했지만, 다른 한편으로는 이제 열다섯 살밖에 되지 않은 아이가 생애 처음으로 새 스키복을 선물 받으면서 그런 생각까지 해야 하는 것에 화가 나기도 했다. 그건 아이들을 비판적 시선으로 교육시켜 온 결과였다. 아무 생각 없이 무분별하게 소비해서는 안 된다고 늘 가르쳐 온 것이다. 어쨌든 나는 나중에 이게 맞지 않으면 남에게 주면 된다는 말로 딸아이의 도덕적 의구심을 일시적으로

누그러뜨릴 수 있었다.

어디서나 볼 수 있는 상품의 과잉, 어떻게든 소신에 맞는 상품을 찾으려는 진 빠지는 과정, '올바른' 결정을 내리려는 말레네의 진지한 노력과 의구심을 내팽개치고 그냥 마음에 드는 것을 사라고 설득한 나, 재고 떨이로 파는데도 팔리지 않고 남는 무수한 스키복… 여기서 이런 의문이 든다. 재고 떨이로 팔고 난 뒤에도 남는 스키복은 어떻게 될까? 중국에서 들여온 스키복은 어떻게 40유로밖에 하지 않을까? 얼마 전 나는 대학의 한 강연에서 전 세계적으로 1년에 생산되는 티셔츠가 80억 벌이라는 이야기를 들었다. 스키복은 얼마나 될까? 그중에서 소비자의 선택을 받지 못하고 쓰레기가 되는 것은 또 얼마나 될까? 이런 질문들이 솟구쳤지만 사실 나는 그 답을 세세히 알고 싶은 마음이 없었다. 왜냐하면 매우 잘못된 방향으로 흘러가는 우리의 시스템 속에서 무언가 올바른 결정을 내리는 것이, 좀 더 정확히 말해서 과잉과 낭비로 이윤을 얻는 이 시스템에서 지속 가능성과 근검절약을 추구하는 것이 얼마나 지난하고 수고스러운 일인지 이번 경험으로 더욱 명확히 깨달았기 때문이다. 다만 내가 여전히 공짜 가게를 운영하고 있고, 사회적으로 공정하고 생태적으로 지속 가능한 조건에서 생산되는 옷도 점점 많아지고 있다는 사실로 스스로를 위안했다.

그럼에도 이 질문들은 나를 놓아 주지 않았다. 아니, 오히려 나는 이 질문들과 점점 더 자주 마주쳤다. 그것도 거의 모든 삶의 영역에서. 이제는 마치 우리의 실험으로 불러낸 그 정신을 다시는 병속에 도로 집어넣을 수 없을 것 같은 느낌이 더욱 강하게 들었다.

3부
해결책

실험에서 운동으로, 이웃과 함께

플라스틱 실험 초기에 우리는 수도 없이 많은 플라스틱 제품을 다른 소재 제품으로 바꾸는 데 혼신의 노력을 기울였다. 어떤 난관에도 굴하지 않겠다는 투지로 충만하던 시절이었다. 그러다 수년이 지나면서 전반적으로 소비를 줄이고, 모든 형태의 일회용 소비재를 쓰지 않는 쪽으로 차츰 초점이 옮겨 갔다.

나는 내 블로그 플라스틱 없는 집의 독자나 강연회 청중들이 모든 물질의 사용과 재사용, 재활용과 관련해 많은 의문과 불안을 갖고 있는 것을 알게 되었다.

종이를 생산하려면 나무를 소비해야 된다. 재생지는 유해 물질과 중금속이 남아 있을 때가 많고, 유리는 생산과 재활용 과정에서 에너지를 많이 쓰는 데다 무겁다는 단점이 있으며, 바이오플라스틱은 원료로 식품을 자주 사용하고, 알루미늄은 생산과정에서 엄청난 양의 에너지를 쓸 뿐 아니라 엄청난 양의 독성 쓰레기를 만들고 거기다 건강에 해로운 온갖 문제까지 일으킨다는 의심을 받는다. 이처럼 우리가 물질과 관련해서 몰랐던 사실은 많다. 심지어 재활용 유리에도 모든 과학적 평가들에 역행하는 끈질긴 소문이 따라다닌다. 재활용 유리의 생태 결산표가 씻는 과정 때문에 오히려 일회용 플라스틱보다 더 나쁘다는 것이다.

어떤 물질을 다른 물질로 무작정 바꾸는 것은 오히려 상황을 쉽게 악화시킬 수 있다. 우리가 지금 소비하거나 사용하는 모든 물건 중에서 지난 50년 동안 진행되어 온 과잉 상태에서 자유로운 것은 없기 때문이다. 결국 지금 점점 심각해지고 있는 기후 위기는 낭비적 소비와 낭비 경제의 위기이기도 하다.

이와 함께 나는 본질적인 지점에 이르렀다. 내가 플라스틱과 관련한 조사를 하면서 늘 관심을 가졌고, 나를 매우 중요한 깨달음으로 이끌어 준 지점이다. 원칙에서 본다면 '좋은' 또는 '나쁜' 물질은 없다는 것이다. 핵심은 우리가 그 물질을 어떻게, 무엇을 위해, 특히 얼마만큼 사용하는지, 그리고 그게 더 이상 원래의 목적을 상실하면 그것을 어떻게 처리하느냐 하는 것이다. 만일 100퍼센트 유해 물질이 없는 플라스틱이 존재할 수 있다면, 게다가 그게 완벽하게 재활용되거나 여러 번 다시 쓴다는 확실한 보장만 있다면 그것에 반대할 이유는 전혀 없다. 그리고 내가 가끔 치즈를 살 때 가져가는, 벌써 25년 넘게 쓴 낡은 알루미늄 통도 분명 문제가 없다. 문제는 다른 데 있다. 오늘날에는 25년이나 쓰도록 만들어지는 것은 거의 없고, 설사 그렇게 수명이 길다고 하더라도 사람들이 그만큼 오래 쓰지 않는다는 것이다.

정리하면 이렇다. 아직 세계적으로 완전하게 합의한 것은 아니지만, 만일 현재의 기후 위기와 점점 증가하는 환경 파괴, 생활 공간의 파괴가 우리의 생존을 위협하는 본질적인 문제라는 것이 사실이라면 해결책은 어쨌든 우리가 무분별하게 사용하는 어떤 특정한 물질을 기피하는 데 있는 것이 아니라 모든 형태의 물질과 에너지를 아끼고 지혜롭게 쓰는 데 있다.

우리는 날마다 제대로 장을 보기 위해 과학적 연구 결과를 참고할 필요는 없다. 심지어 나는 가끔 이런 느낌까지 든다. 단순한 차이를 넘어 부분적으로 완전히 상반된 결과를 내놓는 연구 결과들이 오히려 혼란을 부추기고, 그로써 결국 사람들에게 어차 피 뭐가 좋은지 나쁜지 모른다면 굳이 노력할 필요가 있겠느냐는 생각을 불러일으킨다는 것이다. 여기엔 낭비 시스템으로 이익을 보는 사람들의 이해관계가 중요한 구실을 하는 것이 분명하다. 물질의 낭비는 그게 어떤 형태가 되었건 결코 좋은 것이 아니라는 사실은 건강한 상식을 가진 사람이라면 누구나 느낀다. 게다가 그건 기후 위기와 종의 대량 멸종, 그리고 그에 따른 심각한 결과들을 봐도 알 수 있다.

인간이 수천 년 전부터 써 온 나무와 유리, 진흙, 돌 같은 물질이 화학적으로 생산된 물질이나 비교적 얼마 전부터야 포장 물질로 폭넓게 쓰고 있는 알루미늄보다 건강을 위협하는 성분이 훨씬 적다는 사실은 분명하다. 그런데도 우리는 일상에서 그런 것들을 항상 기피할 수 없고 기피하려고도 하지 않는다. 원칙으로는 그게 분명 이성적인 행동일 텐데 말이다. 그렇다, 우리 인간은 그런 존재이고, 근본적으로 완벽함과는 거리가 멀다. 그런 존재가 만든 구조나 시스템도 결코 완벽할 수 없고, 그런 결함 있는 시스템 때문에 개인의 지속 가능한 행동은 더욱 힘들어진다. 이런 시스템과 구조를 깨뜨리기 힘든 이유는 여럿이다. 그중에는 내가 보기에 다음 사실도 빼놓을 수 없다. 인간은 원래 '습관의 동물이자 무리 동물'이고, 진화적으로 편한 것을 좇도록 설정되어 있어 변화자체가 무척 어렵다는 것이다. 게다가 낭비 사회의 직접적인 결과가 우리 눈에 보이지 않는 것도 한 가지 요인이다. 쓰레기 폐기 시스템은 잘 돌아가고, 국제적으로 재활용 비율은 꽤 높게 나타나고, 공장 매연과 오폐수는 여과 과정을 거쳐 배출되고, 미세먼지는 맨눈으로는 보이지 않으며, 기후 위기와 종의 멸종은 소리 없이 진행되고 있고, 실제로 나쁜 결과는 주로 다른 대륙에서 일어나고 있다. 이런 이유로 많은 사람들은 지금이 낭비 경제를 끝낼 적기라는 사실을 여전히 제대로 인식하지 못하고 있다. 더구나 이런 시스템으로 경제적 이득을 보는 사람이 너무 많고, 이들은 지속 가능한 경제로 나아가는 필수적이고 진지한 발걸음을 가로막고 있다.

나는 우리 시스템 안에 존재하는 낭비를 부추기는 동력이 우리 가족에게 어떤 영향을 끼쳤고, 우리는 그 과정에서 어떤 대안들을 발견했는지 구체적으로 몇 가지 예를 들어 가며 보여 주고 싶다. 또한 우리가 어느 지점에서 가로막혔는지 설명하면서 오직 참여만이, 경제와 정치에 대한 압력만이, 마지막으로 올바른 정치적 결정만이 변화를 불러올 수 있음을 명쾌하게 드러내고 싶다.

더 이상 실험이 아니다

오랫동안 우리한테서 떠나지 않은 질문이 있었다.

"우리만 이런다고 뭐가 바뀔까?"

그건 플라스틱 기피와 자동차 덜 타기 실험뿐 아니라 최대한 지속 가능하게 살려고 애썼던 다른 많은 삶의 영역에서도 그랬다.

물론 의구심이 들어도 나 자신은 확고했다. 실험을 시작한 지 1년 반쯤 지나자 그건 내게 더 이상 실험이 아니라 우리의 새로운

자연에 쓰레기를 버리는 습관은 오스트리아에서도 쉽게 볼 수 있다.

자연 속 쓰레기 줍기 행사에서 가장 자주 발견되는 것은 일회용 음료수 용기다.

커피도 손으로 갈아 먹자. 힘만 조금 쓰면 된다. 쓰레기도 안 나오고 풍미도 좋다.

가족과 자연만큼 질리지 않는 건 없다.

텃밭에서 하는 노동은 살아 있는 생물 수업 시간이다.

지인이 직접 만든 데오도란트. 다 쓰고 나면 다시 채울 수 있다.

일회용 화장솜 대신 씻어서 다시 쓸 수 있는 낡은 아마천으로도 화장을 지울 수 있다.

페터가 낡은 자전거로 전기를 생산하고 있다.

포장 쓰레기 없는 상점에서 다른 방식으로 장보기

혁신적인 아이디어.
필요한 것을 원하는 만큼
준비해 간 용기에 담아 갈 수 있다.

지역의 친환경 상점에서 장을 보면
질이 좋은 물건을 살 수 있을 뿐
아니라 마음도 편해진다.

생활 방식이 되었다. 포장 없이 장을 보려고 일터로 가는 길에 늘 천 바구니 몇 개에 종이봉투와 빈 통, 유리병을 챙겨 가는 것이 일상이 되었다는 말이다. 우리 마을의 작은 슈퍼마켓에서도 내가 가져간 스테인리스 통에다 치즈를 담거나, 잘 털어서 보관한 밀가루 봉투에다 채소를 넣고 무게를 다는 것을 이상하게 보는 사람이 없었다. 그런 생활은 이제 지극히 자연스러웠고, 심지어 기분이 좋아지면서 '내가 잘 살고 있다는 느낌'까지 들게 했다.

거부, 포기의 즐거움

미국의 환경 운동과 제로 웨이스트 운동은 오래전부터 3R을 신조로 내세웠다. Reduce, Reuse, Recycle, 덜 쓰고 다시 쓰고 재활용하자는 것이다. 나 혼자의 생각은 아니지만, 여기다 한 가지 더 보탤 것이 있다. 어쩌면 이 세 가지에 앞서 실천해야 할 것인데, 바로 Refuse(거부)가 그것이다. '과잉'을 거부하자는 말이다.

나는 플라스틱 없이 살기 실험 이후 수년 동안 쌓은 새로운 소비 습관에 완전히 길들여졌다. 게다가 자발적으로 결정해서 일부 소비재를 포기하고 거부함으로써 생활비가 오른 것이 아니라 오히려 많은 영역에서 내려갔다.

특히 세제와 위생용품 같은 경우 수년 넘게 특정 품목들을 포기함으로써 꽤 많은 돈을 아낄 수 있었다. 변기 세정제, 키친타월, 화장솜, 유리창과 바닥 전용 세제 같은 물건들은 전체적으로 없어도 되는 것으로 드러났고, 아니면 장시간 다시 쓸 수 있는 물건으로 바꾸었다.

처음엔 쉽지 않아 보였거나 많은 고민이 필요했던 일들이 그 사이 완전히 일상이 되었다. 예를 들어 집을 나설 때 천 바구니 한두 개를 들고 나간다든지, 설탕이나 밀가루 같은 건조식품을 담았던 종이봉투를 툭툭 털어서 서랍에 보관해 두었다가 필요할 때 다시 꺼내 들고 간다든지, 아니면 유제품과 음료를 보증금 유리병에 든 것으로만 산다든지, 지역에서 생산한 세제를 담은 빈 양철통을 모아 두었다가 다시 돌려준다든지 하는 일이다. 어떤 사람들은 이런 일들을 불편하게 생각하지만, 나는 오히려 편하고 좋았다. 상품이 무진장 널린 대형 마트에 가면 진이 빠질 뿐 아니라 원래 사려고 했던 것보다 더 많이 사게 될 위험에 늘 노출되어 있었다. 반면에 주인이 나를 잘 알고, 나 역시 쓸데없는 것에는 눈길을 줄 필요 없이 원하는 것만 살 수 있는 한두 군데 상점이 편했다. 이런 장보기는 일터로 가는 길이나 일터에서 집으로 돌아오는 길에 처리했다. 게다가 대중교통이 잘 연결되어 있어서 자전거나 기차, 버스를 타고 어디든 막히지 않고 달려가 느긋하게 장을 볼 수 있었다. 그러니 장을 보는 게 좋지 않을 수 있을까?

하지만 여건이 안 되는 다수의 사람들에겐 그게 일상이 되기 어렵다. 교외에 살고, 우리 동네처럼 근처에 전문 상점이 없는 사람들은 어떻게 해야 할까? 경우에 따라선 특수한 상품을 사려면 멀리 나가야 하는데 그럴 만한 교통 시스템이 없는 곳에 사는 사람들은 어떻게 해야 할까? 설사 그런 상품이 지역에 있다고 해도 우리처럼 실험을 통해 자발적인 소비 의식을 갖지 못한 사람들이 식품과 세제를 직접 가져간 용기나 종이봉투에 담아서 오는 것이 과연 실현 가능할까? 게다가 포장된 인스턴트식품보다 여전히 더 비싼 상황이라면 말이다. 혹은 12년 지난 식기세척기가 고장 났는데, 그것을 직접 수리할 사람이 집에 없다면 새것 값을 주고 사람을 불러 고치는 일이 과연 현실적일까? 또한 이 모든 일에 운 좋게 많은 시간과 관심을 가질 수 있었던 나와는 달리 삶의 여건 때문에 그럴 가능성이 처음부터 주어지지 않은 사람들은 어떻게 해야 할까?

지난 몇 년 사이 점점 심각한 상황으로 치닫는 환경 위기와 기후 위기를 고려하면 이 질문들은 더 자주 떠오를 수밖에 없다. 우리가 실제로 방향을 돌릴 수 있는 시간은 결코 많지 않다. 오늘날 기후학자와 과학자들은 말한다. 우리에게 남은 시간은 최대 10년이라고. 영구동토층이 완전히 녹아내리는 일 같은 돌이킬 수 없는 재앙과 걷잡을 수 없는 기후변화가 인간 문명에 몰고 올 파국적 결과를 막으려면 말이다. 그 시간 안에 우리는 모든 사람들을 설득해서 과거와는 다르게 소비하고, 다르게 여행하고, 덜 소비하고, 최소한 덜 낭비하는 쪽으로 돌려놓아야 한다. 가능할까? 10년 안에 그럴 수 있을까?

나는 이 질문들을 깊이 생각하고, 사람들과 함께 토론을 벌이다 보면 늘 똑같은 결론에 이른다. 10년이라는 시간으로는 턱없이 부족하다고 말이다. 그렇지만 나는 모든 개인의 행동과 참여가 여전히 가장 소중하다고 생각한다. 모든 사람에게 변화를 위한 선택권이 있는 것은 아니다. 하지만 그런 선택권을 가진 사람들만이라도 행동에 나서야 한다.

　나는 지난 10년 동안 직접적으로 참여하면서 '플라스틱 해방 운동'이 얼마나 강력해졌는지 깨달았다. 그사이 플라스틱은 우리 위도상의 국가들에서는 쉽게 버릴 수 있는 일회용 물질로서 예전의 명성을 상당 부분 잃어버렸다. 이제는 젊은이들을 비롯해 점점 더 많은 사람들이 플라스틱을 되도록 쓰지 않겠다고 말한다. 플라스틱 낭비와 우리 생활공간의 쓰레기화를 끝장내는 것은 이제 많은 사람들에게 중요한 정치적 사안이 되었다. 그로 인해 그사이 몇몇 긍정적인 결과도 나타났다. 예를 들어 대형 마트들은 이제 '지속 가능하게 소비하려는' 고객들의 욕구에 맞추는 쪽으로 마케팅 방향을 점점 바꿔 가고 있다. 말레네는 열두 살 때 오스트리아의 환경부 장관에게 플라스틱 홍수에 적절히 대응해 달라는 편지를 썼다. 그때 장관이었던 베를라코비치는 오스트리아에는 쓰레기 문제가 없다고 답했다. 그런데 지금 환경부 장관은 2020년부터는 비닐봉투 사용을 전면 금지하겠다고 공언했다. 유럽연합 안에서 일회용 플라스틱을 규제하는 지침이 의결되었을 때 일이다.

　하지만 비판적인 사람들은 이런 정치적 몸짓에 이내 다음과 같은 의문을 제기한다. 그건 그냥 상징적인 행위가 아닐까? 그사이 우리가 아는 바에 따르면, 일회용 봉투는 어떤 물질로 만들어졌든 상관없이 낭비를 막는 적절한 수단이 아니고, 생태적 결산표를 개선하지 못한다. 환경과 기후 보호에 의미 있는 기여를 하려면 계속 쓸 수 있는 봉투와 장바구니를 권장하는 것뿐이다. 그렇다면 이런 의문이 든다. 수년 동안 토론한 끝에 마침내 비닐봉투

금지를 예고한 환경부 장관은 위협적으로 다가오는 기후 붕괴와 자원 낭비에 맞서 자신이 할 수 있는 일을 다한 것일까?

물론 상징적 행위도 중요할 수 있다. 하지만 지난 10년 동안 플라스틱 생산량이 무서운 속도로 치솟고, 해마다 8백만 톤의 플라스틱 쓰레기가 바다로 흘러가는 상황을 고려하면 지금까지처럼 해서는 결코 문제를 해결할 수 없다. 이 문제를 해결하겠다는 정치인들의 온갖 확언과 2009년부터 시작된 많은 사람들의 적극적인 노력에도 유럽에서 생산되는 플라스틱 생산량만 봐도 한 해에 5,500만 톤에서 6,440만 톤(2017년 기준)으로 꾸준히 증가하고 있다. 여기서 일회용 플라스틱은 세계적으로 확인된 엄청난 규모의 파괴적 결과에도 불구하고 환경문제의 일부일 뿐이다. 환경이 우리에게 정말 중요한 문제라고 생각한다면 환경부 장관은 단순히 비닐봉투를 사용하는 것만 금지할 게 아니라 다방면으로 실질적인 조치를 하는 것과 함께 그것을 가로막는 제도를 바꾸는 일에 전력을 다해야 한다. 예를 들면 보증금 제도를 전면적으로 시행한다든지, 음료를 포장할 때 최대한 다회용 포장의 비율을 높인다든지, 작은 지역에서도 마트 외의 장소에서 장을 볼 기회를 제공한다든지, 아니면 소규모 생산자를 위해 적절한 법규를 만든다든지, 수리업체에 세금 혜택을 준다든지, 생태적 사회적으로 올바른 생산방식을 독려한다든지 하는 방법들이다. 그것 말고도 방법은 무수히 많다. 그중 많은 아이디어가 이미 수년 전부터 논의 테이블에 올라와 있는데도 왜 여전히 시행되지 못하는 것일까? 그것을 가로막는 장애는 무엇일까? 그런 아이디어들이 실행에 옮겨지려면 우리는 어떤 식으로 압력을 높여 가야 할까?

우리 실험 초기에 내 블로그에 글을 남긴 한 플라스틱 기술자가 기억난다. 그는 점점 더 많은 사람들이 플라스틱을 거부하면 플라스틱 산업은 단기간에 무너지고 그와 함께 수천 개 일자리가 사라질 거라고 걱정했다. 처음에 난 그 남자가 정말 그런 걱정을 해서 하는 말인지 긴가민가하면서도 진지하게 답했다. 상황은 그렇게 급격하게 진행되지 않고 단계적으로 서서히 진행될 것이다. 게다가 법적 제도적 변화 없이는 가능한 일이 아니다. 그렇다면 그까지 나아가는 데는 기나긴 시간이 걸릴 수밖에 없다. 게다가 일회용 플라스틱을 단계적으로 줄여 나가더라도 그 과정에서는 당연히 그것을 대체하는 다른 수요들이 차례로 생겨날 것이다. 예를 들어 일회용 그릇이 세상에서 싹 사라진다면 그릇을 빌려주는 서비스가 더욱 활성화될 수 있다. 일회용 플라스틱 병이 줄어들면 그만큼 병에 대한 수요는 늘어난다. 다른 예도 무수히 많다. 그렇다면 일자리를 걱정할 필요는 없다. 오히려 이 부문에서는 지속 가능한 일자리가 생겨날 잠재력이 무척 크다. 어쩌면 지금보다 훨씬 더 많은 일자리가 생길 수도 있는 것이다. 그 뒤로도 나는 좋은 경제와 건강한 환경이 조화를 이루는 문제와 관련해서 이와 비슷한 설명을 하면서 일부 사람들이 그렇게 상상력과 미래에 대한 전망이 부족한 것을 볼 때마다 깜짝깜짝 놀라곤 한다.

좋은 소식도 있다. 문제가 되는 모든 영역에서 해결책을 찾으려 애쓰고, 직접적이고 개인적인 책임을 넘어 우리 삶의 토대를 파괴하는 낭비 문화를 바꾸기 위해 발 벗고 나서는 개인과 단체,

기업들이 점점 늘고 있다는 사실이다. 오늘날 그런 사람들은 주위에 어디나 있다. 그중 몇 사람은 내가 앞에서 소개했는데, 그런 사람들은 앞으로도 계속 나올 것이다. 낭비가 일상 속에서 확연히 보이고 느껴지는 거의 모든 곳에서는 시스템을 바꾸려고 노력하는 사람들이 나오기 마련이다.

나는 모든 것을 '좋은 방향으로' 돌려놓기 위해 무엇을 어떻게 소비해야 하는지 사람들에게 끊임없이 설명해 봤자 별 소용이 없다는 것을 수년 동안 경험했다. "소비자가 왕이다!"는 신조를 그사이 많은 상황에서 사실로 확인했다. 원래 뜻과는 정반대의 의미에서 말이다. 예를 들어 보증금 병에 든 요구르트나 공정한 조건 속에서 생산된 저렴한 스키복이 시장에 하나도 없다면 다들 그렇게 단언하는 소비자의 힘은 대체 어디에 있단 말인가? 이런 가식은 우리가 '대다수 사람들과 다르게 행동했던' 수년 동안의 과정 속에서 번번이 나를 화나게 했다. 하지만 결국엔 내가 지금까지보다 더 열심히 변화를 위해 노력하겠다고 각오하는 계기가 되기도 했다. 내가 정치에 뛰어든 이유를 생각할 때마다 나는 2013년의 한 사건이 떠오른다.

어떤 강연

나는 2010년부터 녹색당 기초의원으로 활동했던 터라 다른 지역의 녹색당 모임으로부터 강연이나 낭독회 요청을 자주 받았는데, 그중 한 자리에서 앞으로 활동하는 데 상당히 의미 있는 사람을 만났다. 그곳에는 나 말고도 녹색당 지역구 정치인 잉그리트가 초대받았다. 내 고향 지역에서 오래전부터 알던 사람이었다. 어쩌면 그날 저녁 토론 방향이 이례적으로 빨리 정치로 흘러간 것도 잉그리트 의원 때문일지 모른다. 아무튼 플라스틱 없이 장을 보기 위한 구체적인 방법에 대해 흔히 있는 질문과 답변이 몇 차례 오간 뒤 토론은 건축업계에서 생기는 포장 재료의 엄청난 낭비 문제를 비롯해 플라스틱 사용으로 자동차가 더 가벼워지면서 여러모로 자원을 좀 더 아낄 수 있을 텐데 현실에서는 오히려 점점 더 크게 만들어지고 있는 문제로 이어졌고, 그것을 해결할 방안으로 다시 넘어갔다. 그 와중에 그전에도 비판적으로 토론에 참여한 한 남자가 마침내 이런 문제를 제기했다.

"대체 정치인들은 뭘 하는 겁니까? 개인들이 나서 봤자 뭘 바꾸겠어요? 문제는 사방에 산더미처럼 쌓여 있는데, 우리가 할 수 있는 것이라고는 고작 비닐봉지 안 쓰기처럼 아주 자잘한 일들뿐입니다. 우리 행동은 뜨거운 돌멩이 위의 작은 물방울일 뿐이라고요. 정치적으로 결정을 내리지 않으면 아무것도 바꿀 수 없어요."

남자의 말은 나 자신도 오랫동안 반복해서 고민해 오던 두 가지 지점을 건드렸다. 그의 질문은 직접적으로 나를 향했기에 나 역시 망설임 없이 바로 답했다.

"예, 당연히 맞는 말씀입니다. 많은 영역에서 개인들이 실제로 할 수 있는 일은 극히 제한적일 수밖에 없죠. 그런데도 저는 작은 발걸음, 아니 선생님 말처럼 '작은 물방울' 하나하나가 모두 소중하다고 확신합니다. 자신은 작은 발걸음조차 떼지 않으면서 큰 발걸음이 없다고 하소연하는 것은 아무 의미가 없습니다. 올바른 방향으로만 나아간다면 모든 발걸음 하나하나가 중요합니다. 사람들이 작은 발걸음을 많이 뗄수록 정치적 결정에도 더 큰 영향을 끼치게 될 겁니다!"

이건 정치가 본질적으로 인간 자신과 다르지 않다는 내 신념에서 나온 말이었다. 사실 정치는 오직 인간들만이 할 수 있는 것이 아니던가! 결정은 다수가 정하는 것인데, 다행히 민주주의 사회에서는 다수가 언제든 바뀔 수 있다.

내가 말을 이어 갔다.

"정치가 앞으로 환경보호와 기후 보호 방향으로 큰 발걸음을 뗄지 말지는 여기 모인 모든 분들, 그러니까 선거권을 가진 모든 분들 손에 달려 있습니다!"

박수가 터져 나왔다. 하지만 청중 속의 비판적인 남자는 여전히 동감하지 못하는 눈치였다.

"대체로 거대 기업들이겠지만, 어차피 낭비 시스템으로 큰 돈을 버는 사람들이 있다면 정치라고 해서 마음대로 규칙을 바꿀 순 없어요. 결국 세상을 지배하는 건 돈이잖아요!"

나는 가만히 있을 수 없었다.

"예, 그런 시각은 널리 퍼져 있습니다. 다만 저는 선생님 말씀을 듣다 보니 모든 게 얼마나 밀접하게 연결되어 있는지 새삼 느낍니다. 비판적인 사람이 적고, 그래서 대다수 사람이 이 낭비를 끝내고 다르게 살려고 하지 않는다면 선생님이 방금 말씀하신 것과 같은 상황은 계속될 겁니다. 반대로 이대로는 안 되겠다고 생각하는 사람들이 점점 늘어난다면, 다시 말해 우리 아이들의 미래를 위험에 빠뜨려서는 안 되고, 우리의 무분별한 소비와 낭비 문화로 다른 지역 사람들의 삶까지 무너뜨려서는 안 되겠다고 깨닫는 사람들이 늘어난다면, 더구나 그 사람들이 단순히 깨닫는 데 그치지 않고 행동에 나서기 시작한다면 결국 경제와 정치는 바뀔 수밖에 없습니다. 선생님이 말씀하신 것과 같은 상황은 모든 사람이 그에 동조하고 방관하기 때문에 유지되는 것입니다. 그 때문에 저는 사람들이 이런 상황을 바꾸려 하고, 개인들의 행동을 지원해 줄 정치를 만들고자 노력할 거라고 확신합니다.”

다시 박수가 나왔다. 순간 나는 깜짝 놀라면서도 동시에 한껏 들떠 있었다. 왜냐하면 지난 몇 달 동안 강연이나 우리를 모범으로 삼는 사람들과 숱하게 만나면서 늘 어슴푸레 느꼈던 것이 지금 이 순간에 아주 또렷해졌기 때문이다. 그러니까 각자의 행동이 정치와 경제에 영향을 끼칠 수 있고, 거꾸로 그런 정치와 경제가 다시 개인들에게 영향을 끼친다는 것이다!

잉그리트 의원은 쓰레기 줄이기와 관련해 주의회 안에서 진행하고 있는 몇몇 정치적 활동과 다양한 운동에 대해 참석자들에게 설명했고, 내 활동에 반복해서 힘을 실어 주었다. 우리 두 사람은 토론이 끝난 뒤에도 따로 남아 여러 프로젝트와 정치적 가능성에 대해 좀 더 이야기를 나누었다. 그러다 이야기가 끝날 쯤에 잉그리트가 나에게 정치에 좀 더 깊이 뛰어들 마음이 없느냐고 기습적으로 물었다. 나는 깜짝 놀랐다. 기초의원으로 활동하고 있었기에 더 이상의 정치 활동은 생각해 본 적이 없었다. 게다가 직장과 가정일에다 숱한 강연까지 생각하면 더 이상 다른 일에 신경 쓸 여유가 없었다. 하지만 잉그리트는 집요했다. 그 집요함에 당황스럽기까지 했다. 잉그리트가 무언가를 경솔하게 제안할 사람이 아니라는 건 나도 잘 알고 있었다. 그런 만큼 내가 그녀에게 인정받고 있는 것 같아 나름 뿌듯하기는 했지만, 실제로 그런 생각을 해 본 적이 없어 덜컥 겁이 나기도 했다. 그런 내 마음을 알아차렸는지 잉그리트는 이 제안을 신중하게 생각해 본 뒤 다시 이야기를 나누자는 말로 상황을 마무리했다. 나도 선뜻 그러자고 했지만, 그때는 그 말이 내 마음을 얼마나 흔들어 놓을지 미처 예상하지 못했다.

먹을거리의 가치와 푸드 셰어링

유기농 식품 상자, 공동 농장, 그리고 텃밭

어떻게든 포장하지 않은 식품을 찾겠다는 일념으로 나는 수년 전부터 유기농 농장에서 과일과 채소, 그리고 유제품과 곡물을 주문해서 먹기 시작했다. 식품과의 관계는 유기농 식품 상자가 매주 우리 집으로 배달 오면서 근본적으로 바뀌었다. 이제는 일정한 계획이 필요했다. 평소 우리 집에서 일주일 동안 필요한 식품 양을 정확하게 계산해야 했고, 그와 함께 장 보러 가는 일이 많이 줄어들었다. 여기엔 상상하지 못한 장점이 있었다. 마트에 가지 않다 보니 수많은 상품의 유혹에 빠질 필요가 없었고, 쓸데없는 것을 살 위험은 눈에 띄게 낮아졌다. 그 때문에 우리 가계에서 식품 낭비의 가장 큰 위험 요소를 현저히 줄일 수 있었다.

텃밭도 우리 집에서 식품의 가치를 높이는 데 단단히 한몫했다. 그라츠에서 살 때 나는 허브만 몇 개 키웠다. 시골로 이사 오면서 채소를 키우고 싶었고, 그런 욕심에 일단 무작정 텃밭에 씨를 뿌리고 채소를 기르기 시작했다. 내가 늘 떠올린 것은 할머니의 텃밭이었다. 거기서는 3월부터 9월까지 채소가 늘 풍성하게 자랐고, 제철에 먹고 남은 것들은 특별한 방식으로 조리해서 10월부터 내년 2월까지 먹었다. 텃밭을 가꾸는 초보 농부로서 내 생각은 아주 순진했다. 최소한 여름 몇 개월 동안은 텃밭에서 난 걸로 우리 식구가 먹을 수 있을 만큼 채소를 충당할 수 있을 거라고 기대했다. 하지만 그렇게 되지 않았다. 그것도 첫해에는 땅이 아직 실했고, 나는 의욕에 넘쳤으며, 거기다 무엇보다 막내 레오나르트 때문에 육아 휴직 중이어서 텃밭에 많은 시간과 관심을 쏟을 수 있었는데도 목표치에 접근도 하지 못했다. 물론 처음엔 모든 게 무럭무럭 자랐고, 해충도 그리 많지 않았다. 하지만 나는 초보자가 흔히 하는 실수를 저질렀다. 모든 식물을 한꺼번에 심었고, 어떤 것들은 감당하지 못할 정도로 많이 심었다. 그러다 보니 어떤 때는 호박이 넘쳐 났고, 어떤 때는 샐러드가 남아돌았다. 남들에게 나눠 주는 것으로도 해결이 안 될 정도였다. 그보다 더 나쁜 것은 모든 채소가 거의 동시에 바닥났다는 것이다. 전체 수확량은 여름 한 철 동안 먹는 것도 모자랐다. 이듬해부터는 빨간 달팽이를 비롯해 땅강아지, 콜로라도감자잎벌레가 텃밭에 출몰했다. 우리는 농약을 쓰지 않았기에 녀석들을 처리하느라 많은 노동을 해야 했고, 아니면 녀석들에게 그냥 농작물 일부를 내주어야 했다. 유기농이 얼마나 많은 비용과 수고가 드는 일인지 분명히 깨달은 것도 그 무렵이었다. 그걸 알고 나니 할머니가 더 존경스러워졌다. 이 경험은 내 가슴속에 깊이 새겨졌다. 왜냐하면 건부병에 걸리지 않으면서 토마토를 몇 개 수확하려면 어떤 과정을 거쳐야 하는지, 감자 10킬로그램이라도 무사히 건지려면 며칠 동안 쪼그리고 앉아 얼마나 많은 콜로라도감자잎벌레를 잡아내야 하는지, 또 아무리 애써도 결국엔 달팽이나 땅강아지에게 많은 샐러드용 식물을 내줄 수밖에 없다는 사실을 자신의 텃밭에서 경험하게 되면 유기농 채소를 완전히 새롭게 평가할 수밖에 없기 때문이다. 우리 텃밭에서는 버리는 것이 없었다. 먹을 수 있는 것은 동물과 인간이 모두 나누어 먹었다. 달팽이가 갉아 먹어 4분의 1밖에 남지 않은 콜라비라도 말이다. 아무튼 그건 최고의 유기농 채소였다.

나는 나만의 유기농 텃밭이 있는데도 우리 지역에 사는 안나가 어머니한테서 물려받은 유기농 농장을 '공동 농장' 형태로 운영할 생각이라는 말을 들었을 때 무척 반가웠다. 운영 방식은 공동 농장에 참여하는 회원은 최소 1년 동안 회비를 낸 뒤 약정한 조건에 따라 수확한 농작물을 받고, 그 과정에서 손실이 생기면 회비로 채우는 식이었다. 회원이 충분하면 농장은 적어도 1년 동안은 경제적 걱정 없이 지속 가능한 방식으로 농사를 지을 수 있었다. 게다가 중간 상인이 없기에 회비는 생산자에게 돌아갔고, 회원들은 매주 제철 과일과 채소를 받을 수 있었다. 재배 과정에는 당연히 비닐하우스도 이용했고, 1월에는 휴식기도 가졌다. 내게 이 공동 농장은 유기농 채소의 재배를 장려하고, 규칙적으로 유기농 채소를 먹을 수 있는 훌륭한 기회였다. 우리 집에도 나름 즐거움을 주는 텃밭이 있었는데도 말이다. 우리는 일단 1년 동안 공동 농장에 참여하기로 계약을 맺었고, 매주 유기농 채소 상자를 받았다. 이를 통해 나는 그때까지는 까맣게 모르고 있던 채소와 허브 종류를 알게 되었을 뿐 아니라 채소를 가공하는 방법이나 채소의 각 부분을 먹는 법도 새로 배웠다. 안나가 매주 채소 상자 말고도 먹는 방법이나 조리법까지 메일로 보내 주었기 때문이다. 예전에는 채소 중에서 늘 버렸던 부분, 예를 들어 홍당무 줄기와 콜라비 잎도 아직 어린 상태라면 날것으로든 데쳐서든 먹을 수 있다는 것을 알게 되었다. 채소 상자 속의 내용물은 정말 버리는 것 하나 없이 알뜰하게 먹었다. 뿌듯한 일이었다.

안나가 보낸 메일에는 다른 내용도 있었다. 비가 너무 많이 오거나 농작물에 진균증이 돌면 농사를 망칠 수 있고, 그게 아니더라도 예기치 못한 일들로 수확량이 줄어들 수 있다는 것이다. 그건 우리 모두가 감수해야 할 부분이었다. 우리는 상자 속의 내용물을 보며 철마다 어떤 식물이 우리 지역에서 자라는지 정확히 알게 되었다. 어쩌다 살 게 있어 대형 마트에 들르면 계절을 가리지 않고 거의 모든 농산물이 늘 진열되어 있는 사실이 더욱 눈에 띄었다. 심지어 오스트리아에서도 그때 자라고 있는 과일과 채소인데도 굳이 멀리서 들여와 팔고, 또 팔다 남은 것을 버리는 것은 단순히 식품 낭비를 넘어 다양한 면에서 무척 슬픈 낭비로 보였다. 멀리서 이곳으로 수송하려면 당연히 더 많은 포장 재료가 필요할 것이고, 운송 과정에서 생기는 이산화탄소도 무시할 수 없다. 그건 원칙적으로 모든 외국 과일이 마찬가지다. 그중에서도 정말 터무니없는 것은 내가 볼 때 12월의 이집트 딸기였다. 물론 예전에도 이런 것들을 산 적이 거의 없었지만, 식품 낭비 문제에 관심을 갖게 되고, 아울러 텃밭과 공동 농장을 통해 채소의 가치와 그에 들인 노동의 의미를 알게 되면서 그런 의지는 더욱 확고해졌다. 다만 공정 무역 바나나나 유기농 레몬, 유기농 아보카도는 가끔 내 장바구니에 담겼다. 그 밖에 유기농 채소 상자와 텃밭에서 나는 걸로 모자랄 때는 주로 농산물 직거래 장터나 이따금 유기농 상점에서 제철 농산물을 샀다. 직거래 장터와 유기농 상점은 큰 장점이 있었다. 손님이 직접 가져간 가방이나 봉투에 물건을 담아 올 수 있을 뿐 아니라 일회용 포장이 필요 없고, 가격도 상대적으로 저렴했다.

아무튼 전체적으로 보면 나는 실험 초기부터 식품 낭비와 관련된 경험을 하면서 우리의 먹을거리를 더욱 높이 평가하게 되었다.

조직화된 푸드 세어링

마리아는 대형 마트에서 일어나는 식품 낭비와 폐기 문제를 집중적으로 다루어 왔기에 처음부터 플랫폼 푸드 세어링과 협력 관계를 맺을 수밖에 없었다. 푸드 세어링은 개인이나 상인, 생산자들한테서 남아도는 식품을 무상으로 거두어들여 필요한 이에게 나눠 주는 플랫폼이다. 공짜 가게의 틀 속에서 그라츠 외에 슈타이어마르크주에 처음으로 푸드 셰어링 '공정 나눔 Fair Teiler 센터'가 생겨났다. 출입은 자유롭지만 보호 장치를 마련한 공정 나눔 센터에 음식 상자들을 설치했다. 그 속에는 남아도는 식품들이 포장 상태 그대로 보관되어 있었는데, 필요한 사람들은 얼마든지 무료로 꺼내 갈 수 있었다. 지역 상점들을 설득하는 것은 순조롭게 이루어졌다. 어차피 버릴 식품을 쓰레기통에 넣지 말고 공짜 가게에 기증하라는 논리가 힘을 발휘했기 때문이다. 의류 교환 장터와 마찬가지로 공짜 가게의 목표도 명확했다. 첫째, 누군가에게 더 이상 필요 없게 된 물건을 필요한 사람에게 전달함으로써 물건의 본래 가치를 유지하자는 것이다. 일종의 회전문 역할이다. 둘째, 의류 교환 장터든 공짜 가게든 상품 과잉의 원인과 결과에 대해 이야기를 나누면서 소비자의 환경 의식을 불러일으키는 것도 중요했다. 우리 이웃 지역에 공짜 가게가 성공적으로 문을 열고, 마리아가 지속적으로 참여한 것은 내게 큰 힘이 되었다. 내가 낭독회나 강연에서 꾸준히 강조해 왔던 것, 그러니까 이제는 플라스틱만이 문제가 아니라 모든 자원을 지혜롭게 쓰는 것이 중요하다는 사실이 전면에 등장했다. 공짜 가게는 그런 문제를 사람들에게 보여 주고 느끼게 하는 이상적인 장소였다.

교환학생 제도의 생태 결산표

남편은 다행히 나처럼 비행 공포증이 있었고, 무엇보다 생태 환경을 생각해서 비행기 타는 것을 거부한다는 점에서 나와 생각이 같았기에 우리 집에서 비행기로 휴가를 떠나는 것은 생각할 수도 없는 일이었다. 그런데 사무엘이 김나지움 6학년에 올라갔을 때* 비행기 여행이 우리 집에서도 처음으로 긴박한 문제로 떠올랐다. 6학년이 되면 아이들은 보통 아일랜드로 일주일 동안 영어 연수를 떠나기 때문이다. 사무엘은 당연히 우리가 영어 연수에 대해 상당히 회의적이라는 사실을 잘 알고 있었다. 그전부터 남편과 나는 일주일밖에 안 되는 언어 연수의 의미와 가성비에 대해 여러 번 이야기를 나누었고, 열여섯 살 아이들이 벌써부터 학교 행사의 하나로 비행기 여행을 떠나는 것이 정말 필요하고 지원할 만한 일인지 논의했다. 결론은 분명했다. 여러모로 바람직한 일이 아니라는 것이다. 그렇지만 나는 어학연수에 대해 더 많은 정보를 얻을 수 있을까 싶어 학부모 회의에 참석했다. 그런데 그 자리에서 연수 비용을 듣는 순간 이건 우리가 선택할 일이 아니라는 생각이 더욱 굳어졌다. 비행기를 타는 것도 마음에 걸렸지만, 일주일 여행에 1,200유로의 비용을 책정한 것은 너무 심하다 싶었다. 전적으로 낭비라고는 할 수 없었지만, 어쨌든 남편과 나한테는 과한 금액이었다. 특히 나중에 다른 두 아이에게도 공평하게 어학연수를 허락해야 할 것을 고려하면 더더욱 그랬다. 이 돈이면 우리 다섯 식구가 크로아티아로 2주 동안 휴가를 갔다 올 수 있었다. 사무엘도 우리 생각에 동감했다. 나는 아이가 한편으로 안쓰럽기도 해서 다른 프로그램에 참여할 기회를 주기로 했다. 사무엘

* 우리로 치면 고등학교 1학년이다.

의 학교는 유럽의 교환학생 프로그램에 가입해 있었다. 청소년들이 최소 3개월 동안 헬싱키의 한 가정에 묵으면서 현지 학교에 다니는 프로그램이었다. 대신 우리는 다른 나라의 학생을 3개월 동안 돌봐 주면 되었다. 꽤 괜찮은 프로그램이었다. 오가는 비용 말고는 돈이 들지 않았을 뿐 아니라 진정한 교류의 의미도 살릴 수 있었다. 3개월 동안 외국에 머물면 어쨌든 일주일 동안 잠시 머물다 오는 것보다 문화적 언어적 교류의 폭은 한층 더 커질 수밖에 없었다. 게다가 육로로 제법 빨리 핀란드에 갈 방법이 있을 거라는 확신이 있었다. 그래서 사무엘에게 일주일 동안 가는 어학연수를 포기하는 대신 원한다면 다음 학년에 교류 프로그램에 참여해도 된다고 약속했다.

사무엘은 내 말을 듣자마자 교류 프로그램에 대해 구체적인 정보를 찾기 시작했다. 그러더니 얼마 안 가 불쑥, 다음 학년 1학기에 헝가리 여학생이 이 프로그램으로 우리 집에 오기로 했고(교류학생 프로그램은 유럽 각지에 뻗어 있다), 자신은 2학기에 헬싱키로 가게 되었다고 말해 우리를 깜짝 놀라게 했다. 퇴로는 없었다. 우리는 항공 여행의 대안으로 기차 연결과 여객선 운항, 그 밖의 대안을 열심히 찾기 시작했다. 이 프로그램에서 항공료는 유럽연합이 지불했다. 항공 대신 다른 교통수단을 이용한다면 그 비용도 주최 측에서 지원했다. 그런데 그때 우리가 찾아낸 교통 연결은 모두 신통치 않았다. 함께 떠나는 세 친구가 비행기로 벌써 오래전에 헬싱키에 도착할 무렵에도 사무엘은 최소한 이틀 반 동안 혼자 유럽을 떠돌아야 할 처지였다. 나는 아들에게 그런 걸 요구하고 싶지 않았고, 나라도 그런 여행은 피하고 싶었다. 그래서 결국 우리는 사무엘이 열일곱 살에 처음으로 항공 여행을 떠나는 것에 동의했다.

나는 즐겁게 살려고 하고, 자유를 사랑하고, 만인의 자기 결정권을 옹호하는 사람이다. 따라서 나 자신은 비행기를 타지 않지만, 남들한테까지 그것을 금지하거나 양심의 가책을 느끼게 하고픈 마음은 추호도 없다.

게다가 본인이 원치 않아도 일 때문에 비행기를 타야 하는 사람도 있다. 그건 개인이 결정할 수 있는 문제가 아니다. 다른 해결책이 필요할 뿐이다.

다만 비행기를 탈지 말지 자유롭게 결정할 수 있는 사람도 이건 알아야 한다. 겨우 3퍼센트의 인간만 비행기를 타지만, 그로 인해 생기는 이산화탄소 배출량은 5퍼센트에 이른다는 사실을 말이다. 그렇다면 비행기를 타는 것은 인간의 기본권이 될 수 없다. 비교가 안 될 만큼 많은 오염 물질을 배출하면서 비행기를 타지 않는 사람들한테까지 그 결과에 대한 책임을 지우기 때문이다. 그런 점에서 자발적으로 항공 여행을 계획하는 것은 다시 한 번 생각해 볼 필요가 있다.

이런저런 이유로 늘 비행기를 타야 하는 사람도 양심의 가책을 받을 필요는 없다. 그런다고 문제가 해결되는 것은 아니기 때문이다. 오히려 아주 자그마한 일이라도 보상적 행동을 하는 편이 더 낫다. 어쨌든 지금은 비행기를 대신할 수 있는 교통편이 더 싸지고, 편리해지고, 간단하게 연결되도록 힘쓰는 것이 시급해 보인다.

말레네도 언젠가 비행기를 타고 핀란드로 갔다. 거기서 보낸 1년은 딸아이에게 굉장히 인상적인 시간이었다. 말레네는 그 시기에 국제적인 연대 조직에 합류했고, 중고품에 대한 열정도 완전히 새로운 차원으로 발전했다. 왜냐하면 헬싱키에는 대형 중고 장터가 무척 많았을 뿐 아니라 온갖 계층의 사람이 찾을 정도로 확고하게 뿌리내려졌기 때문이다. 말레네가 꿈꾸던 이상향 같은 곳이었다. 다른 한편으로 딸아이는 자신이 묵은 핀란드 가정을 통해 완전히 다른 형태의 생활 방식도 알게 되었다. 특히 식품과 관련해서는 이해가 되지 않는 구석이 많았다. 대신 핀란드에는 병이건 플라스틱이건 모든 음료수 용기에 보증금 제도가 있었는데, 말레네는 처음 머물렀을 때 감격해서 그에 대해 이야기했다. 전체적으로 핀란드에서 보낸 1년은 엄청나게 많은 것을 배운 시간이었고, 딸아이는 성숙한 어른이 되어 2018년 8월에 돌아왔다. 핀란드에 머물면서 앞으로 어떤 공부를 해야 할지 생각을 많이 한 것 같은데, 최종 결론은 아직 내리지 못한 듯했다. 그건 돌아와서도 마찬가지였다.

9월의 어느 날 저녁 말레네가 다음과 같은 메일을 보내왔다. 수많은 핀란드 친구들에게도 전달하기 위해 자신의 페이스북 계정에도 영어로 공개한 글이라고 했다.

고백하자면 나는 지금껏 살아오면서 여러 번 비행기를 탔습니다. 정확히 말해 헬싱키와 빈, 그라츠를 모두 네 번 왕복했습니다. 누군가는 이게 많다고, 누군가는 적다고 생각할 수 있지만, 나는 너무 많다는 생각이 들면서 앞으로 다시는 비행기를 타지 않겠다고 마음먹었습니다.

어차피 나는 비행기 타는 걸 딱히 좋아하지 않습니다. 첫째는 비행 공포증 때문이고, 둘째는 그게 환경에 좋지 않다는 걸 잘 알기 때문이죠.

나는 부모님 덕분에 지속 가능한 생활 방식이 어떤 것인지 알게 되었습니다. 그런데도 지난주로 열아홉 살 반이 되어서야 개개인의 삶과 행위가 이 세상에서 일어나는 모든 일에 막대한 영향을 끼친다는 사실을 제대로 이해하게 되었습니다. 북극에서 얼음이 엄청나게 빠른 속도로 녹고 있다는 소식을 라디오에서 들었을 때 나는 번쩍 깨달았습니다. 지난 4년 동안 거의 매일같이 환경 재앙에 관한 이야기를 듣고 읽었는데도 내가 얼마나 둔감했는지.

앞으로 다시는 비행기를 타지 않겠습니다. 물론 이 세상엔 가보고 싶은 곳이 아직 많은데 그런 곳들을 영영 가지 못하게 된 것이 슬픕니다. 그중에서도 가장 슬픈 것은 핀란드를 지금까지처럼 쉽게 갈 수 없다는 것입니다. 하지만 이런 아쉬움은 함께 안고 살아갈 수는 있습니다. 반면에 도저히 함께 안고 살아갈 수 없는 것은 세상이 파괴되고 있는 것에 대한 책임입니다. 미래에도 많은 사람이 살아야 하고, 그런데도 그들은 현재 일어나는 일들에 어떤 영향을 끼칠 수 없다는 점을 감안하면 우리 책임은 더 크다고 할 수밖에 없습니다.

나는 이게 지속 가능한 삶을 위한 '작은' 발걸음에 지나지 않고, 앞으로 살면서 내가 바꿀 수 있고 바꾸어야 할 일들이 아직 많다는 것도 잘 알고 있습니다. 그런 면에서 이건 내게 시작일 뿐입니다.

내가 이 글을 올린 것은 비행기를 타는 다른 사람들을 비난하거나 그들에게 비행기 타는 것을 그만두라고 재촉하기 위해서가 아니라 나 스스로 자랑스럽게 생각하는(물론 동시에 약간 아쉽기도 한) 이 결정을 여러분에게 알리고, 그와 함께 혹시라도 이 글에 자극받아 나와 같은 사람들이 나오도록 북돋우기 위해서입니다.

추신: 누군가는 이 글을 보면서 '남들은 계속 비행기를 타는데 나 혼자 그런다고 뭐가 바뀌겠어?' 하고 말할지 모릅니다. 물론 모두가 그렇게 생각한다면 아무것도 바뀌지 않습니다. 하지만 모두가 생각을 바꾼다면, 그래서 모두가 '내가 바뀌면 최소한 나 하나는 바뀌는 거야!' 하고 생각한다면 내일 벌써 저 하늘엔 비행기가 날아다니지 않을 것입니다.

여기까지 이 책을 읽은 사람이라면 내가 딸아이의 글을 읽고 나서, 아니 좀 더 정확히 말해서 글을 읽다가 어떤 일이 벌어졌는지는 충분히 예상할 것이다. 그렇다. 감동과 자랑스러움의 눈물을 흘렸다. 웬만큼 눈물이 마르자 나는 말레네에게 답신을 썼다. 네 글은 내가 지금껏 읽은 어떤 글보다 아름다웠다. 하지만 이렇게 말해 주고 싶다. 열아홉 살 반의 나이에 앞으로 다시는 비행기를 타지 않겠다고 100퍼센트 장담할 필요는 없다. 살다 보면 비행기를 타야 할 피치 못할 사정이 생길 수 있다. 지금 네게 중요한 것은 네 결연한 의지를 드러내는 것뿐이다. 전 지구적 낭비 시스템과 그와 연결된 환경 파괴, 기후변화를 통제하려면 개인의 노력보다 훨씬 더 큰 결정들이 필요하지만, 그 결정을 끌어내는 토대가 되는 것이 바로 개인들의 의지다. 이것은 자기 자신부터 필요한 변화를 시작하겠다고 결심하는 사람들과 너를 연결시켜 주는 고리이기도 하다.

슬기로운 디지털 기기 사용법

우리 집에는 1998년부터 핸드폰이 한 대 있었는데, 남편과 내가 함께 사용했다. 그러다 나중에 중고 폰을 한 대 더 장만했다. 스마트폰 문제가 우리 집에 처음 등장한 것은 사무엘이 열네 살이던 2010년이었다. 반에서 핸드폰이 없는 아이는 사무엘밖에 없어 결국 더 늦지 않게 핸드폰을 사 줘야 하지 않을까 생각하던 중이었다. 그때는 우리가 플라스틱 실험에 한창 열을 올리던 때여서 사무엘이 직접 조사해서 대나무나 바이오플라스틱으로 케이스를 만든 핸드폰을 찾아냈다. 나름 친환경 제품임을 내세워 내 비위를 맞추려고 한 게 분명했다. 하지만 가격이 너무 비싸 그건 처음부터 고려 대상이 될 수 없었다. 게다가 나는 그 무렵 이동전화와 컴퓨터를 생산하는 과정에서 일어나는 환경 파괴와 노동 조건 문제를 열심히 공부하고 있었다. 기기들의 원료가 얼마나 열악한 노동

조건에서 채굴되고 있고, 일부 지역에서는 이 원료를 구하기 위해 막무가내로 원시림을 벌목하고 산을 통째로 폭파시키는 일이 자행되고 있다는 사실을 읽으면 읽을수록 분명히 깨달았다. 이런 식으로 전자 제품을 대량으로 생산하는 것은 막대한 환경문제와 자원문제를 낳을 뿐 아니라 그 자체로도 엄청난 양의 이산화탄소를 배출한다는 사실을. 더구나 전자 기기의 생애 주기가 점점 짧아지고 있다는 것도 간과할 수 없었다. 결국 나는 이 분야에서 엄청난 낭비가 공공연히 진행되고 있는 한 다시는 새 핸드폰을 사지 않겠다고 마음먹었다. 이는 사무엘의 첫 핸드폰을 선택하는 데도 결정적인 영향을 끼쳤다. 한참 동안 옥신각신하다가 결국 내 제부가 회사 폰으로 오랫동안 쓰다가 지금은 사용하지 않는 스마트폰을 받아서 쓰기로 결정했다. 그래도 그때 우리 집에서는 가장 최신 핸드폰이었다. 물론 인터넷 연결은 되지 않았고, 쓴 만큼 돈이 빠져나가는 충전 카드로만 쓸 수 있었다. 어쨌든 핸드폰의 합리적 사용과 일회용품과 비슷한 느낌의 최첨단 기기에 대한 논쟁은 우리 집에서 낭비를 줄이는 진일보한 발걸음이 되었다.

이 분야와 관련해 우리 집 밖에서 일어나는 일들을 반복해서 알려 준 것은 주로 아이들이었다. 아이들은 학급 친구들 이야기를 자주 했다. 어떤 애들은 1년도 안 돼 스마트폰을 바꾼다는 것이다. 이유는 분명했다. 한편으로는 기기가 늘 빨리 고장 나기도 했지만, 다른 한편으로는 그냥 새 모델이 나왔기 때문이다. 나는 그런 이야기를 들을 때마다 처음에는 믿기지가 않았다. 기기 가격이 갈수록 천정부지로 치솟고 있었기 때문이다. 신형 스마트폰을 하나

사려면 1,000유로 이상을 주어야 했다. 그렇다면 이건 더 이상 자원 낭비만이 아니라 돈 문제이기도 했다. 포장하지 않은 식품이나 여러 번 쓸 수 있는 병에 담긴 음료의 가격이 부분적으로 더 비싼 것을 두고 계속 토론해 온 것과 연결지어 생각해 보면 이건 정말 의아하기 짝이 없었다. 당연히 이건 아이들에게 비싼 핸드폰을 사주면서 먹는 것을 아끼는 사람들만의 문제가 아니었다. 나는 식품이나 핸드폰의 영역에서 수요와 가격이 합리적 관계에 있지 않다는 느낌을 지울 수 없었다.

그 무렵 핸드폰과 컴퓨터는 우리 아이들 학교에서 점점 더 중요한 요소로 자리 잡았다. 일부 젊은 교사들은 아주 당연하다는 듯이 아이들 개개인이 그런 기기를 갖고 있거나, 최소한 어떤 형태로든 인터넷에 자유롭게 접속할 수 있을 거라고 생각했다. 그래서 그때 사무엘과 말레네는 학교에서 돌아오자마자 거실 컴퓨터 앞에 털썩 주저앉으며 말했다.

"온라인 숙제 있어요."

예전에 내 여동생이 쓰던 컴퓨터였는데, 아이들은 이걸로 메일을 보내고 숙제를 하고 가끔 게임을 했다. 아직 초등학생이라 온라인 숙제가 없었던 레오나르트만 컴퓨터에 접근할 자격이 없었고, 자기만의 접속 비밀번호도 받지 못했다. 그 때문에 남편과 내 허락을 얻은 다음에야 컴퓨터를 켜고 제한된 시간만 쓸 수 있었다. 다행히 이 컴퓨터만으로도 학교에서 요구하는 일은 한동안 충분히 감당할 수 있었다. 그래서인지 사무엘과 말레네는 한 번도 새 컴퓨터를 사 달라고 하지 않았다. 두 아이는 이 기기를 주로 숙제를 하거나 메일을 쓰는 데 썼고, 그 외에는 컴퓨터 앞에 앉는 일이 거의 없었다. 레오나르트는 달랐다. 형과 누나가 컴퓨터를 할 때면 바로 뒤에 앉아 한참 동안 지켜보았다. 그때는 아무도 몰랐다. 형과 누나가 컴퓨터 접속 비밀번호를 칠 때 막내가 유심히 관찰하고 있었던 것을. 레오나르트가 4학년 말 때였다. 이상하게 아침에 일어나는 것을 유난히 힘들어할 뿐 아니라 하루 종일 피곤한 눈치였다. 나는 혹시 무슨 문제가 있나 싶어 병원에 갈 생각까지 했다. 수수께끼는 우연히 풀렸다. 어느 날 남편이 새벽 1시쯤 집에 돌아왔는데, 현관문을 여는 순간 안에서 무슨 소리가 들리는 것 같아 거실을 둘러보았다. 그러다 컴퓨터 앞을 지나다가 기기가 아직 따뜻한 것을 알아차렸다. 좀 더 자세한 검사에 들어갔더니 방금 전까지 누군가 이것을 켜고 축구 게임을 한 것이 드러났다. 순간 이상하게 피곤해하던 레오나르트의 비밀이 풀렸다. 우리는 당연히 다음 날 레오나르트와 진지하게 이야기를 나누었고, 컴퓨터 비밀번호도 바꾸었다.

그것으로 컴퓨터 문제는 일단락된 것처럼 보였다. 물론 일시적인 해결에 지나지 않았다. 왜냐하면 레오나르트는 형과 누나보다 전자 기기에 대한 관심과 애정이 훨씬 컸기 때문이다. 형과 나이 차가 6년이 채 안 되는데도 막내에게는 핸드폰과 컴퓨터, 인터넷 사용을 나이에 맞게 조절하는 게 비교가 안 될 만큼 힘들었다. 그러다 몇 년이 지나자 초등학생들도 학교에 스마트폰을 가져가고, 집에서 자기만의 컴퓨터를 쓰는 것이 완전히 일상이 되었다. 이런 상황 변화 때문에 레오나르트는 자기만의 핸드폰과 랩톱컴퓨터에 대한 욕구를 일찍부터 드러냈다.

세상이 변한 만큼 나도 랩톱과 컴퓨터, 스마트폰의 생태 결산표를 더욱더 열심히 공부하기 시작했다. 스마트폰과 컴퓨터는 쓸 때보다 생산과정에서 이산화탄소를 훨씬 많이 배출한다는 사실을 알게 되었다. 구체적으로 말해서, 이 제품들의 생애 동안 나오는 이산화탄소의 총량 가운데 3분의 2에서 4분의 3이 생산과정에서 발생했다. 그래서 에너지 효율이 높은 제품을 사면 전기 사용을 경미하게 줄일 수는 있지만, 생산과 수송 과정을 생각하면 이산화탄소 배출은 몇 배로 늘었다. 스마트폰과 컴퓨터, 랩톱 같은 기기들을 쉽게 쓰고 빨리 교체하는 소비 행태는 점점 심각한 양상으로 치닫고 있다. 게다가 최신 모델 중에는 분해할 수 없어 아예 고칠 수 없는 기종이 많다는 점도 문제였다. 이것들은 몸체와 케이스가 일체형이어서 제품을 손상하지 않고는 열 수조차 없었다. 플라스틱 안 쓰기 프로젝트 초기부터 나는 줄곧 생산업체들의 '의도적 노후화 planned obsolescence'에 주목해 왔다. 주로 기술 제품에 해당되는 이야기인데, 제품 수명이 짧아지거나 성능이 떨어지도록 생산자가 의도적으로 일정한 장치를 기기 안에 설치해 놓는다는 말이다. 이 현상은 프린터기에서 맨 먼저 발견되었다. 프린터기 경우, 일정한 수만큼 출력하고 나면 미리 설치해 놓은 칩을 통해 시스템 기능이 중단되면서 소비자는 울며 겨자 먹기로 새것을 다시 살 수밖에 없었다. 물론 이 현상과 관련해서는 논쟁이 분분하다. 업체 쪽에서는 당연히 그런 수단이 있다는 의심을 단호하게 부인한다. 사실 자연적으로 기능이 떨어지는 시점을 정확히 언급하는 건 어렵다. 다만 비싼 스마트폰에서 충전기나 그 밖의 부품이 고장 나더라도 바꿀 수 없게 만들었다면 거기에 의도가 없다고 할 수 있을까? 새 제품을 판매하는 것 말고 어떤 다른 이해관계가 숨어 있을까? 나는 도저히 다른 이유가 떠오르지 않는다. 기후 위기가 극단으로 치닫고 삶의 공간이 점점 좁아지는 이런 때에 어째서 그런 식으로 장사하는 것이 여전히 가능한지 이해가 안 된다. 대체 그런 식으로 무모하게 낭비하는 전략과 자기 제품의 수명을 의도적으로 줄이는 걸 어떻게 용납할 수 있을까? 이런 식의 엄청난 낭비를 내 손으로 전부 끝장낼 수는 없지만, 최소한 나 하나는 끝장낼 수 있고, 앞으로 얼마 동안 가능할지 모르지만 내 아이들에게도 그런 낭비를 못 하게 할 수 있다. "나는 하지 않겠어!" 또는 "나는 동참하지 않겠어!" 하는 감정이 〈플라스틱 행성〉을 처음 보았을 때처럼 치밀어 올랐다. 선하고 능동적인 이 감정은 매우 강렬했을 뿐 아니라 최소한 나한테는 올바른 일을 하고 있다는 자부심을 안겨 주었다.

구체적으로 이것이 뜻하는 바는 이렇다. 나는 앞으로 핸드폰뿐 아니라 다른 모든 전자 제품, 어쩌면 전기 제품까지 모두 중고를 쓸 것이고, 이때 수리를 할 수 있는 제품인지 먼저 따져 보겠다는 것이다.

정계에서 활동하다 보니 나도 스마트폰을 쓰라는 몇몇 의욕 넘치는 직원들의 설득에 넘어갈 수밖에 없었다. 나는 페이스북에 적당한 중고 폰을 찾는다는 글을 올렸고, 얼마 지나지 않아 오랜 지인이 연락을 해서 자신이 쓰던 폰을 주겠다고 했다. 자신은 막 새 폰으로 바꾸었다는 것이다. 스마트폰이 필요한 이유는 크게 두 가지였다. 하나는 이동하면서도 메일을 열어 볼 수 있다는 것이고, 다른 하나는 이따금 사진을 찍을 수 있다는 것이었다. 그런데 사진은 우리 홍보팀한테서 늘 욕을 먹었다. 내 스마트폰 카메라 질이 너무 떨어져서 내가 찍은 사진을 홍보 자료로 쓸 수 없다는 것이다. 그러다 보니 사무실 직원들은 나만 보면 제발 신형 핸드폰을 사서 쓰라고 설득했다. 홍보팀 직원들은 내가 한 번 마음먹으면 얼마나 독한 인간인지 알지 못했다. 그사이 핸드폰 생산과 전자 제품 폐기 과정, 그에 따른 끔찍한 환경오염을 속속들이 알고 있던 터라 내 결정은 확고했다. 이 부문에서 지속 가능한 자원 관리가 이루어지지 않는 한 절대 새 핸드폰은 사지 않을 것이고, 누가 선물로 준다고 해도 결코 받지 않을 것이다!

나는 스마트폰을 보는 시간이 점점 많아졌다. 소셜미디어에서 최신 상황에 대한 정보를 얻고, 메일이나 그 밖의 소식을 읽고 답하기 위해서였다. 그러고 있으면 시간이 얼마나 후딱 지나가는지, 나 스스로 생각해도 깜짝 놀랄 정도였다. 남편은 핸드폰과 컴퓨터를 자주 쓰는 나한테 무척 예민하게 반응할 때가 많았다. 심지어 내가 늘 그렇게 폰과 인터넷에 빠져 있는 한 아이들한테도 하지 말라고 할 수 없을 거라고 했다. 소비되는 전기에 대한 지적도 빠지지 않았다. 하지만 나는 정치 활동을 비롯해 현재 세상에서 벌어지는 일들을 따라가기 위해 꼭 필요한 일이라고 번번이 변명했다. 게다가 전기 소비에 대한 남편의 지적이 좀 과장됐다고도 생각했다. 하지만 조사하다 우연히 발견한 2014년도의 한 기사를 보면서 인터넷 소비에 대한 생각이 다시 한 번 근본적으로 바뀌었다. '인터넷은 기후 킬러인가?' 하는 제목만으로도 벌써 많은 것을 보여 주는 기사였다.

독일 한 곳에서만 인터넷 사용하는 데 드는 전기가 실로 엄청났다. 기본적으로 그것으로 해마다 배출되는 이산화탄소 양은 같은 기간에 비행으로 생기는 이산화탄소 양과 비슷했다. 나는 충격을 받았다. 그 정도일 줄은 상상도 못 했다. 내가 지금껏 참석한 정치 토론 자리에서도 그런 주제를 다룬 적이 한 번도 없었다. 정보를 인터넷으로 전달하고, 편지 대신 메일로 소식을 보내는 것은 여전히 자원을 절약하는 수단으로 인식하고 있다. 하지만 좀 더 자세히 들여다보면 그게 그리 단순하지 않다. 이는 에너지 효율이 높은 엔진을 개발해 친환경 쪽으로 움직이는 듯하지만, 속살을 들여다보면 점점 더 커지고 무거워지는 차체와 증가하는 운행, 그리고 자동차의 탑승객 수가 줄어들어 에너지 효율이 좋아진 효과가 상쇄되거나 오히려 역전 현상을 보이는 자동차 산업과 비슷해 보인다. 이론으로 보면 메일로 메시지를 보내는 것은 당연히 자원을 아끼는 일일 테지만, 그건 전송된 메시지 수가 일정하게 유지되거나 최소한 터무니없을 만큼 증가하지 않는다는 가정에서만 그렇다. 하지만 현실은 그렇지 않다. 그건 내가 인터넷으로 메일을 받고 심지어 페이스북과 왓츠앱을 시작하기 전에 편지와 엽서, 그밖의 정보를 얼마나 받았고, 이런저런 미디어로 얼마큼의 정보를 받고 있는지 비교해 봐도 분명히 드러난다. 인터넷을 시작한 이후 나는 하루에 평균 약 50통의 메일을 받았다. 심한 날에는 100통쯤 받기도 했다. 옛날 같았으면 두 달 동안에 받았을 양이다. 게다가 주의회의원 초기에는 문제가 하나 더 있었다. 편지를 주고받던 시절의 습관이 메일에도 똑같이 적용된 것이다. 나는 모든 메일에 꼬박꼬박 답을 해야 한다고 생각했다. 그건 그렇지 않아도 바쁜 의원 생활을 고려하면 시간적으로 불가능한 일이었다. 정보를 수집하는 상황도 비슷했다. 예전에는 무언가 찾을 것이 있으면 아버지가 쓰던 브록하우스 백과사전을 뒤졌다. 종이로 만든 두꺼운 사전은 분명 생산과정에서 자원을 소비했지만, 대신 오랜 세월 동안 오염 물질을 만들지 않고 쓸 수 있었다. 물론 번거롭기도 하고 오늘날의 시각에서 보면 거의 생각할 수도 없는 일이지만, 그것으로 정확하게 필요한 정보만 얻을 수 있었다. 하지만 나조차 이미 백과사전을 뒤지는 것은 딴 세상 일이 되었다.

소식을 전달하는 것도 비슷하다. 날마다 인터넷에서 전송하는 메일의 양은 우편배달 시스템을 이용한다면 아마 며칠 만에 물류 시스템이 완전히 마비될 정도로 엄청나다. 새로운 테크놀로지는 효율적인 면이 있기는 하지만 너무 과도하게 낭비함으로써 오히려 훨씬 더 많은 자원 소비와 에너지 소비, 이산화탄소 배출을 낳는다. 이는 늘 반복해서 확인되는 현상이다.

그렇다면 내가 수년 전부터 낭비와 관련한 거의 모든 분야에서 확인했듯이 문제는 테크놀로지가 아니라 그것을 다루는 방법이었다. 이 깨달음은 내가 오랫동안 플라스틱과 관련해서 확인한 사실과 거의 차이가 없었지만, 이 영역에서는 해결 방법을 찾을 수 없어 당혹스러웠다. 이 방향을 어떻게 반대로 돌릴 수 있을까? 원래는 자원 낭비를 줄여야 할 효율성의 증가가 어째서 정반대 현상을 낳고 있을까? 게다가 나는 점점 중요해지는 인터넷의 응용 영역을 전혀 고려하지 못하고 있었다. 사물 인터넷, 인터넷으로 사물을 조종 관리하는 것은 내 경험 영역에서 벗어나 있었다. 왜냐하면 지금껏 써 본 적이 거의 없기 때문이다. 그렇다고 인터넷을 완전히 포기하는 것은 지금 내 상황에서는 불가능에 가깝다. 하지만 나는 고백해야 한다. 인터넷 사용을 좀 더 절제하는 게 내게도 분명 가능하리라는 것을.

인터넷을 이용하는 인구가 점점 어려지고, 어른들이 그런 현상을 점점 부추기는 것은 이런 맥락에서 보면 당연히 생산적이지 못하다. 물론 이용 시간을 정해 놓거나, 해야 할 일만 하고 인터넷을 그만두는 것처럼 절제하며 쓰는 것은 제외하고 말이다. 하지만 나는 지금껏 그런 경우를 별로 보지 못했다. 인터넷 연결과 이용은 점점 더 많은 아이와 청소년들에게는 숨 쉬는 것만큼 당연한 일이 되어 버렸다. 그러다 보니 여행을 갔는데 와이파이가 연결되지 않으면(어차피 이런 일은 요즘 거의 없다) 아이들은 어쩔 줄 몰라 하고, 가정의 평화까지 위태로워진다. 게다가 디지털 기기를 일상적으로 쓰는 것은 어린 친구들에게는 중독의 위험성이 있다.

나는 나 자신을 보면서 이메일과 왓츠앱, 페이스북을 습관적으로 쓰는 것을 자제하고 통제하는 것이 그리 쉬운 일이 아님을 깨달았다. 나의 가장 큰 비판자인 남편은 내가 그렇게 수시로 메일을 보거나 페이스북 글을 확인한다면 아이들에게도 다른 것을 기대할 수 없을 거라고 했다. 물론 내 주관적 느낌은 달랐고, 남편의 비난이 부당하다고 느꼈다. 그사이 나는 나만의 '인터넷 차단 시간'을 도입했고, 그걸 지키려고 계속 노력하고 있다. 하지만 쏟아지는 메일 홍수를 막으려는 실질적인 계획은 여전히 세우지 못하고 있다.

어쨌든 나는 핸드폰 사용을 일단 어느 정도는 통제할 수 있었다. 홍보팀 직원들한테는 내 사진의 질이 나쁜 것을 브랜드 탓으로 돌렸고, 다들 의심스러워하면서도 어쩔 수 없이 받아들였다. 다음에 정말 핸드폰을 새로 살 일이 있으면 그전에 우리 팀의 전문 사진사에게 꼭 조언을 구하겠다고 약속했다.

지혜롭게 비우기

예전에 외양간으로 쓰던 곳을 몇 년 전부터 남편이 자기만의 정비소로 개조했다. 거기에는 2009년 우리가 플라스틱 실험을 하면서 집에서 모두 끄집어낸 플라스틱 제품의 일부가 여전히 남아 있었다. 그중 대부분은 그사이 남에게 주었는데, 주로 장난감이었다. 하지만 나머지는 아직 창고 안에 떡하니 자리를 차지하고 있었다. 창고는 세월과 함께 헌 물건 집합소처럼 변했다. 중고 제품, 쓰지 않는 장난감, 책, 스포츠용품, 낡은 카펫 같은 것들이 낡은 상자 속에 보관되어 있었다. 언젠가 필요한 사람들이 쓸 수도 있지 않을까 싶어서였다. 그런데 특히 지난 몇 년 사이 믿을 수 없을 만큼 많은 잡동사니가 창고 안에 쌓였다. 친척과 친구, 지인들이 우리에게 '물려준' 것들이었다. 쓰지는 않지만 버리기는 아까운 물건들이라는 이유에서다. 그중에는 전구도 있었고, 다양한 그릇, 유리 제품, 화분, 커튼도 있었다. 이걸 보면서 나는 평소 내가 생각하던 것이 맞는다고 생각했다. 그러니까 사람들은 아직 쓸 만한 물건을 버리기 싫어하는 것이다. 자신이 쓰지 않는다면 차라리 남에게 주는 게 속편했다. 그런 점에서는 우리 집이 안성맞춤이었다. 한편으로는 우리가 헌 물건에 대한 애착이 강한 사람들이고, 다른 한편으로는 우리 창고가 아주 크다는 소문이 주변에 쫙 퍼져 있었기 때문이다. 그러다 보니 지인들이 나중에 혹시 필요할 때 다시 찾아가겠다며 온갖 것들을 우리 집에 '맡겨 두고' 가는 일이 비일비재했다. 물론 그중 많은 것들이 여전히 우리 집에 남아 있고, 세월이 가면서 어느 물건이 누구 것인지조차 모르게 되었다. 그중에는 작은 가구, 스포츠용품, 빨래 건조기, 전자 제품도 있었다. 그런 까닭에 전에는 휑했던 창고가 수년 사이 다시 상당히 많은 물건들로 채워졌다. 이런 상황은 여러 가지 이유로 점점 스트레스가 되었고, 나중에는 창고 안에 뭐가 있는지 알 수조차 없게 되었다.

뭔가 찾을 게 있어서 뒤질 때에야 우리 창고가 얼마나 과잉 상태인지, 얼마나 많은 물건이 잊힌 채 잔뜩 쌓여 있는지 실감했고, 어디에 쓸지도 모르는 이런 물건들을 계속 갖고 있는 게 얼마나 큰 스트레스인지 비로소 깨달았다.

물건 자체를 잊어버리는 건 그것의 가치를 잃어버리는 것이나 다름없었고, 누구에게도 실제적인 의미가 없다는 건 그것의 존재 의미가 사라지는 것이나 마찬가지였다.

필요 없는 것들을 정리하면 자유가 생긴다

필요한 사람에게 물건을 넘기는 것이 가장 좋겠지만, 그게 아니더라도 일부 물건을 창고에서 치우면 기분이 무척 좋아진다. 창고에 뭔가를 들여놓기 위해 공간이 급하게 필요한 것이 아닌데도 그렇게 비워진 공간을 보면 내 마음속의 공간도 넓어지는 듯했다. 나만 그런 것이 아니라 남들도 그렇다는 건 친구들하고 이야기를 나누다 알게 되었다. 심지어 남편은 그런 상황을 늘 "소유는 짐이다!" 하는 한마디 말로 요약했다. 실제로도 그랬다. 나는 일단 어떤 물건이 내 손에 들어오면 그에 대한 책임감을 느낀다. 내가 직접 산 게 아니고, 낡은 물건이라고 하더라도 말이다. 그것들이 내 소유가 되는 순간 나는 더 이상 쉽게 버리지 못한다. 버리라고 권유를 숱하게 들으면서도 말이다. 나는 물건들을 의미 있게 계속 써야 한다는 책임감을 느꼈고, 그래서 그냥 버릴 수 없었다. 그러다 보니 나중에 시간이 한참 지나서야 우리에게 실제로 필요하지 않는 물건은 남이 거저 주더라도 명확하게 거절해야만 책임감의 딜레마에서 벗어날 수 있음을 깨달았다. 타인이 소유하고 있을 때는 책임도 그 사람에게 있기 때문이다. 인간은 자신의 물건을 남에게 넘길 때 그에 대한 책임도 함께 떠넘기려는 마음이 어느 정도 있기 마련이다. 어쨌든 앞으로는 가능하면 그런 일을 피하고 싶었다. 하지만 가장 중요한 것은 필요 없는 물건을 더 이상 사지 않는 것이다. 이 깨달음은 2009년 우리 집에서 플라스틱 제품을 치우면서 얻었다. 그런데 창고 물건들을 살펴보면서 여기서도 충분히 더 줄일 수 있다는 것을 알아차렸다. 순간 "적을수록 좋다"는 오랜 금언이 다시 떠올랐다. 그렇다면 적을수록 왜 더 편하게 느껴지고, 그럼에도 우리는 왜 늘 더 많이 가지려고 할까? 어쩐지 모순인 것 같았다. 하지만 '내면의 목소리'에 귀를 기울여 보니 우리 안에는 두 가지 측면이 다 있었다. 처음 하나는 캠핑 휴가에서 경험한 것인데, 우리는 무척 적은 것으로도 충분히 살아갈 수 있고, 실제로 그렇게 살면 의외로 마음이 아주 편해지는 것을 느낀다. 아무것도 사러 갈 필요 없이 그냥 자기 자신을 위해 시간을 갖고, 식구들과 함께하고, 자연 속에서 지내는 것이 얼마나 좋은지 깨닫게 되는 것이다. 두 번째는 미국 쇼핑몰에 처음 갔을 때 경험한 것인데, 그때 나는 마음에 드는 건 모두 써 보고 싶었고, 아니면 최소한 갖고 싶다는 감정에 걷잡을 수 없이 빨려 들어갔다. 예전에는 한 번도 느껴 보지 못한 감정이었다. 이 두 측면은 어떤 식으로든 인간 속에 뿌리 깊이 박혀 있다. 하나는 현재가 아무리 과잉 상태라고 하더라도 비축해 두려는 심리이고, 다른 하나는 남아도는 짐을 버리려는 심리다. 이 두 심리는 아마 진화 과정에서 자연스럽게 만들어졌을지 모른다. 하지만 우리 사회처럼 만성적인 과잉 상태에서는 남아도는 짐을 버리든지, 아니면 최소한 더 이상 쌓아두지 않는 것이 절실해 보인다. 내가 아는 대부분의 사람들이 쓸모없는 짐을 치우는 것을 기분 좋게 느끼는 이유는 아마 '너무 많은' 것이 장기적으로는 '너무 적은 것'만큼 건강하지 못하기 때문이다. 다행히 점점 더 많은 사람들이 그런 감정을 중시하고 있고, 그건 앞으로의 변화를 위해 직접적으로 행동하는 데 능동적인 자극이 될 것이다.

물건의 새로운 가치, 업사이클링

남편은 못 고치는 물건이 거의 없는 사람이다. 아무리 오래된 물건이라도 일단 남편 손에 들어갔다 하면 무언가 쓸 만한 물건으로 뚝딱 변신해서 나왔다. 우리 창고에 보관된 헌 물건 중에도 남편 손을 거쳐 생명력과 의미를 얻은 것이 여럿 있다. 나처럼 기계를 모르는 사람한테는 정말 신기한 일이었다. 예를 들어 낡은 세탁기 동력 장치와 쇠막대 몇 개만으로 창고 문에 자동 열림 장치를 달더니 자동차 안에서도 무선으로 문을 여는 것을 보고 나는 입을 다물지 못했다.

　남편은 낡은 가구에도 새로운 기능을 첨가해 생명력을 부여하곤 했다. 레오나르트가 전자기타를 배우기 시작했을 때 낡고 조그만 장식장을 뚝딱뚝딱 손보더니 기타 앰프로 만들어 냈다. 게다가 창고에 모아 둔 낡은 자전거들도 남편 손을 거쳐 '작은 발전소'로 거듭났다. 그것으로 남편은 이산화탄소를 전혀 만들어 내지 않고 오직 근육 힘으로만 음악 기기에 필요한 전기를 생산해 냈다. 심지어 빈 출신의 한 예술가와 힘을 합쳐 수동 자전거 발전소로 조명 효과까지 만들어 내는 장치를 개발했다. 이 장치는 마을 페스티벌에도 쓰이곤 했는데, 최근의 한 행사에서는 갑자기 일반 전기 공급에 문제가 생겨서 이 발전기로 조명과 음악 기기에 안정적으로 전기를 공급해 효능을 인정받았다. 남편의 업사이클링 upcycling 능력, 낡은 물건에 새 기능과 디자인을 더해 재활용의 가치를 높이는 능력은 부분적으로 놀라움을 넘어 경탄을 자아내게 된다. 우리 집에 이렇게 창의력이 뛰어나고 손재주가 많은 사람이 있다는 것은 정말 유용할 뿐 아니라 돈도 아낄 수 있었다. 하지만 안타깝게도 이것은 사용하지 않는 낡은 물건을 다루는 문제에서 보편적으로 할 수 있는 구상이 될 수 없다. 그건 개인의 능력에 기대서 해결할 문제가 아니기 때문이다.

중고 물품을 다시 쓰거나 재료를 재활용하는 것과 관련해서 나를 각성시킨 계기는 무엇보다 천 바구니 수집 행사에서 얻은 경험이다. 그때 나는 사람들이 처치 곤란해하는 쓰레기를 흔쾌히 넘겨받아 집으로 가져가는 일이 잦았다. 그런데 우리 집에도 업사이클링 재료가 차고 넘친다는 사실을 알게 되면서 그 일을 그만두었다. 우리 집 창고에 쌓인 엄청난 양의 물건들 중에는 고장 난 것도 있었지만, 당장 중고 가게에 갖고 가서 팔아도 될 만큼 성한 것도 있었다. 나머지는 겉보기엔 아직 새것이지만 얼마 안 가 틀림없이 망가질 정도로 질이 나빴다. 우리 집 창고엔 매트리스, 가구, 플라스틱 장난감, 트렁크, 전등갓, 빨래 건조대, 낡은 스포츠용품… 없는 것이 없었다. 갈수록 나는 의문이 들었다. 왜 이 모든 물건들을 구체적으로 다시 쓰거나 재활용하기 위한 전체적인 구상은 없는 것일까? 많은 물건들은 생산방식 때문에 개별 부품이나 소재를 합리적으로 분리하는 것이 불가능해 보였다. 나는 정치 활동을 하면서 폐기물 관리 분야도 새로 맡게 되었다. 그런데 시간이 갈수록 여러 조사를 하면서 이 분야의 문제는 물건을 생산하는 단계부터 시작된다는 사실을 점점 더 분명히 깨달았다. 순환경제 차원에서 상품들을 다시 재활용할 수 있게 하는 보편타당한 법적 장치가 없었던 것이다. 낭비의 원칙은 의류와 전자 제품, 음식, 에너지와 마찬가지로 중고품에도 해당되었다. 그건 버리는 것과 함께 시작되는 것이 아니라 물건 생산과 함께 시작되었다. 어떤 상품을 그냥 버리기 위해 생산하는 것이 아니라면, 그리고 최소한 원료만이라도 재활용할 수 있으려면 디자인 단계에서 그것을 고려해야 한다. 그렇다면 똑똑한 상품 디자인은 고칠 수 있는 가능성, 견고성, 재활용성을 위한 기본 조건이자, 중고품 문제에서 의미 없는 낭비를 끝장낼 수 있는 가장 중요한 전제 조건들 가운데 하나이다. 이건 개인들이 해낼 수 있는 일이 아니다. 여기엔 명확한 법적 제도적 장치가 필요하다.

상품을 재활용하고 다시 사용하는 것은 개인의 손재주와 의지에 달려 있을 수 없다. 그래서도 안 된다. 중고 물품을 직접 고치지 못하거나, 그것으로 무언가를 새로 만들 수 없다고 해서 그냥 버리기만 해야 할까? 그사이 나는 분명히 깨달았다. 낭비와 아울러 이산화탄소 배출을 끝내려면 당연히 적극적으로 참여하는 개인이 많이 필요하지만, 그에 못지않게 그런 조건을 시스템화하는 정치도 중요하다는 사실을.

수리의 제왕

나는 빈에서 제프 아이젠리글러를 알게 되었다. '수리 서비스 센터'의 설립자로서 매사에 적극적이고 활동적인 사람이다. 제프가 이 센터를 세운 데에는 몇 가지 이유가 있었다. 첫째, 전자 제품의 품질이 점점 나빠지고 있다. 둘째, 일부 기기는 아예 고칠 수 없다.

왜냐하면 제품이 일체형으로 용접되어 있거나, 교체할 부품이 없거나, 아니면 기기를 수리할 사람을 찾을 수 없기 때문이다. 셋째, 품질이 나쁜 새 기기에 많은 돈을 허비하는 것이 개탄스러워서였다. 그사이 이 센터는 큰 성공을 거두었고, 센터를 만든 사람도 신뢰성을 갖춘 조사와 강연으로 이 바닥에서 이름을 얻었다. 나는 센터를 방문하고 깊은 인상을 받았다. 그곳에 맡겨진 중고 기기의 양만으로도 이미 충격적이었다. 그것도 빈 전체의 극히 일부라고 했다. 그런데 내가 가장 큰 감명을 받았던 것은 마주 보고 진열해 놓은 세탁기 두 대였다. 하나는 30년이 넘었고, 다른 하나는 이제 막 3년이 지났다. 제프는 사람들이 내부를 비교 관찰할 수 있도록 세탁기 뒤를 열어 두었다.

"자, 이제 둘을 비교하니까 어떤 게 눈에 들어오나요?"

내가 세탁기 내부를 개방한 이유를 묻자 그가 설명 뒤에 되물은 말이었다. 두 세탁기의 내부는 하늘과 땅 차이였다. 세탁기 전문가가 아닌 내가 봐도 30년 된 세탁기가 훨씬 안정적으로 보였다. 거의 모든 부품이 스테인리스였고, 적당한 공구만 있으면 얼마든 바꿀 수 있는 나사와 부품이 여기저기 눈에 띄었다. 반면에 다른 세탁기는 내부가 거의 흰색이었다. 그건 거의 모든 부품을 플라스틱으로 만들었다는 얘기다. 나사는 어디에도 보이지 않았고, 모든 부품이 하나로 연결되어 있는 듯했다. 30년 된 세탁기는 전체적으로 훨씬 정교하고 섬세했다. 내 느낌을 이야기하자 제프는 흡족한 표정으로 고개를 끄덕였다.

"맞아요! 그게 바로 하나는 30년이 가고, 다른 하나는 3년밖에 가지 않은 이유죠."

제프의 설명이 이어졌다. 새 세탁기는 거의 모든 소모성 부품을 플라스틱으로 만든 데다 용접으로 붙여 놓았다. 그러다 보니 첫눈에 봐도 알 수 있듯이 부품들은 훨씬 불안정하고 쉽게 고장이 날 뿐더러 일단 고장이 나면 다른 것으로 바꿀 수 없었다. 반대로 옛날 세탁기는 거의 모든 부품을 스테인리스로 만들었고, 하나하나가 나사로 죄어져 있어서 얼마든지 바꿀 수 있었다. 안정적인 재료와 섬세한 작업 방식 덕분에 옛날 세탁기는 실제로 오래 쓸 수 있었고, 긴 수명의 생산방식과 수리 가능성의 상징이 되었다. 이로써 수명만 놓고 본다면 옛날 세탁기는 요즘 세탁기 열 대의 일을 하는 셈이었다. 물론 옛날 세탁기라고 모두가 그렇지는 않겠지만, 어쨌든 나는 이 예에서 정말 깊은 인상을 받았다. 돈과 자원의 낭비는 제쳐 놓더라도 싼값으로 제작하는 현재 방식은 생태적으로 지극히 심각한 결과를 낳았다. 제프가 절박하게 설명했듯이 세탁기의 전 생애에서 이산화탄소를 가장 많이 배출하는 단계는 생산과정이기 때문이다. 그렇다면 세탁기 제조업체들이 최근 모델들의 높은 에너지 효율 등급을 아무리 선전해도 생산 단계에서 나오는 오염 물질을 고려하면 전혀 절약을 하지 않는 셈이었다. 아니, 오히려 예전 것에 비하면 이산화탄소 배출은 전체적으로 두 배 또는 세 배가 높았다. 어떻게 30년 전에는 그렇게 오래 쓸 수 있는 세탁기를 만들었는데, 오늘날에는 기술이 훨씬 더 발달했는데도 그게 가능하지 않는 것일까? 요즘 나오는 세탁기가 예전 것보다 수명이 훨씬 더 길어야 하지 않을까? 이런 현실을 보며 나는 속상함을 넘어 화가 치밀었다. 그와 함께 우리 집의 낡은 식기세척기가 새삼 떠올랐다. 처음엔 새것으로 바꿔 볼까도 생각했지만 남편이 70센트를 주고 스위치 하나를 바꿔 끼우자 지금도 탈 없이 잘 돌아가고 있는 그 세척기 말이다. 아마 이런 세척기도 대부분의 가정에서는 마땅한 대안이 없어서 그냥 버리고 말 것이다.

　제프는 화를 내는 데도 지쳤는지 더 이상 나처럼 흥분하지 않았다. 대신 이제는 이 분야에서 낭비의 순환을 중단시키려면 무엇을 해야 하는지 분명한 구상을 갖고 있었다. 일단 생산과정부터 손봐야 했다. 모든 전자 전기 제품의 수명이 다시 길어지고 쉽게 고칠 수 있도록 만들려면 유럽연합 차원의 에코 디자인 지침에 자원 효율성의 표준화를 명확히 마련하는 것이 필요했다. 그 밖에 고장 수리 서비스의 부가가치세를 지금보다 큰 폭으로 낮추어야 하고, 대여 서비스를 장려해야 했다. 그래야만 자원을 아끼고 수리해서 쓸 수 있는 생산방식을 도입해 기후변화에 유익한 기기를 사용하는 것으로 나아갈 수 있을 것이다.

　꽤 논리적으로 들렸다. 게다가 원칙적으로 비전문가도 충분히 공감할 수 있을 만큼 간단한 해결책으로 보였다. 이 해결책이 표적으로 삼은 것은 업체들이 무분별하게 추구하는 상업적 이익의 극대화였다. 나는 한편으론 내 생각이 맞는다고 생각하면서도 다른 한편으론 몹시 화가 났다. 예전에 〈플라스틱 행성〉을 본 뒤 영화관을 나올 때의 감정과 비슷했다. 그때보다 화만 조금 더 났다. 내가 잠재적 고객으로 업체들의 농간에 놀아나는 것도 언짢았지만, 이 영역에서 내 정치적 노력이 별 성과를 거두지 못한 것에 더더욱 화가 치밀었다. 이제 분명해졌다. 경제적 비용만 증가시키는 이런 식의 낭비를 더는 방관하지 말아야 하고, 그에 발맞춰 마땅한 법적 제도적 변화를 정치적으로 요구하는 사람들의 압력이 더욱 거세져야 한다는 것이었다.

나는 제프의 수리 서비스 센트를 나오면서 마음을 다잡았다. 앞으로 나아가는 데 필요한 힘을 얻은 느낌이었다. 거기서 보고 배운 것들은 내가 지난 세월 동안 만난 수많은 사람과 단체, 조직의 숱한 노력을 비롯해 우리 자신의 생활 방식과도 전적으로 일치했기 때문이다. 게다가 그것은 내가 지금껏 정치판에서 추구해 왔고, 앞으로 더더욱 힘을 내어 밀고 나가야 할 기본 방향이 되었다. 우리를 옭매는 현재의 경제 방식을 바꾸려면 우리가 먼저 대안과 새로운 가능성을 선명하게 보여 주어야 한다. 그런 다음에야 새로운 경제 시스템이 서서히 자리를 잡아 나갈 수 있을 것이다.

물건과 정보의 공유로 모두 함께

나는 주의회 활동을 하면서 베아트릭스를 만났다. 2016년 그녀가 그라츠에서 '열린 책꽂이' 운동을 조직하고 '제로 웨이스트 그룹'을 설립하기 시작할 때였다. 물론 그전에도 베아트릭스는 나에 관한 이야기를 잘 알고 있었다. 같은 곳을 바라보며 걷는 사람들은 언젠가는 마주칠 수밖에 없다. 활동과 참여의 길은 늘 반복해서 교차하기 때문이다. 그녀는 내 이야기가 자신에게 동기를 부여했고, 자신의 프로젝트를 추진해 나가는 데 자극이 되었다고 말했다.

베아트릭스가 본격적으로 이 길로 들어선 건 2015년에서 2016년으로 넘어가는 겨울이었다. 이유는 많은 사람들이 너무 많은 일을 하고, 불필요한 소비를 너무 많이 하고, 그러면서 비행기를 타고 세계 각지로 여행 떠나는 걸 스트레스 해소라고 믿는 상황이 점점 싫어졌기 때문이다. 그녀는 우리가 기존의 생활 방식으로 우리 행성만 속절없이 파괴하는 것이 아니라 우리 자신도 불행하게 만든다는 사실을 점점 뚜렷이 깨달았다. 물론 그런 깨달음과 함께 어쩐지 스스로 외로워지는 느낌이 들기도 했다.

그러다 얼마 뒤 베아트릭스는 그라츠의 '재능 교환 센터'를 찾아갔다. 자신의 재능을 다른 사람들과 무료로 교환한다는 것이 너무 멋지게 느껴졌기 때문이다. 그녀는 재능 교환 센터를 통해 '지속 가능한 삶'이라는 주제의 워크숍에 참여했고, '난 이미 충분해'라는 온라인 학습 과정까지 마쳤다. 이 학습을 받으면서 베아트릭스는 벌써 열린 책꽂이를 교구 안에 만들기 시작했다. 중고책을 책꽂이에 꽂아 두면 누구나 자유롭게 가져갈 수 있는 책 교환 운동이었다. 이건 독일 하노버에서 1990년대부터 시작되었다. 이 운동은 베아트릭스에게 계속할 용기를 줄 정도로 순조롭게 진행되었고, 지금은 열린 책꽂이가 그라츠에만 벌써 90곳 넘게 설치되어 있다.

베아트릭스는 지금껏 늘 이 방면으로는 아는 것도 없고 교육도 받은 적이 없어서 자신이 할 수 있는 일이 없을 거라고 생각해 왔다. 게다가 그런 일은 어차피 다른 사람들이 잘해 나가리라고 믿었다. 하지만 우리가 갖고 있는 변화의 가능성조차 아는 사람이 얼마나 적은지를 깨닫고 일단 친구와 친척, 직장 동료들과 되도록 많은 이야기를 나누려고 했다. 이야기할 때 자신의 조언은 지나치듯이 툭 던졌지만, 거꾸로 환경보호와 기후 위기, 공유, 소비 줄이기, 수리, 지속 가능한 삶, 자전거 타기 같은 문제에 대해서 남들이 하는 얘기를 쏙쏙 빨아들였다. 그 과정에서 경우에 따라서는 정보에 접근하는 것조차 무척 어렵다는 것을 알아차렸고, 그것이 지속 가능한 생활 방식으로 살려고 하는 많은 사람들에게 장애가 될 수도 있겠다고 판단했다. 사실 요즘 우유 자판기나 공짜 가게를 찾아 몇 시간씩 돌아다닐 만큼 한가하고 의욕 넘치는 사람이 몇이나 되겠는가!

2016년 여름 베아트릭스는 마침내 자신의 관심을 일깨운 기사를 읽었다. 사라와 베레나가 그라츠에 포장 없는 가게를 처음으로 낼 계획이고, 곧 크라우드펀딩을 시작하려 한다는 내용의 기사였다. 그 아이디어에 백배 공감한 베아트릭스는 곧 사라에게 연락해서 자원봉사로 일하겠다고 말했다. 같은 길을 앞서 걸어가는 그룹을 알게 된 것은 그녀에게도 든든한 지원군을 얻은 것이나 다름없었다. 그리고 가을 베아트릭스는 마침내 '열린 책꽂이 그라츠' 페이스북 그룹을 만들었다. 여기에는 지금껏 만든 모든 열린 책꽂이에 대한 정보가 담겨 있고, 그 뒤로 계속 업데이트되었다. 이것 말고도 그녀는 '제로 웨이스트 그라츠' 페이스북 그룹의 관리를 맡았는데, 지속 가능한 삶에 대한 정보를 읽는 사람이 같이 하고픈 마음이 들 정도로 감동적인 글을 올리기 시작했다. 반응은 무척 좋았다. 회원 수도 단기간에 폭발적으로 증가했다. 하지만 페이스북의 약점도 빠르게 드러났다. 지속 가능성에 관심이 많은 이들 중에는 페이스북을 하지 않는 사람이 많았기 때문이다. 그래서 이 정보들이 페이스북에서 '아래로' 계속 미끄러져 내려가다가 결국 사라져 버렸다. 이것을 보면서 홈페이지를 만들자는 아이디어가 서서히 무르익어 갔다. 2017년 초 베아트릭스는 홈페이지 작업을 도와줄 사람을 찾아 나섰다. 페이스북 그룹 제로 웨이스트 그라츠에 공고를 올리자 안드레아가 자청하고 나섰고, 두 사람은 바로 작업에 들어갔다. 안드레아의 남편도 거들었다. 아이디어가 마음에 들어 흔쾌히 자신의 노동력을 제공하기로 마음먹은 것이다. 그런데 이들은 웹사이트 만드는 일에만 동참한 것이 아니라 내용에도 참여했다. 며칠 뒤 웹사이트 꼴이 잡혔고, 14일 뒤에는 마침내 '지속 가능성 그라츠'라는 제목의 홈페이지가 공식적으로 문을 열었다. 반응은 기대 이상으로 긍정적이었고, 그만큼 베아트릭스와 안드레아도 큰 보람을 느꼈다.

그 뒤 이 사이트는 여러 상을 받았다. 2017년에 받은 기후보호상이 그중 하나다. 그에 자극받아 다른 도시와 지역들에서도 성공적인 후속 프로젝트가 몇 개 생겨났다. 소개하면 이렇다.

지속 가능성 벡셀란트(2018년 1월)
지속 가능성 부르겐란트(2018년 7월)
지속 가능성 바덴(2019년 2월)
지속 가능성 인피어텔(2019년 5월)

지속 가능성 베른도르프(2019년 6월)

그사이 독일과 스위스를 포함해 오스트리아 곳곳에서 이런 네트워크들이 생겨났다. 이제는 나와 비슷한 생각을 하는 사람이 근처어디에 있는지 쉽게 정보를 얻을 수 있었다. 그라츠 한 곳에서만지속 가능성 행사가 매달 100~150번 정도 열렸다(벼룩시장이나농산물 직거래 장터는 포함하지 않았다). 베아트릭스는 '올바른'행사가 우리 삶을 바꿀 수 있다는 말을 입에 달고 살았다. 내가 예전에 〈플라스틱 행성〉을 봤을 때와 비슷했다. 그때 나는 내 속에서 뭔가가 강하게 꿈틀대는 것을 느꼈고, 그것은 결국 우리 가족을 넘어 다른 사람들까지 움직였다.

　지속 가능성 그라츠에서 중요한 것은 지속 가능한 생활 방식을 사실에 기초해서 총체적으로, 그러면서도 이해하기 쉽게 설명하고, 그와 함께 읽는 사람이 "나도 한번 시도해 볼까?" 하는 마음이 들게 하는 것이었다. 다시 말해 정보 제공과 각성, 동기 부여의적절한 조합이 가장 중요하다는 말이다. 자원을 아끼고 낭비를 줄이는 건 일부 특별한 사람들만의 전유물이 아니라 누구나 할 수있는 일이다. 그렇다면 열린 책꽂이 운동을 비롯해 공유할 수 있는 가능성을 북돋우고 발전시켜 나가는 것이 지속 가능성 그라츠의 중요한 역할이었다. 그런 차원에서 지속 가능성 그라츠는 이도시에 '증정 가게'를 하나 열었다. 우리가 하는 공짜 가게와 비슷한 가게였다. 이 모든 활동은 아직 쓸 만한 것이라면 쉽게 버리고싶어 하지 않는 많은 사람들의 감정을 반영했고, 아울러 모든 걸 새로 살 필요가 없을 뿐 아니라 모두 갖고 살지 않는 게 오히려 행복에 도움이 된다는 점을 일깨웠다. 또한 각자의 집에서 쓰지 않는 물건들을 치우고, 자신에게는 필요 없는 물건을 남들이 돌아가며 쓰게 하도록 도와주었다. 지금은 나이든 사람이든 젊은 사람이든 많은 사람이 이 운동에 동참하고 있다. 주로 여자들이 많지만, 남자들도 꾸준히 늘어나는 추세다. 모두 우리 일을 거들면서 여가 시간을 의미 있게 쓰려는 사람들이다. 지속 가능성 그라츠는 그사이 무척 많은 사람들과 연결되었고, 그건 또다시 다른 네트워크와의 협력을 만들어 낸다. 함께하는 사람들과 그들을 잇는 네트워크는 앞으로 점점 늘어날 것이다.

플라스틱을 안 쓰는 것이 현대적이다

2009년 플라스틱 없는 집 블로그를 시작했을 때 내가 알기로 그건 최소한 독일어권에서는 최초의 시도였다. 그런데 그사이 플라스틱 문제와 관련한 무대는 큰 폭으로 커졌다. 여러 인터넷 플랫폼을 비롯해 블로그, 상점, 기업, 다양한 다큐와 서적, 그리고 무엇보다 이 주제에 관심을 보이는 사람이 많이 생겨났다. 심지어 당시에 내가 만난 의욕 넘치는 활동가 두 명은 '플라스틱 행성' 클럽을 만들기도 했다. 플라스틱 실험으로 우리와 친분을 맺은 베르너 보테 감독도 여전히 적극적인 활동을 하고 있다. 내가 이 책을 쓰기로 구체적으로 마음먹은 것도 최근에 나온 그의 영화 〈녹색 거짓말 The green lie〉 덕이 크다. 이 영화도 다국적기업이나 콘체른을 통해 세계 각지에서 벌어지는 인간과 자원의 공공연한 착취와 그것을 막으려는 사람들의 노력과 참여를 다루고 있기 때문이다. 영화가 주는 시사점은 또 있었다. 그사이 웬만한 큰 기업들은 지속 가능성 부서나 사회적 책임 부서를 만들었는데, 그런 외형적 이미지에 현혹되지 말고 그 뒤의 진실을 보아야 그들에게 속아 넘어가지 않는다는 것이다. 그것과 관련해서 주의회에 들어간 지 얼마 안 돼 무척 인상적인 경험을 하게 되었다.

가지 않으면 길도 없다!

이건 변함없는 내 신조다. 오랫동안 한 문제를 집요하게 파고, 사람들의 의식을 끊임없이 변화시키고자 노력하다 보니 처음엔 다들 안 된다고 생각하던 일조차 서서히 길이 열리기 시작했다. 나는 우리 지역의 공식 행사에 갈 때마다 늘 눈에 걸리는 것이 있었다. 일회용 잔이나 접시를 비롯해 일회용 플라스틱 병을 너무 많이 쓰는 것이다. 특히 교구에서 오래전부터 주최하고, 나도 꾸준하게 참여하는 대규모 달리기 대회가 그랬다. '슈트라센글러 단축 마라톤' 대회가 끝나고 나면 엄청난 양의 쓰레기가 쏟아졌다. 이유는 두 가지였다. 하나는 음료와 음식을 모두 일회용 잔이나 그릇에 담아 줬고, 하나는 참가자들이 접수할 때 받는 봉투 안에 플라스틱 병 두 개 말고도 플라스틱으로 포장된 온갖 자질구레한 물건들이 담겨 있기 때문이다. 내 친구이자 기초의원으로 활동하는 요한나는 이 대회의 조직과 운영을 거들었는데, 우리 둘은 의회에서 해당 상임위원회가 열릴 때마다 이런 멋진 행사에서 나오는 엄청난 양의 쓰레기를 안건으로 올렸다. 처음에 사람들은 이런

저런 이유를 대며 그건 어쩔 수 없다고 했다. 봉투가 아니면 업체들이 어디다 물건을 담아 후원할 것이며, 다시 쓸 수 있는 그릇이나 잔은 비싼 데다 손이 많이 가고, 또 설거지를 할 마땅한 장소가 없다는 이유에서다. 내가 화가 난 건 우리 지역의 다른 단체들에서는 벌써 오래전부터 행사나 축제 때 대부분 여러 번 쓸 수 있는 컵이나 그릇을 쓰고 있기 때문이다. 우리가 수년 동안 이 문제를 끈질기게 제기하고 대안까지 내놓자 그제야 몇몇 동료 의원들이 생각을 바꾸었고, 올해 슈트라센글러 단축 마라톤 대회에서는 일회용이 아닌 그릇과 잔을 썼고 봉투에도 플라스틱 병 없이 음료 교환권만 담는 일이 실제로 일어났다. 쓰레기는 대폭 줄었고, 이 행사의 대외적인 이미지는 한껏 높아졌다. 나는 감격스런 마음에 그동안 애를 많이 쓴 요한나를 안아 주었고, 대회 조직위원장과 우리 시장에게도 확실하게 개선해 낸 것에 축하 인사를 건넸다.

우리 실험에 대한 짧은 총평

이 모든 과정이 물 흐르듯 흘러간 것은 결코 우연이 아니다. 이건 신이 미리 준비한 것도, 운명적인 것도 아니다. 그저 우리 인간이 만든 규칙에 따라 흘러간 것뿐이다. 이것을 이끈 것은 돈의 분배와 힘의 논리다. 우리 세상이 예전보다 좀 더 정의롭고 생태 친화적으로 변한 것은 저절로 그리된 것이 아니고, 많은 사람들이 예찬하는 '시장'의 힘 때문도 아니다. 만일 그랬다면 우리는 이미 오래전에 경제적으로 정의롭고 생태적으로 좀 더 안전한 세상에 살고 있어야 할 것이다. 인간은 당연히 누구나 무언가를 바꿀 수 있다. 자신의 행동으로 직접 바꿀 수도 있고, 자신이 본보기가 됨으로써 간접적으로 바꿀 수도 있다. 나는 사회적 경제적으로 어느 정도 안정되어 있고, 운 좋게 교육의 혜택을 누려 개인의 개발 가능성을 충분히 가진 사람이라면 누구나 이런 본보기 역할을 할 수 있다고 굳게 믿는다.

언젠가부터 그건 내겐 거의 의무처럼 느껴졌다. 나는 만족스런 삶을 사는 사람이었다. 가족을 포함해 주변 사람들과 잘 지내고, 건강한 세 아이가 있고, 좋아하는 직업이 있고, 정원이 딸린 낡지만 아늑한 집이 있고, 믿을 만한 친구도 많다. 게다가 어쩌면 이게 가장 중요할지 모르는데, 삶에서 중요한 많은 것들을 가르쳐 준 부모가 있다. 이런 복을 누리는 내가 아니면 누가 변화를 시작할 수 있을까? 내 변화는 10년 전 플라스틱 낭비를 거부하는 것으로 시작되었다. 그때 많은 사람들은 무의미한 짓으로 여겼다. "몇몇 사람이 그런다고 뭐가 바뀌겠어?" 하는 말을 수백 번 넘게 들었다. 그런데도 그건 내게 늘 옳은 일이었다. 그걸 하고 있으면 마음이 편했고, 뭔가 바뀌는 것도 확인했다. 내가 이 일을 계속해 나가고, 내 힘으로 바꿀 수 있는 것이 또 뭐가 있을지 계속 고민하는 이유는 무엇보다 내 아이들과 그 아이들의 미래 때문이었다.

항공 여행이 기차 여행보다 점점 싸지는 것은 생태적으로만 미친 짓이 아니라 힘든 여건에서도 어떻게든 환경 친화적인 방식으로 여행하고자 하는 사람들을 좌절시키는 일이기도 했다. 늘 정의감으로 불타는 말레네는 이런 상황에 분노해서 어느 날 이렇게 말했다.

"엄마, 포기하지 말고 계속해야 해요. 이건 무조건 바꾸어야 해요!"

나는 내 아이들이 자랑스럽다. 아이들은 플라스틱 실험 이후 우리 삶의 방식을 함께 바로잡으며 실천해 나갔을 뿐 아니라 이제는 그중 많은 것들을 자신들의 삶으로 받아들여 내재화했다. 하지만 나는 아이들이 세상에 대해 너무 크게 고민하고 걱정하면서 삶의 즐거움을 누리지 못하거나 미래에 대한 희망을 잃지 않았으면 한다. 또한 아이들이 세상을 바꾸는 일에 열심히 참여하도록 응원할 뿐이지, 세상에 대한 짐을 자기 어깨에 짊어진 채 힘들어하거나 체념하는 것은 원치 않는다.

지난 몇 달 동안 나는 무척 인상적인 젊은이들을 많이 만났다. 스스로 책임을 떠안으면서도 정치의 책임을 명확히 거론하는 젊은이들이다. 이들 환경론자들 가운데 대부분은 주로 중고품을 쓰고, 동물성 식품은 거의 먹지 않고, 자동차가 없고, 일회용 플라스틱을 사지 않는다. 하지만 진정한 전환을 불러일으킬 시간이 얼마 남지 않은 점을 고려하면 이보다 훨씬 더 많은 것이 필요하다는 사실도 그들은 너무 잘 안다. 그래서 무엇이 위험에 처해 있는지 정확히 파악하면서 정치적 책임자들이 그것을 진지하게 받아들이고 행동에 나설 것을 요구한다.

이 대목에서 단도직입적으로 말하자면 나는 그사이 정치판에서 4년 넘게 활동하면서 분명히 깨달은 것이 있다. 우리가 위정자들의 엉덩이를 걷어차 문제 해결에 적극 나서도록 해야 하고, 이 발길질이 효과를 거두려면 지금까지보다 더 많은 사람들의 참여가 필요하고, 그래야 시급한 결정이 빨리 내려져 우리 모두가 안심하고 살 수 있는 미래의 토대가 만들어질 수 있다는 것이다.

요즘 젊은 친구들이 거리로 나가 자신들의 미래를 위해 시위하는 것은 퍽 호응이 좋고, 정치적으로도 적절하다. 게다가 그렇게 많은 젊은이들이 참여하는 것은 아주 바람직하다. (말이 나온 김에 덧붙이자면 이런 흐름에 불이 붙은 것은 스웨덴의 청소년 환경 운동가 그레타 툰베리 덕이다.) 하지만 이건 젊은이들만의 문제가 아니고, 젊은이들 혼자 해결할 수도 없다. 이 문제에 분명하게 1차적 책임이 있는 우리 세대가 시위하는 젊은이들을 홀로 내버려 둔다면 그건 우리의 잘못을 만회할 마지막 기회를 놓치게 되는 셈이다. 청년들이 이런 일에 관심을 보이는 게 얼마나 중요한지 입만 열만 칭찬하면서도 속으로는 '그렇게 데모만 하면 우린 지금까지 해 왔던 대로 그냥 계속해 나갈 거야!'라고 생각하는 정치인들은 정말 위선적이고 무책임하다. 기존 제도를 만든 데 크나큰 책임이 있는 정치인들이 그 책임을 끊임없이 소비자들에게 떠넘기는 것도 마찬가지다. 소비자에게 자발적 소비에 대한 결정권이 있다고 하더라도 그들에게 오롯이 책임을 물을 수는 없다! 생산과 판매, 정치는 개인적인 것이 아닐 뿐더러 우리가 살아가는 시스템과 구조의 영향을 받는다. 배출과 낭비를 줄이기 위한 한 가지 조건은 상품 하나하나에 온실가스 결산표를 만드는 것이다. 또 하나의 조건은 온실가스를 적게 배출하는 상품이 많이 배출하는 상품보다 싸야 한다는 것이다. 이건 이동 수단과 서비스업에도 똑같이 적용되어야 한다. 앞으로도 계속 기차 여행이 비행기 여행보다 훨씬 더 비싸면 아무리 의식 있는 개인도 장기적으로는 감당하기 곤란하다. 아울러 과도기에는 사회적인 완충 장치도 당연히 필요하다. 이 모든 것은 누가 뭐래도 정치 영역의 과제다. 정치인들이 그 과제를 받아들일지 말지, 그리고 받아들인다면 어떻게 받아들일지는 무엇보다 선거 결과와 그에 따른 힘의 관계에 달려 있다. 결국 우리 모두는 선거를 통해 말할 수밖에 없고, 선거를 통해 영향을 끼쳐야 한다! 어쨌든 청소년들이 주도하는 '미래를 위한 금요일 운동'은 내게 희망의 상징이자 나를 북돋우는 크나큰 힘이다.

원대한 전망은 수십 년 전부터 정치적 사회적 담론 속에 일부 존재해 온 아름다운 말과 개념을 현실화하는 것과 다르지 않다. 에너지 전환, 순환 경제, 지속 가능한 농업과 임업, 대중교통의 가격 인하와 확충, 이런 것들은 어쨌든 서류상으로는 오래전부터 있어 왔다. 많은 아이디어가 여전히 서랍에 묵혀 있고, 많은 구상이 책상 위에 그대로 놓여 있다. 기술적 해결도 마찬가지다. 이제 그것들을 끄집어내 실행에 옮겨야 한다. 왜냐하면 순환 경제가 서류상에만 존재하고 현실에서 보증금 제도나 의무적으로 음료수병을 재활용해야 하는 시스템이 원활하게 돌아가지 않는다면 아무리 좋은 생각도 공염불에 지나지 않기 때문이다.

기차를 이용하는 게 비행기보다 최소한 세 배는 더 비싸고 이것을 바로잡으려는 노력이 여전히 차단되어 있다면, 또한 일부 지역에서는 버스가 하루에 두 번밖에 다니지 않는 데다 자동차를 타는 것보다 더 비싸다면, 에너지 전환이 말로만 그치고 현실에서는 화석연료 소비가 계속 증가하면서 에너지 절감이 이루어지지 않는다면, 재생에너지 사용이 밑 빠진 독에 물 붓기 식으로 진행된다면, 건물 단열이나 태양열을 통한 에너지 생산, 대중교통의 체계적 확충, 자전거 도로의 구축처럼 에너지를 절감할 수 있는 영역에서조차 진전이 이루어지지 않는다면, 현실과 이상 사이에는 커다란 간극이 생길 수밖에 없다. 게다가 이 간극은 내가 지난 4년 동안 정치 활동을 하면서 접한 수많은 간극들 가운데 하나일 뿐이다.

우리는 이제 이 간극들을 메워야 하고, 서류에만 존재하는 기후 보호 구상을 현실로 옮겨야 한다. 그것도 되도록 빨리. 이 과정에서는 삶의 모든 영역에서 낭비를 끝내야 한다. 그러려면 '착한' 소비자뿐 아니라 적극적으로 참여하는 많은 사람이 필요하다. 결국 정치도 사람이 만들어 나가는 것이기 때문이다. 정치인들도 이제 환경 파괴와 기후변화가 결코 공짜가 아니었음을 깨달아야 한다. 그 대가로 우리 삶의 토대와 우리 아이들의 미래가 무너지고 있으니까 말이다. 그걸 원치 않는다면 우리 모두 그것을 막는 일에 앞장서야 한다.

아직 할 일은 무척 많다. 정치든 시민사회든 경제든 다 함께 힘을 합치는 공동의 노력이 필요하다. 이건 우리 모두에게 이익이 될 수 있다. 우리는 잃어버릴 것이 많지만, 얻을 것은 훨씬 더 많다.

지난 10년 동안 내가 한 일들을 돌아보니 전체적으로 무척 만족스럽다.

우리의 반쪽 자동차는 기대 이상으로 훌륭했다. 우리는 자동차를 예전보다 뚜렷이 덜 탔지만, 삶의 질은 조금도 나빠지지 않았다. 아니, 오히려 좋아졌다. 수년 동안 자동차를 나누어 쓰면서 주행 거리만 줄인 것이 아니라 차와 관련된 모든 비용을 분담하면서 많은 돈을 아낄 수 있었다. 중간에 서로 필요한 때가 겹쳐 곤란했던 적은 두세 번밖에 되지 않았고, 그조차도 서로 불만 없이 무난히 해결했다. 그 밖에 차를 누가 어디다 세워 두어야 할지를 두고도 혼란이 두세 번 있었지만 그도 별 문제가 되지 않았다. 물론 중간중간에 어딘가로 가거나 집으로 돌아올 때 친구의 도움을 받기도 했고, 이웃이 나를 기차역까지 태워다 주기도 했다. 그러다 정 급할 때는 양심에 찔리지 않고 바로 택시를 집어탔다. 택시비로 날리는 돈보다 우리가 반쪽짜리 자동차로 아끼는 돈이 몇 배는 더 많았기 때문이다.

7년 동안 자동차를 공유한 시스템은 정말 흠 잡을 데 없이 잘 굴러갔다. 게다가 남과 자동차를 나누어 쓰다 보니 꼭 필요한 운행 계획만 세우게 되는 효과도 덤으로 얻을 수 있었다.

이런 공유 모델들이 많은 사람들의 관심을 끌려면 더 많은 대책이 필요하다. 자동차를 소유하지 않고 남들과 함께 쓰는 것이 많은 사람들에게 좀 더 매력적으로 다가가려면 보험회사가 이런 공유 모델들을 공식적으로 인정하고, 사고가 일어났을 때 개별 공유자들의 보험에 대한 규정을 마련해야 한다. 거기다 공유하는 사람들에게 세제 혜택을 준다면 금상첨화다. 그럴 근거는 충분해 보인다. 공유하는 사람들이 많아지면 교통량뿐 아니라 자동차의 공간 소비도 전체적으로 줄어들기 때문이다. 이는 기후 위기를 제쳐놓더라도 열섬 현상으로 올라간 기온을 식혀 줄 녹지가 필요한 대도시에서는 특히 중요한 의미가 있다. 그렇다면 합리적이고 개별적인 이동 수단 모델을 적극 지원하는 법적 제도적 장치는 더 많이 필요하다. 미래에도 우리는 분명 자전거나 대중교통만 타고 돌아다니지는 않을 것이다. 새로운 테크놀로지도 우리가 절약과 환경을 보호하는 원칙에 따라 쓴다면 훨씬 더 합리적으로 운영할 수 있을 것이다.

말레네의 훌륭한 스키복

의류 영역에서도 낭비를 줄이려는 노력은 효과가 있었다. 내 옷장의 옷은 그사이 크게 세 종류로 나뉘었다. 그중 월등하게 많은 것이 지난 몇 년 사이 공짜 가게나 의류 교환 장터, 벼룩시장, 중고 가게에서 장만하거나, 아니면 친구들한테서 넘겨받은 중고 옷들이다. 두 번째 부류는 생태 친화적인 소재로 공정하게 생산한 의류만 파는 전문 매장에서 산 새 옷들이다. 이것들은 당연히 일반 옷들보다 비싸다. 대신 이런 옷들을 사는 일은 무척 드물었다. 세 번째 부류는 20년 전부터 혹은 일부는 그보다 더 오래전부터 갖고 있던 옷인데, 여전히 내 몸에 맞기도 했지만 그냥 여러 가지 이유로 버리지 못한 옷들이다. 예를 들면 아버지가 내 졸업식 파티를 위해 사 준, 짙푸른 공단 목깃이 달린 검정색 우단 블라우스가 그렇다. 그중 몇 가지는 정말 1980년대 후반과 90년대 초반 사이에 유행하던 옷인데, 유행이라는 게 보통 수십 년 주기로 돌고 돈다는 점을 감안하면 나름 장점이 있다. 요즘은 말레네가 옛날 옷들 가운데 몇 벌을 꺼내 입고 맵시를 뽐내고 다니니까 말이다.

나는 이제 옷에 돈을 별로 쓰지 않는다. 그런데도 내 옷장의 옷들은 예전보다 가치가 한결 높아졌다. 나는 이 옷들을 높이 평가한다. 돈을 주고 샀건, 공짜로 얻었건 상관없다. 의류 영역에서 소비 습관이 바뀌던 무렵 나는 옷을 소중히 여기고 낭비하지 않으려면 그 가치를 알아보고 느끼는 것이 결정적으로 중요하다는 걸 깨달았다. 비싼 새 옷이든 공짜 가게에서 가져온 옷이든 그건 별로 중요하지 않다. 중요한 건 품질이다. 아직 상태가 괜찮은 중고 옷이라면 얼마든지 질이 좋을 수 있다. 아니, 새 옷보다 품질이 좋은 경우도 많다. 그런 경험을 지난 몇 년 사이 자주 했다. 의정 활동을 하다 보면 어느 정도 격식을 갖춘 옷을 입어야 할 때가 더러 있는데, 그렇다고 그런 옷을 굳이 돈까지 주면서 새로 사고 싶지는 않았다. 그래서 공짜 가게에 들러 마땅한 옷이 있나 살펴보았고, 그런 옷을 발견하면 비록 돈을 지불하지는 않았지만 돈을 주고 산 비싼 새 옷만큼이나 그 옷의 가치를 높이 평가할 줄 알게 되었다.

가끔은 뜻밖의 행운도 있었다. 5년 전에 세일 가격으로 40유로를 주고 샀던 말레네의 스키복이 그랬다. 그 옷은 지금까지 잘 입고 다니고, 지금도 아주 생생하다. 그런데 그사이 나보다 더 커진 말레네한테는 너무 작아져서 그때 약속한 대로 내가 딸아이의 스키복을 물려받았다. 앞으로 5년, 아니 10년은 너끈히 입을 수 있을 것 같았다. 산악 스키를 지금처럼 계속 즐길 수만 있다면 말이다. 아무튼 말레네의 스키복조차 옷에 대한 가치 평가가 한몫을 했다. 말레네가 그 옷을 소중히 여긴 만큼 나도 그 옷의 가치를 높게 평가하게 되더라는 말이다. 사실 나라면 그런 스타일의 스키복은 절대 사지 않을 테지만 딸아이 덕분에 그 옷을 흔쾌히 입는다. 그것도 어느 정도 자부심까지 느껴 가면서 말이다.

의류의 품질을 높이는 쪽으로 180도 방향을 돌리는 일은 그에 맞는 제도적 장치와 정치적 개입 없이는 힘들어 보인다. 환경 파괴와 기후 파괴를 공짜라고 생각하는 한, 농약 살포와 물 낭비, 수송, 화학적 가공의 결과들을 가격으로 계산하지 않는 한, 그리고 오염을 일으키는 생산자가 우리 모두에게 떠넘기는 사회적 비용의 진실이 밝혀지지 않는 한, 의류의 과잉 생산과 낭비와 관련해서 전 지구적으로 벌어지는 미친 짓거리는 멈춰지지 않을 것이고, 계속해서 인간과 자연에 심각한 해악을 끼칠 것이다. 심지어 우리는 이런 미친 짓거리의 직접적인 결과를 우리 자신이 떠안는 대신 대부분 다른 저개발국들에게 떠넘기고 있다. 이런 '외부화 비용'(본문 뒤 용어 설명 참조), 즉 생산자가 만들어 놓고 사회 전체가 떠안아야 하는 비용은 주로 농업 국가와 생산 국가 주민들이 건강 악화와 환경 파괴, 하천 오염의 형식으로 지불하고 있다. 하지만 그 결과는 전 지구의 기후 위기라는 우회로를 통해 결국 우리에게 다시 돌아와 낭비의 대가가 얼마나 심각한지 극적으로 보여 준다. 이제 우리에게 남은 것은 과잉 소비를 거부하는 것뿐이다. 이 일에 동참하는 길은 여러 가지다. 의류 교환 장터나 공짜 가게를 조직화하는 것 말고도 일상의 작은 테두리에서 옷과 신발을 남에게 기증하는 것도 한 방법이고, 그것만으로도 낭비를 대폭 줄일 수 있다. 더구나 이런 일을 하다 보면 문제의 심각성을 좀 더 현실적으로 느끼고, 과잉과 어마어마한 낭비를 의식하는 계기가 생기기도 한다. 이 정도 행동으로는 성이 안 찬다 싶으면 쥐트빈트나* 다른 환경 단체에 들어가 활동하는 길도 열려 있다. 경우에 따라선 정치적인 활동도 마다하지 않아야 한다. 왜냐하면 선전과 광고를 통해 끊임없이 옷이 행복의 필수 요소라고 우리를 구슬리는 패션계는 정치적으로 제약을 하지 않으면 우리 세계에 엄청난 파괴의 흔적을 남기기 때문이다. 우리는 더 이상 의류를 일회용으로 팔아먹고 그와 함께 엄청난 낭비를 우리 일상에 정착시키는 것으로 막대한 경제적 이득을 얻으려는 사람들의 농간에 넘어가서는 안 된다.

육류를 대량 생산하기 위해 열대우림을 불태운 뒤 콩을 심는 것도 마찬가지다. 게다가 이건 상상이 안 될 정도로 잔인한 동물학대와 연결된 문제이기도 하다. 콩 경작지 말고도 비슷한 예는 많다. 당장 머리에 떠오르는 것만 적어도 팜유 생산, 커피 농장, 전자 제품… 셀 수가 없다. 한편으로는 몇 안 되는 기업들의 이윤을 극대화하기 위해, 다른 한편으로는 자신들의 제품에 대한 낭비를

---

* 저개발국을 지원하고 전 지구적 정의 실현을 목표로 지속 가능한 개발과 인권, 공정한 노동 조건을 위해 싸우는 NGO. 오스트리아 본에 본부가 있다.

부채질하기 위해 생태적으로나 사회적으로 받아들일 수 없는 조건에서 경작되고 채굴되고 생산되는 것들은 모두 그곳의 삶의 토대를 파괴하는 데만 그치는 것이 아니라 엄청난 양의 이산화탄소를 만들어 내고, 열대우림 파괴처럼 미래를 위해 정말 중요한 이산화탄소 저장고인 나무와 숲을 말살시킨다. 그뿐 아니다. 그것은 상당 지역을 사람이 살 수 없는 곳으로 만들고, 분배 갈등을 일으키고, 사람들이 고향을 떠나게 한다. 이건 전 지구적인 경영 부실의 표시이자, 인간과 자연에 대한 무분별한 착취이다. 그것도 훨씬 더 큰 혜택을 누리고 사는 서구 선진국들이 가난한 나라 사람들을 착취하는 것이다. 그렇다고 그게 서구의 풍요를 유지하거나 키우는 데 도움이 되지도 않는다. 오히려 풍요를 무너뜨릴지 모른다.

내 몫의 책임을 지다

나는 늘 내 몫의 책임을 지는 것이 중요했다. 내가 할 수 있는 것만 실천할 뿐이지 내 힘으로 당장 이 세상을 근본적으로 바꿀 수 있으리라고는 감히 생각하지도 않았다. 내가 지금껏 이 일을 해 오면서 좌절한 적이 없고, 포기하지 않은 것도 아마 늘 스스로 감당할 수 있는 만큼만 책임지려고 했기 때문일 것이다. 그 이상도 그 이하도 아닌 딱 그만큼만 말이다.

나는 지금껏 명예직에 가까운 정치 활동을 해 오면서 크게 깨달은 것이 있다. 정치인이라는 직업은 가정생활이나 여유 있는 삶과 함께 존재하기가 쉽지 않다는 사실이다. 게다가 나는 물리치료사라는 직업도 포기하고 싶지 않았다. 하지만 다른 한편으로는 좀 더 많은 기여를 하고 싶은 감정도 있었다. 그게 의무는 아니라고 하더라도 그렇게 하는 것이 옳지 않을까? 아니면 지금까지처럼 내 생활을 지키면서 내가 감당할 수 있는 만큼만 하고 사는 게 나을까?

나를 설득한 것은 바다였다. 2014년 여름 우리는 크로아티아의 무르테르 섬으로 다시 떠났다. 시부모님의 낡은 포드 트랜지트 차를 타고 떠난 것은 정말 오랜만이었다. 우리가 사귀기 전에 페터가 부모님한테 물려받은 이 차는 벤진을 연료로 쓰는 1980년식이었는데, 페터의 부모님이 아들에게 물려주기 전에 캠핑카로 개조해 주었다. 그때 남편은 부모님과 남동생이랑 몇 년 동안 주로 스칸디나비아로 여행을 다녔고, 그 뒤로는 차를 많이 쓰지 않았다. 정말 아름다운 차였다. 페터의 어머니가 직접 만든 커튼이 달려 있었고, 차 안 곳곳에 스칸디나비아 여행에서 찍은 사진과 다른 사랑스러운 추억거리가 즐비했다. 그런 차가 수년 동안 우리 집 창고에 처박혀 있었다. 그러다 그해 여름휴가 일정이 잡혔다. 레오나르트와 우리 부부만 먼저 떠나고, 사무엘과 말레네는 나중에 친구들과 함께 무르테르 섬으로 오기로 했다. 계획이 잡히자 나는 퍼뜩 창고 안의 캠핑카가 떠올랐고, 남편에게 이상이 없도록 차를 점검하라고 재촉했다. 예전에 이 차에서 처음 자고 난 뒤로 나는 이 차를 사랑하게 되었다.

우리는 2014년 8월 말 처음으로 셋이서만 무르테르 섬으로 떠났다. 어쩌면 내게는 또 다른 면에서 특별한 여행일 수 있었다. 늦어도 이번 휴가 뒤에는 결정을 내려야 했기 때문이다. 2014년 11월에는 다음 주의회 선거에 나올 녹색당 후보 명단이 정해져야 했는데, 만일 내가 입후보할 생각이 있다면 휴가 직후에는 당 선관위에 후보 신청을 해야 했다. 나는 중대한 결정을 앞두고 늘 그랬듯이 이번에도 마음이 계속 흔들렸고, 선택의 장단점을 두고 계속 고민했다.

휴가 초기에는 이 모든 생각과 감정을 최대한 떨쳐 버리고 현재에만 집중하려고 했다. 휴가는 가는 과정부터 아름다웠다. 오래된 캠핑카여서 천천히 달리며 주변 경관을 감상하는 것도 좋았고, 모든 일이 탈 없이 편안하게 흘러가는 것도 좋았다. 무르테르 섬은 벌써 세 번째였는데도 이곳의 아름다움은 여전히 비현실적으로 느껴졌다. 게다가 우리는 그림처럼 아름다운 캠핑 장소를 발견하는 행운도 누렸다. 한쪽이 소나무로 둘러싸인 곳이었는데, 오른쪽으로 고개를 돌리면 바로 바다가 보였다. 우리는 캠핑카 앞에 거의 새것이나 다름없는 텐트를 쳤다. 여기선 레오나르트가 자기로 했는데, 녀석은 야외 숙소에 혼자 자게 된 것을 펄쩍펄쩍 뛰다시피 좋아했다. 우리는 평소에도 짐을 많이 가져가지 않았지만, 이번에는 어디에 무엇이 있는지 한눈에 알아볼 수 있을 정도로 짐이 적었다. 사무엘과 말레네는 자기 짐을 직접 가져갔고, 우리는 아이들의 스노클링 장비와 오리발만 챙겨 왔다. 짐 정리가 끝나고 캠핑카 앞 그늘에 앉아 바다를 바라보는 순간 형언할 수 없는 만족감이 밀려왔다. 나는 이런 감정은 바다나 산에서만 느꼈다. 만족감, 평온, 그리고 무언가에 대한 욕망 없이 그저 여기 있음을 느끼고 자연의 아름다움에 경탄하는 감정이었다.

처음 며칠 동안 바다와 햇빛만 즐긴 것이 아니라 휴가지에서 느낄 수 있는 단순하고 소박한 삶도 마음껏 즐겼다. 우리는 특별히 하는 일이 없었다. 쇼핑도 캠핑장 주변 가게에서 과일과 채소, 약간의 빵과 쿠키를 사는 것 말고는 하지 않았다. 부족한 것이 없었고, 필요한 것도 없었다. 이런 생활에 어찌나 푹 빠졌던지 책을 읽고 싶은 마음조차 들지 않았다. 닷새 뒤 사무엘과 말레네가 친구들과 함께 왔다. 나는 원기를 상당히 회복한 상태였고, 온 가족이 다시 모인 것에 감사했다. 말레네는 WWF 청소년 그룹의 국제 캠프 '지구를 위해 행동하는 청소년'에 참가한 뒤 바로 오는 길이었다. 잔뜩 들뜬 표정이었다. 캠프에서 말레네는 플라스틱 기피와 우리의 실험에 대해 영어로 발표했는데, 참여자들이 열광적으로 반응해서 자부심을 느끼는 듯했다. 이야기를 하다 나를 보고 윙크를 하더니 물었다.

"내가 맨 마지막에 뭐라고 했는지 알아요?"

"모르지. 그걸 어떻게 알겠어? 뭐라고 했는데?"

"내가 그런 경험을 할 수 있게 해 주고, 인생에서 정말 마음만 먹으면 많은 것을 하고 바꿀 수 있다는 것을 보여 준 부모님이 있어서 너무 행복하다고 했어요."

말레네는 나를 보고 싱긋 웃었고, 나는 두 눈이 뜨거워졌다. 딸아이도 내가 감동한 것을 당연히 알아차렸다. 게다가 내가 여전히 결정을 못 내리고 있는 것도 알고 있었다. 그래서 직설적으로 말했다.

"나는 엄마가 그걸 해야 한다고 생각해요. 분명 잘할 거예요. 최소한 뭐가 중요하고, 뭘 해야 하는지는 아시잖아요!"

아, 결정을 내리는 데 이만큼 매력적인 도움말이 있을까! 하지만 결정의 순간은 여전히 무르익지 않았다. 그때까지는 며칠이 더 걸려야 했다.

우리 가족이 함께하는 일은 단순했다. 노를 저어 가까운 작은 섬이나 만으로 소풍을 가거나, 자전거를 타고 작은 마을로 가 물건을 사거나 밥을 먹었다. 휴가 내내 자동차를 타지 않고 걷거나 자전거로 모든 걸 해결할 수 있다는 것은 정말 환상적인 일이었다. 게다가 우리는 어차피 대부분의 시간을 바닷가에서 보냈다. 물론 아이들은 대부분의 시간을 물속에서 보냈지만 말이다. 나는 대담한 잠수부가 아니지만, 해안가를 따라 스노클링을 하다 보면 절로 감탄이 터져 나왔다.

휴가가 끝나기 이틀 전에 하루 종일 폭우가 내렸다. 바람도 거칠었다. 파도가 높이 일렁이는 바다는 완전히 달라 보였다. 납빛의 바다였다. 물마루 곳곳에 하얀 거품이 얹혀 있었고, 하늘과 바다는 매혹적인 진회색의 세계에 잠겨 있는 듯했다. 비는 저녁 무렵에 그쳤고, 나는 해안을 따라 얼마간 걷다가 다음 만으로 꺾어지기 전에 바위에 걸터앉았다. 혼자 있고 싶었다. 나한테는 드문 일이었다. 이제 대화는 더 이상 필요 없을 것 같았다. 지난 몇 달 사이 이야기는 이미 수없이 나누었다.

가만히 바다를 바라보고 있는데, 문득 이 모든 아름다움이 얼마나 위협받고 있는지 절실히 느껴졌다. 나는 최근 몇 년 사이 많은 사람을 만났다. 나처럼 우리 삶의 토대가 무너지는 것을 진심으로 걱정하고, 기후 위기와 해양 플라스틱 쓰레기, 열대림 파괴, 종의 멸종을 우리 자신과 아이들에 대한 심각한 위협으로 받아들이는 사람들이다. 우리 모두는 이 위협이 얼마나 현실적인지, 그리고 무엇보다 기후 위기와 관련해 방향을 바꿀 시간이 많지 않음을 알고 있었다. 이런 상황에서 그와 관련한 노력을 이미 포기한 사람들은 뭐라고 할까? 그들은 기후 위기와 가능한 해결책에 대해 이야기를 나눌 때마다 중국과 인도, 미국을 들먹이며 '우리만' 바꾸는 게 무슨 의미가 있느냐고 말한다. 그건 플라스틱 거부를 무의미한 짓으로 여기는 사람들도 마찬가지다. "100퍼센트 완벽하게 플라스틱을 안 쓰며 사는 것은 애당초 불가능한 일"이라거나, 아니면 "그러든 저러든 어차피 상관없다"고 생각하는 사람이 너무 많다는 핑계를 댄다. 하지만 우리처럼 혜택을 누리고 사는 사람들이 안일한 태도로 발을 빼는 것이 옳을까? 단지 다수가 그러지 않는다는 이유로? 사는 것이 수고스럽다는 이유로?

눈앞에 아버지가 떠올랐다. 1994년 불과 마흔여덟 나이로 갑자기 세상을 떠난 아버지는 우리 가족의 첫 휴가 때 바다에서 짙은 오렌지색 불가사리 한 마리를 건져 올려 내 동생과 나에게 조심스레 보여 주었다. 불가사리가 어떻게 몸을 움직이며 먹이를 먹는지 설명하고는 살며시 다시 바다에 놓아주었다.

이 장면이 떠오르는 것과 함께 하늘을 가리던 구름이 걷히더니 벌써 깊게 내려앉은 해가 그날 처음으로 얼굴을 빠끔 내밀었다. 나는 어른이 된 뒤 아버지가 무척, 자주 그리웠다. 그런데 지금 이 순간은 아버지와 이야기를 나누고 싶은 마음이 더욱 간절했다. 아버지라면 이럴 때 뭐라고 하실까? 내게 어떤 충고를 해 주실까? 내가 잘할 수 있을 거라고 믿을까? 나를 응원해 주실까? 아니면 내가 지금 누리는 이 아름다운 삶을 그냥 즐기며 살라고, 신과 세계에 대해 더 이상 고민하지 말라고, 스스로 그렇게 큰 책임감을 느낄 필요가 없다고 말씀하실까? 혹은 걱정을 하실까? 나를 기특하고 자랑스럽게 생각하실까? 이 순간만큼 아버지가 그리웠던 적이 없었다. 그런데 해가 점점 더 뚜렷이 모습을 드러내면서 하늘이 뭐라 형언할 수 없을 만큼 아름다운 붉은 오렌지색으로 물들어 가는 사이 아버지가 정말 내 옆에 앉아 있는 듯한 느낌이 들었다. 마치 당신 손을 내 어깨에 올려놓고 토닥거리는 것 같다고 할까! 이 느낌이 어찌나 생생하던지 나는 순간 고개를 돌려 정말 누가 옆에 있는지 살펴볼 뻔했다. 하지만 이 순간의 아름다움을 망치고 싶지 않아 가만히 앉아 있었다. 파도가 발밑의 바위에 힘차게 부딪히더니 내 얼굴에 가볍게 물보라를 뿌렸다. 나는 마법에 걸린 사람처럼 앉아 얼굴 위로 눈물이 흘러내리는 것을 느꼈다.

왜 그리 오래 망설였을까? 이제야 모든 게 분명해졌다. 나는 이미 오래전에 결정을 내리고 있었다. 다만 나 스스로에게 이 모든 것이 분명히 납득될 때까지 시간이 필요했을 뿐이다. 나는 한참을 그렇게 앉아 있었다. 점점 마음이 차분해지면서 묘한 쾌감이 가슴속으로 퍼져 나가는 것을 느꼈다. 물론 내가 선택한 이 길이 결코 쉽지 않으리라는 것은 나도 잘 알고 있었다. 하지만 나 자신과 이 바다에 떳떳해지기 위해서라도 이 길을 가야 했다.

결정을 내린 뒤에도 나는 거듭 바다를 찾아 왜 하필 나여야 하는
지, 왜 하필 내가 소명감을 갖고 정치판에 뛰어들어야 하는지 물
었다. 그럴 때마다 돌아온 답은 비슷했다. 나는 나와 비슷하게 생
각하고 행동하는 사람들이 정치판에 점점 많아지길 원했다. 삶의
원칙과 확신을 바탕으로 우리 아이들이 살아가게 될 세상을 함께
만들어 나가려는 사람들이 정치판에 많아질수록 정치가 바뀌고
우리에게 필요한 변화가 생길 거라고 굳게 믿었기 때문이다. 그건
나도 예외일 수 없었다. 남들에게만 원하고 자신은 뒤로 빠질 수
가 없었다. 나는 모든 사람들에게 용기를 주고 싶었다. 플라스틱
실험 이후 내가 만난 사람들, 특히 지속 가능한 방식으로 살려고
노력하지만 그 과정에서 정치 때문에 우리 미래를 걱정할 수밖에
없었던 여성과 젊은이들에게 용기를 주고 싶었다. 정치는 개인의
노력을 지원해야 했지만, 그에 필요한 발걸음을 아직 떼지 못하고
있었다. 기후 위기를 극복할 시간이 많이 남지 않았는데도, 브레
이크 없는 낭비와 그것을 바탕으로 한 경제 시스템으로 삶의 토
대가 붕괴되는 것이 더욱더 명확해지고 있는데도 말이다. 이런 상
황들을 보면서 자주 느낀 것이 있다. 지금껏 만족스럽게 제 역할
을 하지 못한 사람들에게 이 모든 중요한 결정과 발걸음을 다시
맡기고 싶지 않다면, 이런 상황이 개선되도록 내가 기여할 수 있
다고 스스로 믿는다면 나는 이 일을 해야 했다. 원칙적으로 그게
맞았다.

그 뒤로는 모든 게 일사천리로 진행되었다. 나는 2015년도 주의회 선거에 나가기로 마음먹었고, 휴가에서 돌아오자마자 녹색당에 후보 신청서를 냈다. 그리고 마침내 2014년 11월 녹색당 비례대표 1번으로 선출되었고, 2015년 6월 선거에서 좋은 성적으로 슈타이어마르크주 의회에 입성했다. 온 가족이 모여 축제를 벌이며 축하 인사를 건넸다. 어쩐지 비현실적인 느낌도 없지 않았다. 정치인이 되는 건 내가 원래 세운 목표도 아니었고, 내심 원한 목표도 아니었다. 다만 그런 시간이 무르익었을 뿐이다. 다른 한편으로는 무척 감격적인 순간이기도 했다. 왜냐하면 지금껏 내가 신념에 따라 충실히 행동해 왔고, 많은 사람이 이구동성으로 불가능하다고 말하는 것들을 일관되게 바꾸려고 노력해 온 결과로도 볼 수 있었기 때문이다.

이제 나는 슈타이어마르크주 의회 안에서 내 신념을 펼치고, 내가 평생 몰두해 온 문제에 전력을 기울일 기회를 잡았다. 미래에도 모두에게 필수적인 좋은 삶의 토대를 지키기 위해서 말이다.

처음 몇 개월 동안 의정 생활은 굉장히 흥미롭고도 도발적이었다. 나는 처음부터 아주 강하게 나갔다. 일부 호응이 있었지만, 무관심과 몰이해는 몇 배나 더 컸다. 결국 얼마 지나지 않아 나는 조금 낙담했다. 의회에서 의견을 내고 안건을 제출하는 모든 과정이 내 눈에는 이상하리만큼 의례적이고 형식적으로 보였고, 진행 속도도 내 직성에 맞지 않게 너무 느리고 느긋했다. 하지만 그런 분위기에 적응하면서 많은 문제를 좀 더 깊이 있게 들여다볼 기회가 차츰 생겨났다. 예를 들어 나는 슈타이어마르크주의 기후

보호 기획안을 보면서 깜짝 놀랐다. 좋은 면에서 놀랐단 말이다. 그 속에는 우리가 일반적으로 지적하는 문제들과 그에 대처할 방법까지 자세히 담겨 있었다. 건축물 단열, 교통, 농업, 에너지 공급, 폐기물 관리, 생산, 생활 방식 같은 숱한 문제가 적절히 나열되어 있었고, 현재 시행하고 있는 조처뿐 아니라 앞으로 시행할 조처도 이야기하고 있었다. 심지어 보고서 끝에는 지금까지 의결된 조처들로는 목표치만큼 온실가스를 줄일 수 없으리라는 내용도 있었다. 그런데 내가 볼 때 그건 그리 이상한 일이 아니었다. 온실가스를 가장 많이 배출하는 교통 영역에서 할 수 있는 적절한 대응 조처가 빠져 있었기 때문이다. 자동차 운행을 줄이려면 도시는 물론 시골에서도 대책을 잘 시행해야 했다. 대중교통을 늘리거나 자전거를 타거나 걷는 사람들을 위해 시설을 만드는 것들이다. 그런데 많은 사람들, 특히 외진 곳에 사는 사람들에게는 그런 기반 시설이 부족할 뿐 아니라 대중교통 요금도 너무 비쌌다.

그런데 이 보고서엔 소비를 비롯해 자원 낭비와 온실가스를 줄일 본질적 요소라 여기는 다른 영역들에 대한 전략은 거의 전무했고, 앞으로 지속 가능한 방향으로 어떻게 해 나아가겠다는 구체적인 계획도 보이지 않았다. 그리고 나는 우리가 소비함으로써 생기는 온실가스가 기후 보호 보고서에 적힌 것보다 훨씬 많다는 사실을 처음 깨닫기도 했다. 오스트리아에서 소비되지만 여기서 생산되지 않는 것들은 오스트리아에서 배출한 것으로 잡히지 않았다. 중국에서 생산한 핸드폰과 전자 제품, 장난감, 아르헨티나에서 들여온 소고기, 방글라데시와 인도에서 만든 싸구려 옷들은 모두 생산 국가의 배출량으로 잡혀 있다. 이런 물건들이 유럽에서 엄청나게 소비되고 있는데도 그것으로 생기는 온실가스 양은 서류에 전혀 표시가 되어 있지 않았다. 기껏해야 기후 보호 보고서의 '기후 관리' 장에만 소비가 어느 정도 역할을 한다는 사실이 몇 마디 적혀 있을 뿐, 그런 소비재 때문에 온실가스가 엄청나게 나오는 데 우리도 책임이 있다는 사실은 한마디도 언급되어 있지 않았다. 좀 더 자세히 들여다보니 실제 소비를 바탕으로 계산하면 오스트리아의 전체 배출량은 3분의 1가량이 늘었다. 하지만 그것에 관심을 보이는 사람은 없었다. 그건 우리의 책임을 남에게 떠넘기는 것이다. 비행기를 이용하는 것도 온실가스 배출 계산에서 제외되었다. 항공기에 쓰이는 제트연료에 세금이 면제된다는 사실(네덜란드만 빼고 유럽연합 일반이 그렇다)도 이 보고서를 읽으면서 새로 알게 되었다. 그렇다면 이 보고서는 전체적으로 현실의 일부만 줄여서 간단하게 보여 주고 있을 뿐 문제의 실제 규모를 반영하지 못했고, 직접 거기에 거론된 문제, 그러니까 지금까지 조처로는 결코 충분하지 않을 거라는 점에 대해서도 해결책을 제시하지 못했다.

기후 보호와 관련한 주의회 연설에서 아무도 이런 문제를 지적하지 않았다. 내가 이런 사정에 대해 내 생각을 설명하거나, 삶의 모든 영역에서 낭비를 줄이는 데 필요한 정치적 조처들을 입에 올리면 처음에 돌아오는 것은 주로 무관심과 몰이해였다. 그리고 '작은 발걸음', 예를 들어 테이크아웃 커피에 다회용 보증금 컵을 쓰도록 지원하는 제도를 만들자고 제안해도(실제로 테이크

아웃 때문에 그라츠 같은 도시에서 날마다 나오는 쓰레기의 양은 어마어마하다) 동료 의원들은 시큰둥하게 반응하거나 대수롭지 않은 문제로 깎아내렸다. 카페에 차분히 앉아 머그잔으로 커피를 마시는 것이 좀 더 분별 있는 행동이라고 생각해 본 적이 없는 사람들이다. 다회용 컵을 쓰는 것은 당연히 옳고 내 소신이기도 한데, 그런 인식만으로는 안타깝게도 문제 해결이 멀기만 했다. 주의회에서 3년 주기로 바꾸는 모든 컴퓨터를 그냥 버리는 대신 재활용할 수 있는 방안을 찾자고 했을 때도 다들 이런저런 이유를 대며 지금까지 해 온 과정을 바꾸지 않으려 했다. 결국 주의회가 소유한 아직 쓸 만한 기기들은 앞으로도 계속 버려지게 되었다. 내가 '큰 걸음'을 제안했을 때도, 예컨대 음료수병 보증금 제도나 생태와 복지 관련 세제를 개편하자고 주장했을 때도(물론 이건 주정부가 연방정부를 상대로 싸워야 할 부분이다) 거부당했다. 다른 자리에서는 사회가 감당할 수 있는 방식으로 기후 목표를 달성하는 것이 얼마나 중요한지 거듭 강조하는 사람들이 말이다. 내가 제안을 해도 거부하리라는 것을 발의할 때부터 알게 되는 것은 그 자체로 좀 기괴한 구석이 있었다. 하지만 나는 그런 것에는 결코 굴복하지 않겠다는 마음을 처음부터 단단히 먹었다. 가만히 생각해 보면 내게는 이 모든 것을 정치 안건으로 삼을 수 있는 절호의 기회가 있었다. 게다가 기초의원 5년의 경험으로 정치판에서는 한번에 바로 해결되는 게 없음을 이미 알고 있었다. 중요한 일을 해결할 때 가장 중요한 덕목 가운데 하나는 끈질김이다. 그건 어디서도 마찬가지지만, 정치판에서는 더욱 그랬다. 다행히 나는 끈질김을 타고났다. 더구나 주의회에서 맞닥뜨린 많은 핑계와 회피 전략도 지난 수년 동안 경험해서 잘 알고 있었다. 플라스틱 쓰레기 기피에 관한 대담이나 강연에 가면 적극적으로 동참의지를 보이는 사람들도 있지만 자신이 할 수 있는 일이 어차피 많지 않다고 말하는 사람들도 끊임없이 만난다. 그들은 사회 전체가 100퍼센트 완벽하게 플라스틱을 쓰지 않는 한 개인의 행동은 무의미하다거나, 남들은 훨씬 더 많은 플라스틱 쓰레기를 배출한다거나, 이 문제는 누군가 다른 이들이 해결해야 한다거나(예를 들면 정치나 경제 지도자들), 아니면 이 문제에 책임 있는 사람은 자기가 아니라 다른 누군가라거나(예를 들면 트럼프, 중국 들) 하는 핑계를 댔다. 이런 핑계는 정치뿐 아니라 다른 삶의 영역에서도 얼마든지 볼 수 있으니 딱히 이상하게 생각할 필요는 없다. 사람들은 근본적인 변화를 힘들어한다. 그게 구체적인 모습으로 그려지지 않거나, 지금 상태에 대한 좋은 대안들이 보이지 않거나, 혹은 그 과정에서 강력한 저항을 뚫어야 한다면 더더욱 그렇다. 바로 그 때문에 나는 많은 긍정적인 예와 구체적인 계획을 동료 의원들에게 제시할 수 있는 것이 스스로 무척 기뻤다. 심지어 그 중 일부는 이미 시행하고 있다. 나는 우리의 길을 가로막는 일부 제도의 장애에도 굴하지 않고 열심히 미래의 전망을 현실로 옮기려는 수많은 사람과 단체들에 대해 보고했다. 이 모든 '생생한 변화'를 안건으로 제출함으로써 변화의 가능성을 눈으로 보여 주고자 했다. 그리고 일부 성과가 보이는 변화, 그를 위해 노력하는 사람과 NGO하고 만나는 것은 내게 앞으로 밀고 나갈 힘이 되어 주었을 뿐 아니라 환멸을 느낄 때가 많은 정치판에서의 삶을 극복할 수 있도록 도와주었다.

중요한 것은 실제로 일어나는 일이다

슈타이어마르크주 의회에 들어가 일한 지 9개월이 채 되지 않았을 때 정말 반가운 개업 소식이 들려왔다. 내가 수년 전에 만난 사라(그때는 대학생이었다)가 동료 베레나와 함께 그라츠에 최초로 포장 없는 가게를 연 것이다. 예전에 내게 이야기했던 아이디어가 이제야 결실을 맺게 된 것이다. 물론 처음엔 수많은 난관에 부딪히며 자신의 신념을 행동으로 옮기는 것이 쉽지 않음을 여실히 깨달아 가면서 말이다. 그러는 과정에서 베레나를 만났고, 둘의 뜻이 일치한다는 사실을 확인하고는 함께 자신들의 꿈을 실현하는 일에 나섰다. 그들은 크라우드펀딩으로 새 가게에 들여놓을 상품과 집기를 장만했고, 식품 기증자를 찾았다. 펀딩에 참여한 모든 사람에게는 가게에서 물건을 살 수 있는 쿠폰을 주었다. 나도 당연히 펀딩에 참여했는데, 나중에 작지만 세련된 이 가게에 처음 들렀을 때 가슴이 뭉클했다. 그곳에서는 내가 6년 전 경우에 따라 몇 주 동안이나 찾아 헤매던 물건을 완벽하게 포장 없는 상태로 팔고 있었다. 나무 칫솔, 베이킹파우더, 자일리톨 설탕, 천연탄산소다, 천연소다 세제, 콘플레이크, 뮤즐리, 스펠트밀 파스타 국수, 말린 과일, 온갖 종류의 곡물 같은 것들이었다. 게다가 이 가게에선 '그램'이라는 가게 이름에 어울리게 모든 상품을 직접 가져간 용기나 봉지에 그램 단위로 담아 손님이 꼭 필요한 양만큼 살 수 있었다. 미리 일정한 양으로 포장한 상품은 없었고, 손님이 직접 양을 선택할 수 있었다. 이 역시 식품 낭비를 줄일 수 있는 중요한 방법이었다.

또 다른 개업 소식도 특별한 기쁨이었다. 우리는 처음의 저항을 물리치고 마침내 그라트바인 기초의회를 설득해 공짜 가게를 내는 데 성공한 것이다. 수년 동안 이어져 온 의류 교환 장터의 성공 사례가 큰 역할을 했다. 거기다 적극적인 시민들의 참여와 노력까지 겹쳐져 드디어 의회는 우리의 요구를 받아들였다. 나도 당연히 그라트바인의 공짜 가게 개업식에 참석했다. 한 문제에 몇 년 동안 집요하게 매달린 보람을 확인하는 것은 황홀한 경험이었다. 공짜 가게는 시작부터 무척 호응이 좋았고, 한 사람이 너무 많은 물건을 한꺼번에 가져가면 안 된다는 규칙까지 있었다. 구체적으로 말해서 한 번에 최대 다섯 가지 이상은 가져갈 수 없다는 규칙이었다. 그런데 옷과 관련해서 이 규칙은 곧 폐지되었다. 손님들이 옷을 많이 가져가는 걸 오히려 기뻐할 정도로 많은 옷이 새로 들어왔기 때문이다.

이 가게에 들어오는 물건들 중에는 글자 그대로 새것이 많았다. 심지어 가격표가 아직 붙어 있는 것들도 더러 있었다. 기증받은 물건 중에서 너무 더럽거나 낡은 것은 당연히 가려내야 했다. 정기적으로 공짜 가게 팀원들이 분류 작업을 했고, 그 결과 일부는 다른 곳으로 넘기거나 폐기했다. 가게에서 가장 큰 몫을 차지하는 것은 옷이었다. 그릇이나 자잘한 중고품, 장난감, 서적 같은 물건은 아주 많지는 않았다. 어쨌든 공짜 가게에서도 과잉과 낭비는 끝이 없었다. 그렇지만 이 가게는 일부 옷이나 다른 중고품들의 수명을 연장시켰고, 옷에 돈을 쓸 수 없거나 쓰려고 하지 않는 사람들에게는 좋은 기회였다. 게다가 쓸데없이 새 상품을 사는 걸 줄여 주기도 했다. 내가 그랬다. 나는 아름답고 우아한 옷이 필요하면 늘 공짜 가게에서 장만했다. 평소의 나라면 절대 사지 않을 옷이지만, 주의회에서 나름 격식을 갖추어야 할 일이 있으면 가끔 입었다. 공짜 가게는 나에게 가시적인 변화를 보여 준 또 다른 중요한 상징이었다. 물론 이 가게가 낭비를 연장시켜 줄 뿐이라고 비판적으로 보는 사람도 있지만, 다른 한편으로 인간은 원래 쓸 만한 물건을 절대 버리고 싶어 하지 않는 존재임을 확인시켜 주는 징표이기도 했다. 낭비는 원래 인간이 원하거나 인간의 행복에 도움이 되는 것이 아니다. 나는 사람들에게 현재의 과잉 상태를 뚜렷이 보여 주고, 일부 중고품과 의류를 남에게 무료로 전달하는 것이 과잉에 대한 의식과 토론에 중대한 의미가 있다는 것을 확신했다. 이런 인식을 바탕으로 나는 이 운동을 슈타이어마르크주 전체로 확산시키면서 진정한 '재사용 전략'을 강하게 요구했다. 아직 쓸 수 있는 물건들을 좀 더 쉽게 남들과 나누어 쓸 수 있도록 지원하자는 것이다. 이 제안은 처음에는 거부당했지만, 앞으로 새로운 폐기물 수집 센터 계획을 세울 때 재사용 부스를 만드는 것도 고려하기로 잠정 합의했다.

물론 우리의 문제가 이런 가게들을 통해 단시간에 모두 해결되는 것은 절대 아니다. 이건 시작일 뿐이다. 우리에게 필요한 변화가 이제야, 그를 통해 조금씩 드러나고 있기 때문이다. 게다가 이건 개인의 행동과 미래에 대한 긍정적인 전망과 끈질긴 노력이 어떤 성과를 거둘 수 있는지 보여 주는 놀라운 상징이자, 우리가 혼자에 머물지 않고 남들도 우리 일에 끌어들일 때 발생하는 엄청난 힘의 징표이기도 하다.

나는 이 일에 끝까지 매진할 생각이다. 그러기 위해 뜻 맞는 사람들과 힘을 합쳐 훨씬 더 많은 사람들을 끌어들이려 노력할 것이다. 나는 믿는다. 우리는 일상에서든, 아니면 이런저런 단체나 NGO, 혹은 정치계에서든 변화를 위한 힘을 키워 나갈 수 있고, 살 만한 가치가 있는 미래와 개인적 행복이 낭비 없이도 충분히 가능하다는 것을.

후기

이 책은 실용서도 완벽한 책도 아니다. 낭비와 관련해서 책을 쓸 수 있는 영역은 무수히 많다. 예를 들어 크루즈 여행이나 건축 산업계에서는 상상할 수 없을 만큼 많은 쓰레기가 나오지만, 그것의 재활용 비율은 지극히 낮다. 나는 이 책에서 의도적으로 나와 직접적으로 관련이 있고, 내가 일상에서 몸소 경험했고, 대부분의 사람이 일상에서 충분히 맞닥뜨릴 만한 문제들만 다루었다. 그건 내게 아주 중요하다. 사람은 자신과 관계있는 것에만 관심을 기울이고 참여할 마음을 내기 때문이다. 나는 이 책에 쓴 것보다 더 많은 경험을 하고 더 많은 시도를 했다. 게다가 남들의 경험에 대해서는 그보다 훨씬 더 많은 것을 알고 있다. 하지만 그 모두를 담아내는 것은 책의 한계를 뛰어넘는 일이다.

감사의 말

이 책에 도움을 주신 모든 분들에게 감사의 인사를 드린다.

사라, 마리아, 메를레, 제프는 이 책에 직접 출연해 줘서 고맙고,
부모님은 지금의 나를 있게 해 줘서 고맙고,
친구들은 오랫동안 내게 인내와 이해, 지원을 아끼지 않아서
고맙고, 내 아이들은 많은 것을 함께하고, 많은 것을 배우게 해 줘서 고맙고, 남편 페터는 그냥 모든 것이 고맙다!

용어 설명

바이오플라스틱 전체든 부분으로든 다시 자라는 원료를 써서 만들거나 생물학적으로 분해될 수 있는 합성수지를 말한다. 그런데 원료가 반드시 생태 농업으로 생산되는 것이 아닌데, '바이오'라는 말 때문에 자칫 착각을 일으킬 수 있다.

바이오플라스틱에 대한 통일된 규정이 아직 없다. 원료로 쓰이는 물질이 무척 다양하고(옥수수나 사탕수수가 대표적이지만 바닷말이나 나무섬유를 쓰기도 한다), 그런 만큼 소재에 따라 실제 환경 친화성은 편차가 크다. "생물학적으로 분해된다"는 표현도 이론적으로 특별한 조건에서만 가능하기에 바이오 합성수지는 개인 정원의 퇴비나 산업적 퇴비를 만드는 데는 알맞지 않다. 오스트리아에서는 바이오플라스틱을 녹색 봉투나 녹색 쓰레기통에 넣어서 처리하는데, 독일에서는 바이오플라스틱을 분리수거하거나 재활용하는 과정이 없어서 일반 쓰레기로 버린다.

요람에서 요람으로 cradle to cradle 이 구상은 무한한 가능성을 지닌 순환 경제(용어 설명 참조)의 한 부분이다. 이 용어는 1990년대에 독일 화학자 미하엘 바라운가르트 Michael Braungart와 미국 건축가 윌리엄 맥도너 William McDonough가 처음

썼다.

'요람에서 요람'은 제품을 만들 때 디자인 단계부터 다 쓰고 난 뒤 재활용하는 방안까지 설계하자는 구상이다. 여기에는 생태 순환과 기술 순환이 있다. 생태 순환에서 제품은 다 쓰고 난 뒤 퇴비로 바뀌고, 거기서 다시 쓸 수 있는 새로운 재화가 생겨난다. 기술 순환에서는 상품 디자인과 생산 단계부터 이후의 이용 계획을 세우는데, 이상적인 제품은 쓰고 난 뒤 완벽하게 재활용된다.

덤스터 다이빙 / 식품 구조 운동   말 그대로 번역하면 컨테이너 쓰레기통으로 뛰어든다는 뜻으로 대형 쓰레기통에 버려진 식품들을 건져서 필요한 사람들에게 나누어 주는 운동이다. 대형 마트에서는 날마다 몇 톤의 식품을 버린다. 유통기한(용어 설명 참조)이 지났거나 외형상 조금 손상이 있지만(예를 들어 살짝 눌린 경우) 먹는 데는 전혀 문제가 없는 식품들이다. 덤스터 다이빙 운동은 비교적 큰 도시에서 한편으로는 돈을 절약할 목적으로, 다른 한편으로는 만연한 식품 낭비를 고발할 목적으로 지속적으로 펼치고 있다. 생태연구소에 따르면 오스트리아에서만 해마다 76만 톤의 식품이 쓰레기통에 버려진다.

덤스터 다이빙은 분명하게 법으로 금지된 것은 아니지만, 경우에 따라 법에 어긋날 수도 있다.

www.1000things.at/blog/dumpstern-reportage/

전자 제품(핸드폰, 컴퓨터 따위)   디지털화로 치닫는 세계에서 전자 기기의 역할은 점점 커지고 있다. 끊임없이 새로운 제품이 쏟아져 나와 아직 쓸 만한 기기도 빠른 시기에 다른 새 제품으로 바꾼다. 전자 제품의 경우 이산화탄소가 가장 많이 나오는 때는 생산 단계다. 스마트폰은 전체 생애 주기에서 평균 47킬로그램의 이산화탄소를 배출한다. (인터넷이나 네트워크 이용을 포함하지 않은 수치다). 생산 단계에서 쓰는 에너지와 이산화탄소 배출량은 기기를 쓸 때보다 무려 5~10배가 더 많다.

노트북도 비슷하다. 프라이부르크 생태연구소에 따르면 랩톱은 5년 동안 쓸 경우 138킬로그램의 이산화탄소를 배출하는데, 그중 3분의 2가량이 기기 생산과정에서 발생한다.

유럽연합 에코 디자인 지침 유럽연합 에코 디자인 지침(Directive 2009/125/EC)에는 유럽의 내수 시장에서 상품을 생산하고 이용할 경우 천연자원, 에너지 소비와 관련해 모든 생산자가 갖춰야 할 친환경 기준이 담겨 있다.

지침의 목표는 이렇다. 전자 제품처럼 에너지 소비가 많은 제품 또는 에너지 소비에 직간접적으로 영향을 끼치는 상품(절연제, 수도꼭지, 자동차 타이어)의 친환경성을 상품들의 전체 생애 주기 동안 개선하자는 것이다. 각국의 국내법으로 생기는 무역 장벽은 유럽연합 차원의 법규를 만들어 막아야 한다.

유럽연합 플라스틱 전략 순환 경제 방향으로 한 걸음 더 나아간 유럽연합의 플라스틱 전략이 2018년 1월 18일에 발표되었다.

2030년까지 모든 플라스틱 포장의 재활용 가능성을 높이고, 일회용 플라스틱 상품을 줄이고, 점점 심각해지는 해양 오염을 막기 위해 미세플라스틱 이용을 제한하는 것이 핵심 전략이다.

플라스틱 전략의 일부로 2019년 6월 12일 EU-일회용 플라스틱 지침(RL 2019/904)이 발표되었고, 이것은 2021년부터 시행될 예정이다.

외부화 비용　생산자가 일으키지만 사회 전체가 떠안아야 하는 비용. 기업은 생산과정에서 생기는 환경 파괴 비용을 남에게 떠넘김으로써, 다시 말해 저개발국들에 상품 생산을 맡김으로써 이익을 높이고 그 대가는 우리 모두가 지불한다. 이는 현대 경제 시스템과 금융 시스템이 낳은 기형적인 모습이다. 생태계를 파괴하는 시스템은 높은 이익을 가져다주는 데 반해 지속 가능한 경제 활동은 보조금 없이는 경쟁력이 없다. 비용 분담은 친환경적으로 생산된 상품에 적절한 가격을 치를 준비가 되어 있는 소비자들의 손에 맡겨져 있다. 정치적 영역에서는 생태계에 악영향을 끼치는 상품에 환경 분담금 같은 세금을 매겨서 불공정한 비용 분담을 웬만큼 바로잡을 수 있다.

참고도서: 울리히 브란트 Ulrich Brand, 마르쿠스 비센 Markus Wissen(공저):《Imperiale Lebensweise. Zur Ausbeutung von Mensch und Natur in Zeiten des globalen Kapitalismus(제국적 삶의 방식. 글로벌 자본주의 시대에 인간과 자연에 대한 착취)》, 외콤 oekom 출판사, 뮌헨, 2017.

공동 농장 생산자와 소비자(혹은 수확물 공유자)가 농산물에 대한 책임을 함께 지며 공동으로 운영하는 농장. 생산자는 경작과 수확으로 자기 몫을 하고, 회원들은 재정을 지원하면서 지속 가능한 소규모 지역 농업을 활성화하는 데 기여한다.

순환 경제 천연자원은 한정되어 있기에 상품의 생애 주기는 최대한 늘리고 쓰레기양은 최소화하려는 순환 경제의 중요성이 점점 부각되고 있다. 상품의 생애가 끝나면 그 구성 성분은 2차 원료(용어 설명 참조)로 계속 재활용된다. 상품 이용의 순환 계획은 똑똑한 제품 디자인을 통해 생산 단계 이전부터 세워야 한다('요람에서 요람'으로 참조).

다회용 용기 오스트리아에서 다회용 용기의 비율은 지난 30년 사이 최악으로 떨어졌다. 1990년대까지만 해도 80퍼센트 정도였는데, 2011년에는 25퍼센트로 줄어들었다. 이후 문제점을 개선하겠다는 경제계의 자율 선언으로 이 비율은 일정하게 유지되고 있다.
2010년 오스트리아 생활부는 경제인연합회, 노동조합과 다회용 용기의 의무적 비율을 끌어올리기 위해 '생태 인센티브 협력서'를 만들었다. 하지만 이 구상은 경제계와 산업계의 반발로 아직도 시행되지 못하고 있다. 독일에서는 다회용 비율이 42퍼센트인데, 2019년도에 다시 가장 낮은 수치를 기록했다. 법에서 정한 비율은 70퍼센트이다.

음료수 용기 분야에서 다회용 병은 최고의 생태 결산표를 자랑한다. 평균 20회 정도 다시 쓰는 다회용 페트병은 특히 성적이 좋다. 게다가 무게가 가벼워 수송과 배송 과정에서 쓰이는 에너지도 비교적 적다. 물론 여전히 화석원료를 쓴다는 단점은 남아 있다.

다회용 유리병은 평균 40~50회까지 다시 쓸 수 있다. 특히 음식점에서 주스나 맥주, 식수를 담는 용도로 인기가 높다. 유리는 여러모로 장점이 많기 때문이다.

유통기한 유럽연합 법에는 식품과 화장품에 유통기한을 표시해야 한다는 규정이 있다. 그러니까 생산자는 소비자가 상품을 밀봉한 채 규정대로 보관하면 이 날짜까지는 상품이 원상태 그대로 유지되고 건강에 아무 위험이 없음을 보장한다.

식품은 대부분 유통기한이 지나도 일정 기간까지는 얼마든지 먹을 수 있다. 물론 식품의 외형이나 냄새, 맛을 보고 판단할 것을 권한다.

유통기한을 '부패 기한'과 혼동해서는 안 된다. 부패 기한은 그 날짜가 지나면 상품이 실제로 변질되기 때문에 판매해서는 안 되는 기한을 말한다. 특히 쉽게 변질되는 식품에는 '소비 기한'을 표기해야 하고, 이 기한이 지난 식품은 마찬가지로 판매해서는 안 된다.

열린 책꽂이 열린 책꽂이에서는 누구나 자유롭게 무료로 중고 서적을 갖고 가거나 교환할 수 있다. 서가나 개조한 공중전화 박스, 또는 낡은 버스에 열린 책꽂이를 만드는 주체는 개인이나 단체, 또는 재단이다. 이런 책 교환 시스템은 재사용(용어 설명 참조)의 실질적 예로서 오스트리아와 독일, 스위스에서 점점 더 많은 사람들의 사랑을 받고 있다.

일회용 페트병 페트병은 성질에 따라 일회용이나 다회용으로 쓰인다. 이것은 합성수지 폴리에틸렌 테레프탈레이트(줄여서 페트)로 만들었는데, 유리병에 비해 깨질 위험이 없고 무게가 가볍다는 점이 장점이다. 하지만 최근 연구에 따르면 페트의 미세 입자들이 용기에 담긴 음료로 스며들어 우리의 먹이사슬을 교란할 수 있다고 한다. 게다가 호르몬에 영향을 끼치는 유해 물질이 페트에 들어 있다는 의심도 꾸준히 제기되고 있다.

재활용 부분에서는 페트병이 특히 우수하고, 그 때문에 일반 쓰레기로 버려서는 안 된다. 현재 독일에서 일회용 페트병 수거 비율은 보증금 제도 덕분에 98퍼센트에 이른다. 보증금 제도를 시행하지 않는 오스트리아에서는 73퍼센트다. 유럽연합의 일회용 플라스틱 지침에 따르면 2029년까지 음료수 플라스틱 용기의 90퍼센트를 분리수거해야 한다.

그런데 오스트리아에서 수거한 페트병의 약 22퍼센트는 쓰레기 소각장에서 불태워지고, 팔려 나간 병의 58퍼센트만 재활용된다. 이때도 일회용 페트병으로 합성섬유를 생산할 때가 많은데, 그렇게 되면 더 이상 재활용하는 것은 불가능하다. 페트병의 순수한 재활용 비율은 2014년에 대략 16퍼센트에 불과하다.

파리 생활 방식 파리 기후변화 협약에서는 산업화 이전보다 지구 평균 기온이 1.5도 이상 오르지 않게 하자는 목표가 제시되었다. 이 목표를 달성하려면 생활 방식을 확실하게 바꾸어야 한다. 그에 발맞춰 개인의 소비 행태와 생활 방식이 기후에 영향을 준다는 사실을 깨닫고 그런 생활 방식을 일상적으로 실천하는 사람들이 점점 늘고 있다. 이들은 온실가스 배출을 뚜렷하게 줄일 수 있는 '저탄소 생활 방식'을 추구하고, 그로써 혁신적인 저탄소 제품과 환경 친화적 서비스에 대한 수요는 점점 늘고 있다.

플라스틱 논쟁 플라스틱이 환경오염과 기후변화에 어떤 영향을 끼치는지에 대한 논쟁은 매우 치열하다. 하지만 그와는 상관없이 점점 많은 소비자들이 포장 소재로 쓰이는 플라스틱을 거부하고, 가능한 한 플라스틱을 줄이는 생활 방식으로 나아가고 있다(파리 생활 방식 참조). 2018년 가을 오스트리아 니더외스터라이히주의 작은 도시 장크트푈텐에서는 처음으로 의회의 만장일치로 '플라스틱 없는 도시'를 선포했고, 많은 도시와 지자체들이 그 예를 따르고 있다.

경제계와 산업계는 플라스틱이 깨지지 않고 무게가 가볍다는 점을 들며 플라스틱 사용을 제한해서는 안 된다고 생각한다. 문제가 있다면 순환 경제의 좀 더 개선된 재활용 시스템으로 해결하면 된다는 것이다. 실제로 오스트리아 연방환경청에 따르면 오스트리아 전국에서 나오는 플라스틱 쓰레기는 1백만 톤에 가깝다. 오스트리아가 유럽에서 재활용 비율이 가장 높은 수준인데도 플라스틱 쓰레기 가운데 약 28퍼센트만 재활용하고, 나머지 71퍼센트는 불태우고, 1퍼센트는 보관한다.

전자 기기의 리바운드 효과   에너지 효율성이 높은 전자 기기는 자원을 적게 쓰고, 그로써 비용을 줄인다. 그런데 기술이 발전해서 비용과 에너지 소비를 줄이는 게 소비자의 구매와 사용 행태에 오히려 좋지 않은 영향을 끼치기도 하는데, 그로써 절감 효과가 줄어드는 것을 리바운드 효과라고 한다. 이는 둘로 나눌 수 있다. 직접적 리바운드 효과는 높은 에너지 효율성 덕분에 기기를 더 많이 쓰게 되는 것을 가리키고, 간접적 리바운드 효과는 절약한 돈으로 다른 기기를 사는 것을 말한다. 특히 간접적 리바운드 효과는, 기술로 확보한 에너지 절감이 아무런 효과가 없거나 최소한으로 그친다. 아니, 심지어 에너지와 비용이 증가하는 역효과가 생기기도 한다.

재활용 Recycling   폐기물에 있는 원료를 2차 원료의 형태로 다시 활용하는 방법을 말한다. 순환 경제에서 재활용은 굉장히 중요하다. 하지만 유럽연합의 쓰레기 관리 우선순위를 보면 재활용은 쓰레기 기피와 재사용 다음 순위를 차지한다.

오스트리아에서 2016년 재활용 비율은 53.8퍼센트이다(출처: Global Recycling Rates Report 2018). 유럽연합은 이 비율을 2035년까지 65퍼센트로 끌어올리는 것을 목표로 삼고 있다. 그런데 연방환경청에 따르면 독일은 2017년에 벌써 67퍼센트를 이루었다.

재사용 Reuse 아직 쓸 만한 물건들을 남에게 넘겨주는 것을 말한다. 기능 면에서 문제가 없는 깨끗한 제품은 다시 쓸 수 있다. 다른 사람에게 선물하거나, 다른 물건으로 바꾸거나, 아니면 벼룩시장이나 온라인 플랫폼에서 판매할 수도 있다.

2차 원료 가공하지 않은 원료에서 직접 추출한 1차 원료 외에 2차 원료는 자원이 점점 줄어드는 시대에 더욱 중요해지고 있다. 2차 원료는 재활용 과정에서 다양한 기술로 얻어진다. 이것이 얼마만큼, 그리고 어떻게 재활용될지는 원료에 따라 다르고, 가끔은 에너지 사용량이나 비용 문제와 연결되기도 한다.

대형 폐기물 가정집이나 사무실 같은 곳에서 나오는 쓰레기로 너무 부피가 커서 일반 쓰레기통에는 버릴 수 없고, 그래서 따로 분류해 버리는 절차를 밟아야 하는 쓰레기를 말한다.
2017년 오스트리아에서 수거한 대형 폐기물은 255,784톤이다. 2016년의 246,559톤과 비교하면 3.7퍼센트 증가했다. 2017년 오스트리아인 한 명이 평균적으로 배출하는 대형 폐기물은 약 29킬로그램이었고, 독일인은 30킬로그램이었다(2016년과 비교해 1퍼센트 상승).

환경 비용에 관한 진실 정부 기관에서 발표하는 환경 비용이 실제 현실을 제대로 반영하고 있지 않다는 비판이 자주 제기된다. 각국의 환경 보고서는 자국 영토 안에서만 배출되는 온실가스 양을 집계해서 발표한다. 그것도 우리가 소비하는 물건들의 운송이나 소비 과정에서 생기는 온실가스는 포함시키지 않는다.

그렇다면 이렇게 계산한 배출량은 실제 생태 발자국과 일치하지 않을 때가 많다. 실질적인 생태 발자국은 한 나라가 수입한 상품까지 모두 포함해서 생산과 운송, 소비 과정에서 생기는 온실가스까지 전부 계산에 넣는다. 따라서 오스트리아의 실제 배출량은 당국 발표보다 약 50퍼센트가 더 높아 보인다. 이 기준에 따르면 1인당 이산화탄소 배출량은 10톤이 아니라 15톤이다.

업사이클링 Upcycling   쓰레기 재료를 새 상품으로 가공하는 과정. 다운업사이클링이나 리사이클링(재활용)과는 달리 업사이클링은 사용한 재료의 가치를 높인다. 이것은 쉽게 쓰고 버리는 현대 문화에 대한 반발로 패션과 가구, 건축 산업계에서 또 다른 가치를 창조할 수 있는 가능성으로 주목받고 있다.
www.youtube.com/watch?v=iXz8TIpUZZU

포장 규정   포장 규정은 기업의 수거 의무와 재활용 의무를 담고 있다. 폐기물 관리법을 바탕으로 하고 있는데, 포장 상태로 제품을 유통하는 모든 기업에 해당된다. 포장 규정의 목표는 포장 쓰레기의 재사용과 기피, 그리고 재활용 과정을 촉진하는 것이다.

오염자 부담 원칙 Polluter pays principle   이것은 환경법의 가장 중요한 토대의 하나로, 환경을 오염시킨 사람이 그에 대한 비용까지 책임져야 한다는 원칙을 내세우고 있다. 환경 훼손을 최대한 미리 막아야 한다는 예방 원칙과는 달리 오염자 부담 원칙은 오염으로 생긴 비용을 원인을 만든 사람에게 모두 물린다.

시간 도움 네트워크   세대를 넘어 이웃끼리 도움을 주고받는 플랫폼. 아이 돌보기, 함께 장보기, 잔디 깎기처럼 일상적인 일을 돕고, 그 시간만큼 다른 사람의 도움을 받는 것이다. 자신이 도와준 시간은 은행 적금처럼 적립되는데, 필요할 때 네트워크 회원들에게 도움을 청할 수 있다. 서로 돕는 것 말고도 사회 공동의 일에도 적극적으로 동참할 수 있다.

제로 웨이스트 Zero Waste   쓰레기를 최대한 만들지 말자는 목표를 실용적인 방법으로 해 나가는 운동. 서구 사회에서 제로 웨이스트는 의식적인 미니멀 라이프와 쓰레기를 줄이는 생활 방식의 상징이다. 원칙은 Reduce, Reuse, Recycle, Rot, 줄이고 다시 쓰고 재활용하고 썩히자는 것이다.
www.zerowasteaustria.at
www.zerowasteeurope.eu

추가 정보

옷

오스트리아인은 1인당 평균 156장의 옷(50kg)을 갖고 있고, 그중 상당수는 한 번도 입지 않았거나 거의 입지 않는다. 우리는 1년에 새 옷을 60장 정도(약 19kg) 사고, 35장(11.2kg)을 버린다. 옷장은 점점 커지지만 옷은 15년 전보다 오래 입지 않는다.

요즘의 패스트 패션* 트렌드로 생긴 파장은 크다. 해마다 7만 5천 톤의 섬유를 폐기하고, 2만 6천 톤만 분리수거한다. 오스트리아 전국에서 실제로 팔리는 옷을 만드는 데만 해마다 약 370만 톤의 이산화탄소가 발생한다.

직물 생산의 사회적 생태적 문제

일반적 문제

옷 원료의 주요 경작 국가: 중국(32%), 인도(23%), 미국(12%),

---

* fast fashion. 최신 유행을 바로바로 반영해서 비교적 저렴한 가격으로 빠르게 제작하고 빠르게 유통시키는 의류.

파키스탄, 우즈베키스탄, 브라질, 터키, 오스트레일리아. 1년 동안 목화 수확량은 2,500만 톤이고, 티셔츠 한 장을 만드는 데는 약 2,000리터의 물을 쓴다(욕조 10개 분량).

① 목화 경작

목화 경작의 대표적인 문제점은 물 소비, 살충제, 화학비료, 유전자 조작 종자이다. 모섬유나 모피 같은 동물성섬유를 얻으려면 공장형 가축 사육이 필요하다. www.suedwind.at

목화밭은 전 세계 경작지의 약 2.4퍼센트밖에 되지 않지만, 전 세계에서 생산되는 살충제, 제초제, 살진균제의 약 11퍼센트가 여기에 쓰인다. www.oeko-fair.de

전 세계 목화밭에서 일하는 사람들의 99퍼센트가 남반구에 사는데, 위험한 살충제를 막는 장비 없이 일하고 있다. 생태적 조건에서 생산되는 목화는 3퍼센트가 채 안 된다.

② 직물 가공 과정에서 쓰는 독소

염색, 특수 함침*, 그리고 스톤 워시 stone washed 같은 특수 과정에서는 납과 색소, 중금속, 가소제를 쓴다.

'낡은 느낌'이 드는 청바지를 만들기 위해 거쳐야 하는 분사 가공과 수작업 샌딩, 화학물질 분사는 작업자들의 건강에 상당히 위험하다. www.biorama.eu

* 방부, 방습을 위해 특수 화학물질을 쓰는 가공 과정.

이런 옷을 처음 세탁할 때 옷에 있는 독소들은 하천으로 흘러들어 간다. 생물에 영향을 끼치는 긴 수명의 물질들은 시간이 가면서 쌓인다. 하수처리장조차 소용이 없다. 독소는 물과 토양, 음식을 통해 우리에게 다시 돌아온다. www.suedwind.at

③ 가공 과정의 노동 조건

전 세계적으로 수출되는 의류의 75퍼센트 가까이가 남반구에서 생산된다. 전 세계 섬유산업 종사자는 3천만 명이나 되는데(그중 80~90퍼센트는 여성이다), 이들은 인간의 품위에 맞지 않는 조건에서 일한다. 주당 노동 시간은 70시간을 넘고, 보험이나 노령연금은 없으며, 임금 수준은 지극히 낮고, 노동조합을 만드는 일은 애초에 금지되거나 저지당하고, 하루 노동시간은 휴식 없이 12~18시간이나 되고, 낮은 임금으로 삶의 질이 몹시 열악하다.
www.suedwind.at

④ 수송 과정에서 생기는 이산화탄소

의류는 목화 경작, 소재 생산, 실 생산, 천 생산 같은 각각의 생산 단계부터 직물 가공, 디자인, 재단, 바느질, 마감, 수송, 판매까지 기나긴 수송 과정을 거치는데, 그 과정에서 어마어마한 양의 이산화탄소가 나온다. www.suedwind-magazin.at

아래는 빈의 수리 서비스 센터 설립자 제프 아이젠리글러가 쓴 '순환 경제의 장애물과 문제점'의 일부이다.

북반구의 우리가 오늘날 누리는 경제적 '풍요'는 남반구의 원료를 착취함으로써 얻은 것이다. 이제는 이런 직선적 경제 방식을 버려야 한다. 대신 귀중한 자원을 절약하고 다단계 재활용을 통해 지속 가능한 순환 경제로 체계적인 변화를 해야 한다.

포화 상태의 시장에서 성장을 중심으로 한 경제 방식은 이제 막바지에 이르렀다. 유럽연합 집행위원회는 이미 오래전에 자원 집약적이고 직선적인 경제 방식에서 쓰레기를 덜 배출하는 순환 경제로 변화하는 것을 기본 정책으로 밝혔다. 제조 업계도 크게 반발하지 않고 있다. 낡은 시스템은 아직 굴러가기는 하지만 이미 체력이 다했다. 쓰던 물건을 폐기하면 보조금을 주는 방식의 이상한 성장 동력만 만들어 내고 있을 뿐이다. 요즘은 와이파이와 연결된 세탁기를 사면 '인센티브'를 받는다. 그것 때문에 수백만 대의 세탁기가 에너지 효율성이 좀 더 높은 제품으로 쓸데없이 교체되고, 쓰던 세탁기는 압쇄기 밑으로 들어가 고철로 변한다. 그렇다고 와이파이 세탁기가 우리에게 무슨 큰 이익을 가져다주는가? 스마트 홈 세탁기를 사면 스마트폰으로 앱을 다운받아야 한다. 스마트한 소비자는 가만히 앉아 세탁 프로그램을 선택하고, 사무실이나 여행지에서 세탁기를 돌릴 수 있다. 사실 이건 있어도 그만, 없어도 그만인 기능이다. 하지만 아무리 에너지 효율성이 높은 세탁기라도, 그리고 아무리 와이파이와 연결된 최신 세탁기라도 단점은 명확하다. 수명이 길지 않을 뿐 아니라 수리를 할 수 있는 디자인이 아니라는 것이다. 그래서 예전에는 거의 반평생 쓰던 세탁기들을 요즘은 평균 8.3년 만에 바꿔 버린다.

최근에 발표된 UN 보고서 '글로벌 자원 전망 2019'가 증명하듯이 우리 사회의 소비 전환과 함께 나타나는, 재생되지 않는 원료의 소비 감소는 환경보호에 분명 큰 몫을 차지한다. "천연자원의 채굴과 가공은 전 세계 이산화탄소 배출에 절반의 책임이 있다!" (종의 다양성 상실에는 90퍼센트의 책임이 있다!)

따라서 품질 좋은 임대 세탁기(소유권 이전 조건이 없는 임대 세탁기)나 수명이 긴 세탁기로 빨래를 하는 사람은 기후보호에 뚜렷이 기여하고 있는 셈이다.

현재 유럽연합의 표준화 기구인 CEN(유럽 표준화 위원회)과 CENELEC(유럽 전기 기술 표준화 위원회)는 자원 효율성 표준안을 마련하고 있다. 이 계획에 따르면 2025년부터 유럽연합 경제권 안에서는 사용 후 그냥 버려지는 기기는 출시할 수 없다. 대신 전자 전기 기기는 수명이 길고, 쉽게 고칠 수 있고, 다시 쓸 수 있게 만들어야 한다. 제프가 만든 수리 서비스 센터는 오스트리아 표준화 규칙(ONR 192102: 2014), "수명이 길고 고칠 수 있게 만든 전자 전기 제품의 품질 표시"와 함께 선구자적인 일을 해냈고, 유럽연합 표준화 전문가 협의회(CEN-CLC JTC 10) 안에서 유럽연합의 "에너지 관련 제품 - 에코디자인을 위한 재료 효율성" 위원회의 사명을 올바른 방향으로 이끌고 있다.

이미 시행하고 있는 훌륭한 유럽연합 기본 정책을 생각하면 이제는 무엇보다 회원국들의 적극적인 참여가 절실하다.

옮긴이의 말

최소한 미안해하며 살자!

참 어렵게 산다. 번역을 하다가 나도 모르게 입 밖으로 새어 나온
소리다. 비아냥거림이 아니다. 같은 지점을 바라보는 사람으로서
인정과 존경을 담은 반어적 표현이다. 일상생활에서 환경에 신경
을 쓰면 할 수 있는 것이 거의 없고, 먹을 것도 많지 않다. 이건 이
래서 안 되고, 저건 저래서 안 된다. 대중교통을 이용해 여행을 가
려고 해도 불편한 점이 한둘이 아니다. 아이가 있다면 더더욱 그
렇다. 그저 우리 같은 보통 사람은 낭비를 줄이고 분리수거나 열
심히 하면서 지구환경에 대한 미안함을 잠시 달랠 뿐이다.

　　나도 나름 어렵게 사는 사람이다. 내 카톡의 상태 표시창엔
이렇게 쓰여 있다.

　　"쫌 어렵게 살자. 쉬우면 재미없잖아!"

　　뭐, 좀 있어 보이려고 이런 모토를 떡하니 걸어 놓았을 수도
있지만, 기본적으로 그런 원칙에 맞게 살려고 노력하는 건 진심이
다. 사람은 누구나 쉽게 살고 싶어 한다. 복잡하고 어렵게 살려면
불편하다. 이것저것 따져야 할 것이 많고, 가려야 할 것도 많다. 그
러다 보면 자연스레 수고롭고 비용이 든다. 그냥 남들 생각하는

대로 생각하고, 행동하는 대로 행동하면 편하다. 다 그러고 사는데 나 하나 다르게 살아서 유별난 사람으로 주목받고 싶지도 않다. 게다가 우리는 대량 생산과 대량 소비로만 유지되는 경제 시스템, 환경은 나 몰라라 하며 이윤 극대화에만 골몰하는 기업들, 그런 기업들의 눈치나 보는 정치인들을 보면서 나 하나 바뀐다고 세상이 바뀔 것 같지 않다는 논리로 스스로를 합리화하기도 한다.

하지만 나 하나 편하자고 남 핑계 대면서 스스로 옳지 않다고 생각하는 것을 하면 마음 한구석이 늘 불편하다. 딜레마다. 이래도 불편하고 저래도 불편하다. 그래서 마음먹었다. 최소한 미안한 마음이라도 갖자고. 나는 환경 위기와 기후변화의 심각성을 잘 알고 있으면서도 현대 생활이 제공하는 온갖 편리함을 누리고 산다. 그런 편리함을 일상에서 어디까지 포기할 수 있을지 고민하지만, 많은 것을 포기하며 살지는 않는다. 다만 미안한 마음은 늘 품는다. 우리 대신 앞장서서 행동하는 사람들에게 미안하고, 삶의 토대가 파괴된 세계에서 살아가야 할 아이들에게 미안하고, 환경 파괴로 생활공간이 점점 줄어드는 다른 모든 생물에게 미안하고, 우리에게 보금자리를 제공한 죄밖에 없는 이 지구에 그냥 미안하다. 미안하면 그걸 상쇄하려고 뭐라도 하기 마련이다. 환경을 위해 열심히 뛰는 사람들을 응원할 수도 있고, 착한 소비나 똑똑한 소비를 위해 한 번 더 생각할 수도 있고, 환경 의식이 강한 정치인에게 투표할 수도 있다. 더구나 미안한 마음이 있으면 바뀌지 않는 현실에 절망하지도 않는다. 우리 모두가 운동가가 될 수는 없지만, 어쩌면 그런 미안함이 세상을 바꾸는 보통 사람들의 출발점이 아닐까 싶다.

덧붙이자면, 이 책에서도 이야기하고 있듯이 플라스틱을 비롯해 환경에 부담을 주는 물질들의 대안은 하나같이 이런저런 문제를 안고 있다. 그렇다면 결국 해결책은 하나다. 적게 먹고, 적게 갖고, 적게 소비하는 것이다. 그러면 경제가 돌아가겠냐고 우려하는 사람들이 있지만, 괜한 염려다. 소비자가 바뀌면 경제는 자연스레 따라오게 되어 있다. 지금까지는 대량 생산과 대량 소비의 경제 시스템이 우리를 유인했다면 이제는 거꾸로 우리가 경제 시스템을 견인할 수 있다. 게다가 소비를 적게 하는 것은 '무소유' 정신의 실천이기도 하다. 무소유란 아무것도 갖지 말자는 것이 아니라 꼭 필요한 것만 갖고 살자는 뜻일 테니까. 그건 육체적 건강과 정신적 행복에도 좋은 유쾌한 덤이다.

2020년 수상한 여름,
박종대

쓰레기 거절하기
―너무 많은 물건으로부터 해방된 어느 가족의 도전기

1판 1쇄 | 2020년 9월 28일 1판 3쇄 | 2021년 5월 21일

글쓴이 | 산드라 크라우트바슐
옮긴이 | 박종대
펴낸이 | 조재은
편집 | 이혜숙 김명옥 김원영 구희승
디자인 | 육수정
마케팅 | 조희정 유현재

펴낸곳 | (주)양철북출판사
등록 | 2001년 11월 21일 제25100-2002-380호
주소 | 서울시 마포구 양화로8길 17-9
전화 | 02-335-6407
팩스 | 0505-335-6408
전자우편 | tindrum@tindrum.co.kr

ISBN | 978-89-6372-331-0 03330
값 | 15,000원